AF412601

OSRAM SEVEN SCREENS

Mader I Stublić I Wiermann
Haubitz+Zoche
Diana Thater
ART+COM
Anouk De Clercq
Bjørn Melhus
Rúrí
Harun Farocki
Saskia Olde Wolbers
Herlinde Koelbl

Herausgegeben von /
Edited by
Christian Schoen

Mit Beiträgen von /
With texts by
Adam Budak
Söke Dinkla
Alexander Faller
Hans-Michael Koetzle
Matthias Mühling
Lupe Núñez-Fernández
Christian Schoen

OSRAM SEVEN SCREENS

HATJE
CANTZ

Inhalt

Contents

Vorwort

Mit großer Freude nehmen wir das fünfjährige Jubiläum der SEVEN SCREENS zum Anlass, auf die zehn Künstler beziehungsweise Künstlergruppen und ihre fantastischen Projekte zurückzublicken, die in der Vergangenheit den Münchner Stadtraum am OSRAM-Haus prägten.

Der Ausgangspunkt für die Konzeption der SEVEN SCREENS anlässlich des hundertjährigen Markenjubiläums von OSRAM im Jahr 2006 war es, das repräsentativ Architektonische mit dem Wandelbaren, dem Lebendigen zu verbinden: Im Format statisch, bilden die Lichtstelen vielseitig interpretierbare Oberflächen, die das Licht – als Kernkompetenz des Unternehmens – mit dem bewegten Bild und dem städtischen Raum verknüpfen. »Dynamik« ist das Motiv, das hier künstlerische Ansätze mit modernster Technologie an einem hoch frequentierten Ort kombiniert.

Die Verbindung von Tradition und Neuerung, Wissen und Innovation sind für qualitätvolle Kunst ebenso bezeichnend wie für eine fruchtbare Unternehmenspolitik. Auch in Zukunft wird das Unternehmen den Dialog mit künstlerischen Perspektiven fördern.

Um den Lesern einen räumlichen und zeitlichen Eindruck von den einzelnen Kunstprojekten zu geben, haben wir diesem Buch eine DVD beigelegt. Ich wünsche Ihnen viel Freude an der Publikation und lade Sie herzlich ein, die Lichtstelen vor Ort zu erleben.

Martin Goetzeler
COO
OSRAM AG
November 2011

We are delighted to take advantage of the five-year anniversary of the SEVEN SCREENS as an opportunity to look back at the ten artists and artist groups and their outstanding projects, which have shaped Munich's urban landscape in the vicinity of the OSRAM building.

The starting point for the SEVEN SCREENS concept on the occasion of OSRAM's brand centennial in 2006 was to develop something that would combine the representative architecture with shifting, dynamic qualities. While structurally static, the light columns provide surfaces that can be interpreted in a number of ways and combine light—the company's core competence—with moving images and the urban landscape surrounding them. "Dynamism" is the motif that brings together the worlds of art and cutting-edge technology in a bustling part of the city.

The combination of tradition and renewal, knowledge and innovation is just as characteristic of high-quality art as it is of productive corporate policy. OSRAM will continue to promote the dialogue with artistic perspectives in the future.

To furnish the reader with a visual and temporal impression of the individual art projects, we have included a DVD in this book. I hope you will enjoy this publication, and I cordially invite you to personally experience the light columns.

Martin Goetzeler
COO
OSRAM AG
November 2011

Flüchtige Monumente

Der blitzschnelle Blick, der in Bewegung das Gesehene auf seine Relevanz hin »scannt«, prägt unsere Wahrnehmung der Kunst im öffentlichen Raum. Die Kunst ist dieser Ökonomie des Blicks ebenso schonungslos ausgesetzt wie jedes andere visuelle Angebot, das im Stadtraum um unsere Aufmerksamkeit wirbt. Die große Möglichkeit, hier potenziell alle Menschen erreichen zu können, die die Künstler der Avantgarde des 20. Jahrhunderts dazu brachte, sich aus der Exklusivität des musealen Raums hinauszubewegen, hat so ihre Begrenzung in der visuellen Konkurrenz vor allem zur Bildsprache der Werbung.

Konsequenterweise eigneten sich Künstler wie Barbara Kruger, Les Levine und andere in den 1980er- und 1990er-Jahren die Bildsprache der Werbung an, um ihre Botschaften an ein möglichst heterogenes und großes Publikum zu vermitteln. Wie kaum einer anderen Künstlerin gelingt es Jenny Holzer, mit ihren fassadenfüllenden Lichttexten die Medien des Spektakels zu entwenden und zu poetisieren, um mit den *Truismen* (Binsenweisheiten) unsere Sehnsucht nach unumstößlichen Wahrheiten zu befriedigen und sie zugleich in ihrer Simplizität erkennbar zu machen.[1]

Kunst gibt im öffentlichen Raum ihre elitäre Position, die ihr innerhalb des Museums zukommt, preis. Sie steigt gewissermaßen vom Sockel ihrer Superiorität hinab und macht sich gleich mit anderem städtischen Inventar, Ereignissen und visuellen Angeboten. Sie vollzieht damit einen Wandel in ihrem Autoritätsanspruch, der in demokratisch organisierten Gesellschaften folgerichtig ist: Die Rolle des Künstlers als Genius, als Wissendem, der dem Betrachter überlegen ist, wird zwar heute nach wie vor gerade vom Kunstmarkt zelebriert, erscheint dem Publikum aber zunehmend unglaubwürdig.[2] Umso entscheidender ist es für die Kunst in dieser Begegnung auf Augenhöhe, eine adäquate Form der Kommunikation zu entwerfen und glaubwürdig zu sein. Nach der autonomen, abstrakten Skulptur im öffentlichen Raum, die sich dieser neuen Aufgabe noch weitgehend verweigerte, entstehen heute vielfältige Formen und Strategien, den Dialog mit dem Publikum aufzunehmen.

1 Vgl. Söke Dinkla (Hrsg.), *Jenny Holzer. Die Macht des Wortes. I Can't Tell You,* Ostfildern-Ruit 2006.
2 Siehe dazu auch die Analyse von Wolfgang Ullrich, der zeigt, wie die Kunst ihre Fundamentalopposition zur Wirklichkeit heute in weiten Teilen verloren hat. Wolfgang Ullrich, *Tiefer hängen. Über den Umgang mit der Kunst,* Berlin 2003. Siehe auch Jochen Gerz im Interview mit Joachim Kreibohm: »Der Betrachter ist im Nachteil, er hat keine Chance gegenüber der Summe der vorweggenommenen Entmündigungen.« In: Jochen Gerz, *Gegenwart der Kunst. Interviews (1970–1995),* Regensburg 1995, S. 216.

Our perception of art in public space is characterized by the lightning glance that, while in motion, "scans" what we see in terms of its relevance. Art is just as mercilessly subjected to this economy of the eye as any other visual offering vying for our attention in urban space. The great opportunity of potentially reaching all people, which prompted the avant-garde artists of the twentieth century to leave the exclusivity of the museum environment, has reached its limits in the plethora of visual competition, particularly where rivalry with the pictorial language of advertising is concerned.

It is only logical that artists such as Barbara Kruger, Les Levine, and others appropriated the imagery of advertising in the eighties and nineties to convey their messages to as heterogeneous and large an audience as possible. Like hardly another artist, Jenny Holzer succeeds in capturing and poeticizing the media of the spectacle with her façade-filling light texts by using truisms to satisfy our longing for unassailable truths and, at the same time, revealing them in all their simplicity.[1]

Art in public space abandons the elitist position it takes up within a museum. It climbs down from its pedestal, so to speak, to join the other urban inventory, events, and visual offerings. In so doing, it completes a transformation in its claim to authority, a transformation which is logically consistent in democratically organized societies: although the role of the artist as genius, as bearer of knowledge who is superior to the viewer, is still celebrated by the art market, it is losing credibility with audiences.[2] It is therefore all the more crucial that art, in this encounter on equal terms, creates a suitable form of communication and maintains its credibility. Following on from autonomous, abstract sculpture in public space, which has so far refused to face up to this new task, a wide variety of forms and strategies is now emerging to enable entering a dialogue with the audience.

In her works in urban space, Danica Dakić creates interactive spaces that give a voice to various groups within the population and involve them

1 *Cf. Söke Dinkla, ed.,* Jenny Holzer: Die Macht des Wortes. I Can't Tell You *(Ostfildern, 2006.)*
2 *Also see the analysis by Wolfgang Ullrich, which shows how art today has largely lost its fundamental opposition to reality. Wolfgang Ullrich,* Tiefer hängen: Über den Umgang mit der Kunst *(Berlin, 2003). See also Jochen Gerz in an interview with Joachim Kreibohm: "The viewer is at a disadvantage; he has no chance in the face of the accumulation of disempowerment right from the outset." Translated from Jochen Gerz,* Gegenwart der Kunst: Interviews (1970– 1995) *(Regensburg, 1995), p. 216.*

Danica Dakić schafft mit ihren Arbeiten im Stadtraum interaktive Räume, die verschiedenen Bevölkerungsgruppen eine Stimme geben und sie einbinden in ein dichtes Beziehungsgeflecht aus Architektur, ihren Funktionen, ihrer Geschichte und der Lebenswirklichkeit ihrer Nutzer. Paradigmatisch für ihre Arbeitsweise ist *Passing by*, die audiovisuelle Inszenierung eines Gebäudeensembles, in dem Schule, Kirche und Gefängnis aufeinanderstoßen. Stimmen eines Soundtracks lenken die Aufmerksamkeit der Passanten auf die unscheinbaren Gebäude: Jugendliche Hip-Hopper, eine männliche und eine weibliche Stimme, Vogelgezwitscher und Klänge einer Trommel adressieren den Passanten zum Teil aggressiv, zum Teil im Ton eines sachlichen Berichts, in dem die Teilnehmer Stellung beziehen zu ihrer Stadt und zu ihrer Haltung gegenüber den staatlichen Erziehungsinstitutionen. Die Stimmen werden begleitet von Diaprojektionen, die auf der Gefängnismauer als feine Lichtzeichnungen erscheinen. Sie zeigen Bilder historischer Vorlagen, unter anderem der Revolutionsarchitektur des 18. Jahrhunderts.[3] Mit ihrem komplexen Ton-Bild-Sampling involviert und adressiert Dakić unterschiedlichste Teile der Bevölkerung, vom wütenden Jugendlichen über »normale« Bewohner der Stadt bis hin zu Kennern der Kunstgeschichte, die die Bilder in ihrer Aufgabe bei der moralischen Erziehung des Menschen deuten. Dakić verweist mit diesem historischen Zitat auf den Bildungsauftrag der Kunst, geht selbst aber andere Wege, um gerade einer jungen, interkulturellen Gruppe der Gesellschaft eine Stimme zu geben.

Künstler und Künstlerinnen, die heute Strategien entwickeln, um kommunikative Prozesse im öffentlichen Raum zu initiieren, produzieren Handlungsformate, die nicht nur auf der Einsicht in die Funktionsbedingungen einer »Kunst auf Augenhöhe« fußen, sondern auch den Stadtraum in seiner sozialen Funktion interpretieren, kommentieren und generieren. So schafft die Gruppe raumlaborberlin mit dem *Küchenmonument* einen semitransparenten, abgeschlossenen und dennoch zugänglichen Raum, der Gemeinschaft stiftet: An unscheinbaren Orten mit brachliegenden urbanen Potenzialen entfaltet sich bei Dunkelheit eine blasenförmige pneumatische Skulptur. Von innen hell erleuchtet, füllt sie Unorte und wird zu einem gemeinsamen Ort des Kochens, Essens, Trinkens, Musizierens und Tanzens. In Duisburg kochen die Bewohner füreinander, in Mülheim, wohin das Monument im Anschluss zieht, tanzen die Menschen im verwandelten Ballsaal Ruhrperle, in Hamburg picknicken sie, in Liverpool und Berlin entstehen Räume für Diskussionen. Das *Küchenmonument* ist eine »sanfte

---

3 Vgl. ausführlicher dazu Sabine Maria Schmidt, » Danica Dakić. ›Passing by‹«, in: Söke Dinkla (Hrsg.), *PubliCity. Constructing the Truth,* Nürnberg 2006, S. 69–71.

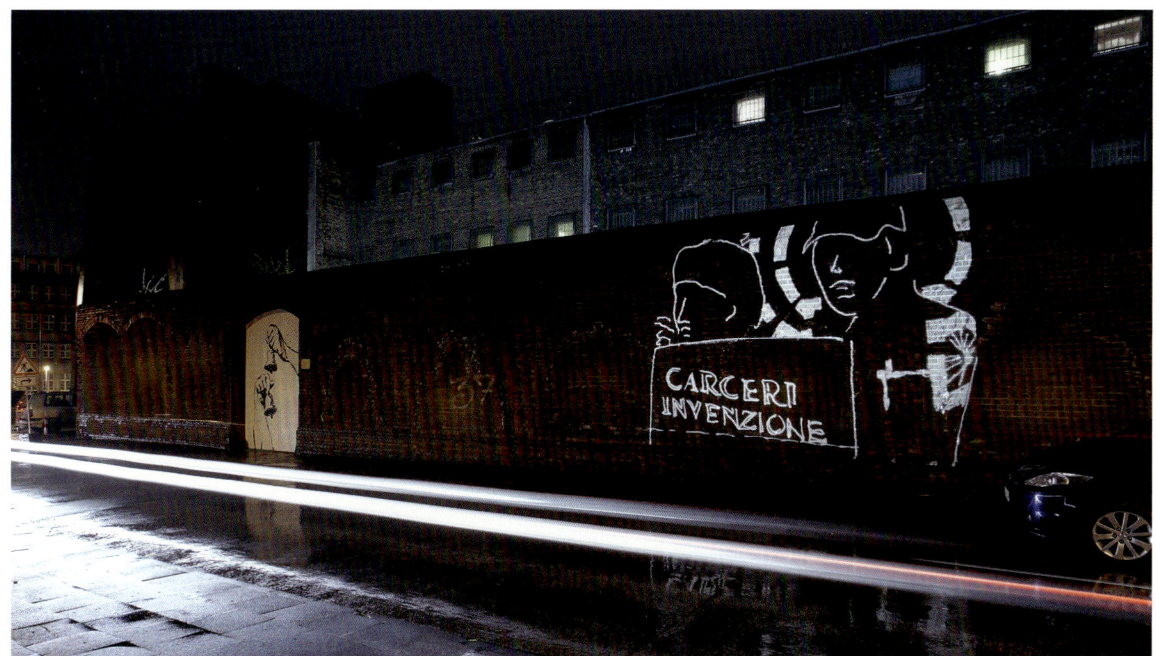

Danica Dakić
Passing by
Duisburg, 2006

in a tightly woven relationship between architecture, its functions, its history, and the reality of its users' lives. Passing *by is paradigmatic of the way in which she works: the audiovisual presentation of a collection of buildings in which school, church, and prison all meet. Voices from a soundtrack draw the attention of the passersby to the nondescript buildings: young hip-hoppers, a male and a female voice, the chirping of birds, and the sounds of a drum address those walking by—sometimes aggressively, sometimes in the tone of a factual report in which the participants take a stance on their town and on their attitude toward state educational institutions. The voices are accompanied by slide projections that appear as fine light drawings on the prison wall. They show images of models from history, including the revolutionary architecture of the eighteenth century.[3] With her complex sound/image sampling, Dakić addresses vastly different parts of the population—from angry youths and "normal" inhabitants of the town to connoisseurs of art history who interpret the images as part of their task involving the moral education of the population. With this historical reference, Dakić points to art's educational mission while she herself goes other ways, especially when it comes to speaking up on behalf of a young, intercultural group in society.*

Artists who today develop strategies to initiate communicative processes in public space produce formats that are not only based on insights into the prerequisites for a functioning "art on equal terms," but that interpret, comment on, and generate the urban environment in its social function. For example, with its Küchenmonument *(Kitchen Monument), the*

---

3 *For more detail, cf. Sabine Maria Schmidt, "Danica Dakić: Passing by," in Söke Dinkla, ed.,* PubliCity: Constructing the Truth. Kunst im öffentlichen Raum *(Nuremberg, 2006), pp. 69–71.*

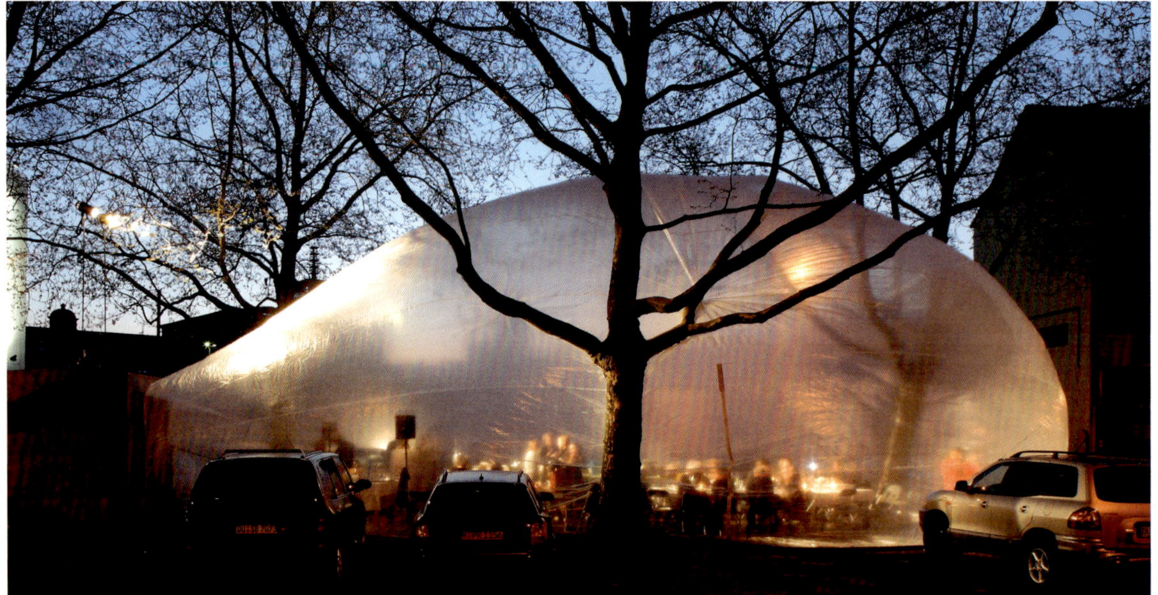

raumlaborberlin
Küchenmonument
Duisburg, 2006

Guerilla-Architektur«[4], ein Raum, der sich subversiv in die existierende Architektur hineinschiebt, ein Raum, der vielfältige Utopien in sich trägt: In der sich immer wieder verändernden Stadt des 21. Jahrhunderts verspricht er temporäre Heilung.

Das flüchtige Monument strebt ebenso wie das historische Monument an, als »Ausgleichserzeugnis« (Martin Warnke) zwischen Spannungen in der Bevölkerung zu vermitteln, um Einheit zu stiften; allerdings geschieht dies heute vor allem zeitlich befristet. Das flüchtige Monument richtet sich nicht mehr an eine in sich homogene Öffentlichkeit, sondern an heterogene Teilöffentlichkeiten, die sich in ihren Bedürfnissen schnell verändern.

Dieser Flüchtigkeit entspricht das Licht. Es schafft im Übergang zwischen Tag und Nacht Sphären des Nichtalltäglichen. So gelingt es der Kunst, die mit künstlichem Licht operiert, einen Ausnahmezustand der erhöhten Aufmerksamkeit zu schaffen. Mit *Raumscherben* hat Yves Netzhammer, der selten im öffentlichen Raum arbeitet, für die Bochumer Sternwarte ein Werk geschaffen, das um die bildnerische Formulierung von Situationen ringt, die uns eine Einsicht in das Wesen der Welt ermöglichen.[5] Auf der kuppelförmigen Hülle wechseln sich kurze Clips von Animationen und Zeichnungen mit monochromen, blitzartig aufleuchtenden Farbzuständen ab. Zwischen narrativen Sequenzen katapultieren uns psychedelisch abstrakte Farbformationen immer wieder aus dem fiktiven Raum der Erzählung hinaus. Die Sternwarte wird zu einer Parabel für die Themen, die Netzhammer in seinem Werk immer wieder beschäftigen: Seine Menschenwesen, unbekleidet und verletzlich, sind auf der Suche

4 Niklas Maak, »raumlabor_berlin. Küchenmonument« in: Dinkla (Hrsg.) 2006 (wie Anm. 3), S. 44.
5 Vgl. *Ruhrlights: Twilight Zone 2010,* hrsg. von Söke Dinkla u. a., Ausst.-Kat. Hagen/Dortmund; Witten; Hattingen; Bochum; Essen; Mülheim an der Ruhr; Duisburg, Ostfildern 2010, S. 100–105.

group raumlaborberlin creates a semitransparent, enclosed, and yet accessible space that promotes a sense of community: when darkness falls, a large bubble-shaped pneumatic sculpture unfolds in inconspicuous places with unexploited urban potential. Brightly lit from the inside, it fills up non-places and becomes a collective area for cooking, eating, drinking, playing music, and dancing. In Duisburg, residents cooked for one another; in Mülheim, where the Küchenmonument went next, people danced in what had become the Ballsaal Ruhrperle (Pearl of the Ruhr Ballroom); in Hamburg they held a picnic, whereas in Liverpool and Berlin discussion rooms were created. The monument is "gentle guerilla architecture,"[4] a space which subversively eases itself into existing architecture and which contains a wide variety of utopias. In the constantly changing urban landscape of the twenty-first century, it promises temporary healing.

Like the historic monument, as an "artifact of reconciliation" (Martin Warnke) the fleeting monument also strives to resolve tensions among the population, to bring about unity. However, nowadays this only happens for a limited time. The fleeting monument no longer addresses a homogeneous general public, but rather heterogeneous subsections of the population whose needs quickly change.

Light corresponds to this fleetingness. In the passage from day to night, it creates spheres of the non-mundane. And so art that operates with artificial light creates a temporary state of heightened attention. In Raumscherben (Space Fragments), Yves Netzhammer, who rarely works in public space, created a work for the Bochum Observatory that strives to visually formulate situations that afford insight into the essence of the

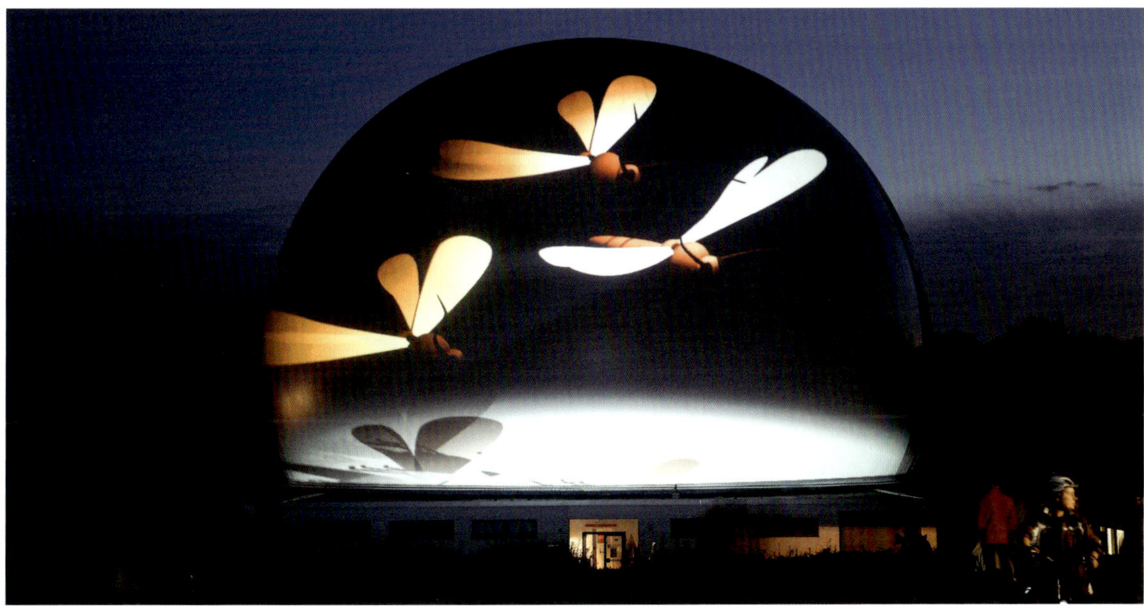

Yves Netzhammer
(Bernd Schurer)
Raumscherben
Bochum, 2010

4 Niklas Maak, "raumlabor_berlin: Küchenmonument," in ibid., p. 44.

nach Kommunikation, nach Annäherung aneinander. Bei ihren vorsichtigen Versuchen der Kontaktaufnahme in einer unbekannten, teils feindlichen Welt kann Intimität unversehens in gewaltsame Übergriffe umschlagen. Es sind die fragilen Gleichgewichte, die kleinen anrührenden Begebenheiten, die unerwartete Wendungen nehmen und uns immer wieder die Möglichkeit geben, identifikatorische Anker auszuwerfen.

Licht wird nicht zufällig zum künstlerischen Programm: Mischa Kuball setzt das Licht in vielen seiner Werke im Stadtraum ein, um eine neue Zeichensprache einzuführen, die temporäre Gemeinschaften entstehen lässt, wie zum Beispiel in seiner Arbeit *Megazeichen* (1990) für das Mannesmann-Hochhaus in Düsseldorf.[6] Kuball arbeitet hier wie auch in seinen Werken *Ghostlight* (Mülheim, 2008)[7] und *FlashBoxOldenburg* (2005)[8] an Strategien der Kommunikation. Viele der Arbeiten Kuballs sind blitzartige Manifestationen des Abwesenden. Formal reduziert er die Komplexität des

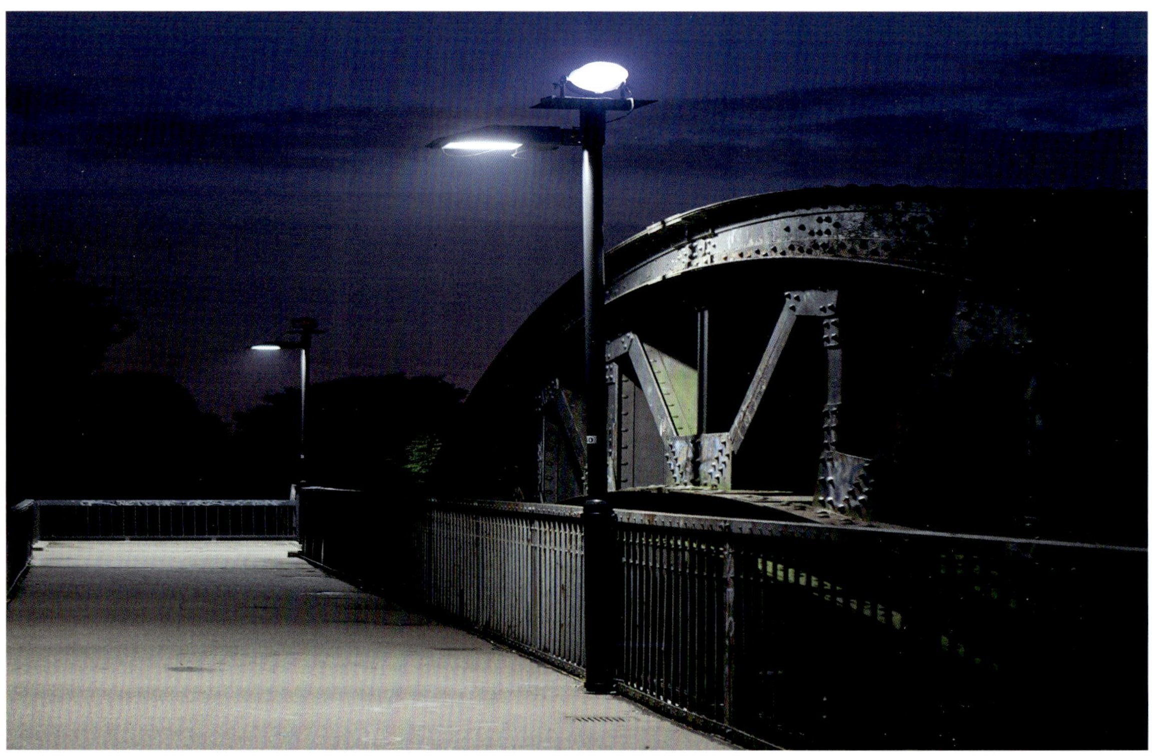

Mischa Kuball
Ghostlight
Mülheim, 2008

Stadtraums auf die signalhafte Präsenz des Lichtcodes, inhaltlich steigert er die Komplexität möglicher Bedeutungen.

Es muss allerdings kein Widerspruch sein, wenn sich auch die flüchtigen Monumente dauerhafter im öffentlichen Raum aufhalten: Jochen

6 Abends ließen die Menschen in ganz bestimmten Büroräumen das Licht an, sodass über einen Zeitraum von sechs Wochen wöchentlich wechselnde monumentale Lichtzeichen zu sehen waren. Vgl. *Mischa Kuball ... in Progress. Projekte 1980–2007,* hrsg. von Florian Matzner, Ausst.-Kat. ZKM Zentrum für Kunst und Medientechnologie Karlsruhe, Ostfildern 2007, S. 166–171.
7 Weiße Lichter auf sechs vorhandenen Straßenlaternen einer ehemaligen Eisenbahnbrücke über der Ruhr leuchten im wechselnden Rhythmus blitzartig auf und vollziehen die Bewegung über die Brücke nach. Vgl. Nina Hülsmeier, »Mischa Kuball. Ghostlight«, in: Ausst.-Kat. Hagen/Dortmund u. a. 2010 (wie Anm. 5), S. 126–127.
8 Vgl. dazu *Mischa Kuball. FlashBoxOldenburg,* Ausst.-Kat. Edith-Ruß-Haus für Medienkunst und Oldenburger Kunstverein, Oldenburg 2005.

world.[5] *Short clips of animations and drawings alternate with monochrome, flashing colorscapes on the dome-shaped shell. Between the narrative sequences, psychedelic abstract color formations repeatedly catapult us out of the fictional sphere of the narration. The observatory becomes a parable for the issues Netzhammer time and again addresses in his work: his human figures, naked and vulnerable, seek communication, nearness to each other. In their cautious attempts to make contact in an unknown, sometime hostile world, intimacy can suddenly turn into violent assault. It is the fragile balances, the small, touching incidents that take unexpected turns and repeatedly give us the opportunity to throw out an identificatory anchor.*

It is no coincidence when light becomes the means of artistic endeavors: Mischa Kuball uses light in many of his works in urban settings in order to introduce a new sign language that creates temporary communities, such as in his work Megazeichen *(Megasigns) (1990) for the Mannesmann high-rise office block in Düsseldorf.*[6] *In this work, as in* Ghostlight *(Mülheim, 2008)*[7] *and* FlashBoxOldenburg *(2005),*[8] *Kuball deals with strategies of communication. Many of the artist's works are flickering manifestations of the absent. In terms of form, he reduces the complexity of the urban landscape to the signal-like presence of the light code; in terms of content, he heightens the complexity of possible meanings.*

However, it need not be a contradiction if fleeting monuments find a lasting place in urban space: Jochen Gerz's most immaterial "work" to date, 2–3 Straßen *(2–3 Streets, 2010), remained in the urban landscape for one year,*[9] *and large-scale sculptures such as* Tiger & Turtle—Magic Mountain *by Heike Mutter and Ulrich Genth counter the monumental with the monumental. With its curving walkways, the twenty-meter-tall construction is inspired by the form of a roller coaster, the legend of the leisure industry. With gentle irony, it points to the obsession of people in the Ruhr district with escaping a gray reality in the area's numerous amusement parks.*[10] *Formally and functionally, it is a mobilizing "device": it not (only) wishes to be admired as a sculpture, but offers a sublime location where*

5 Cf. Söke Dinkla, ed., Ruhrlights: Twilight Zone 2010 *(Ostfildern, 2010), pp. 100–105.*
6 For six weeks, the lights were left on in the evening in certain office spaces so that monumental light signals were visible that changed weekly. Cf. Mischa Kuball . . . in Progress: Projekte 1980–2007, *ed. Florian Matzner, exh. cat. ZKM | Center for Art and Media Karlsruhe (Ostfildern, 2007), pp. 166–171.*
7 White lights on six existing lamp posts on a former railway bridge over the river Ruhr flash in changing rhythms and reproduce movement across the bridge. Cf. Nina Hülsmeier, "Mischa Kuball: Ghostlight," in Dinkla 2010 (see note 5), pp. 126ff.
8 Cf. Mischa Kuball: FlashBoxOldenburg, *exh. cat. Edith-Ruß-Haus für Medienkunst and Oldenburger Kunstverein (Oldenburg, 2005).*
9 Cf. Söke Dinkla, "Über Instabilitäten," in 2–3 Straßen: Eine Ausstellung in Städten des Ruhrgebiets *von Jochen Gerz (Cologne, 2011), pp. 37–42.*
10 Cf. Söke Dinkla and Karl Janssen, eds., Tiger & Turtle—Magic Mountain: Eine Landmarke in Duisburg von Ulrich Genth und Heike Mutter *(Ostfildern, forthcoming).*

Gerz' bisher immateriellstes »Werk« *2–3 Straßen* (2010) manifestierte sich ein Jahr lang im Stadtraum,[9] und Großskulpturen wie *Tiger & Turtle – Magic Mountain* von Heike Mutter und Ulrich Genth arbeiten mit dem Monumentalen gegen das Monumentale. Das zwanzig Meter hohe Bauwerk zitiert mit seinen geschwungenen Wegen die Form der Achterbahn, *den* Mythos der Freizeitindustrie.[10] Mit leiser Ironie verweist es auf die Obsession der Menschen im Ruhrgebiet, in den zahlreichen Freizeitparks der grauen Realität zu entfliehen. Formal und funktional ist es ein »Gerät« der Mobilisierung: Es möchte nicht (nur) als Skulptur bewundert werden, sondern bietet einen erhabenen Ort, an dem die Menschen in ihrer Bewegung die gewundenen Wege, die »Landschaft« in ihrer Härte, Zersiedelung und postindustriellen Schönheit sehen.

Die SEVEN SCREENS verbinden das Flüchtige mit dem Dauerhaften: Die prägnanten Stelen, seit 2006 im öffentlichen Raum Münchens, dienen als permanente Plattform für wechselnde Projekte. In ihnen verknüpft sich das Ephemere des flüchtigen, digitalen Bildes paradigmatisch mit der statischen, architektonischen Form.

Das flüchtige Monument schafft in seinen verschiedenen Manifestationen eine Fülle möglicher Lesarten für unterschiedlichste Adressaten. Es trägt der Pluralität der Gesellschaft Rechnung und generiert diese zugleich mit. Kalkuliert verstrickt es uns in Anspielungen, Widersprüche, Gegensätze und wirkt damit jeder totalitären Geste entgegen.

Söke Dinkla

9 Vgl. Söke Dinkla, »Über Instabilitäten«, in: *2–3 Straßen. Eine Ausstellung in Städten des Ruhrgebiets von Jochen Gerz. Making of,* Köln 2011, S. 37–42.
10 Vgl. Söke Dinkla und Karl Janssen (Hrsg.), *Tiger & Turtle – Magic Mountain. Eine Landmarke in Duisburg von Ulrich Genth und Heike Mutter,* Ostfildern 2011 (im Druck).

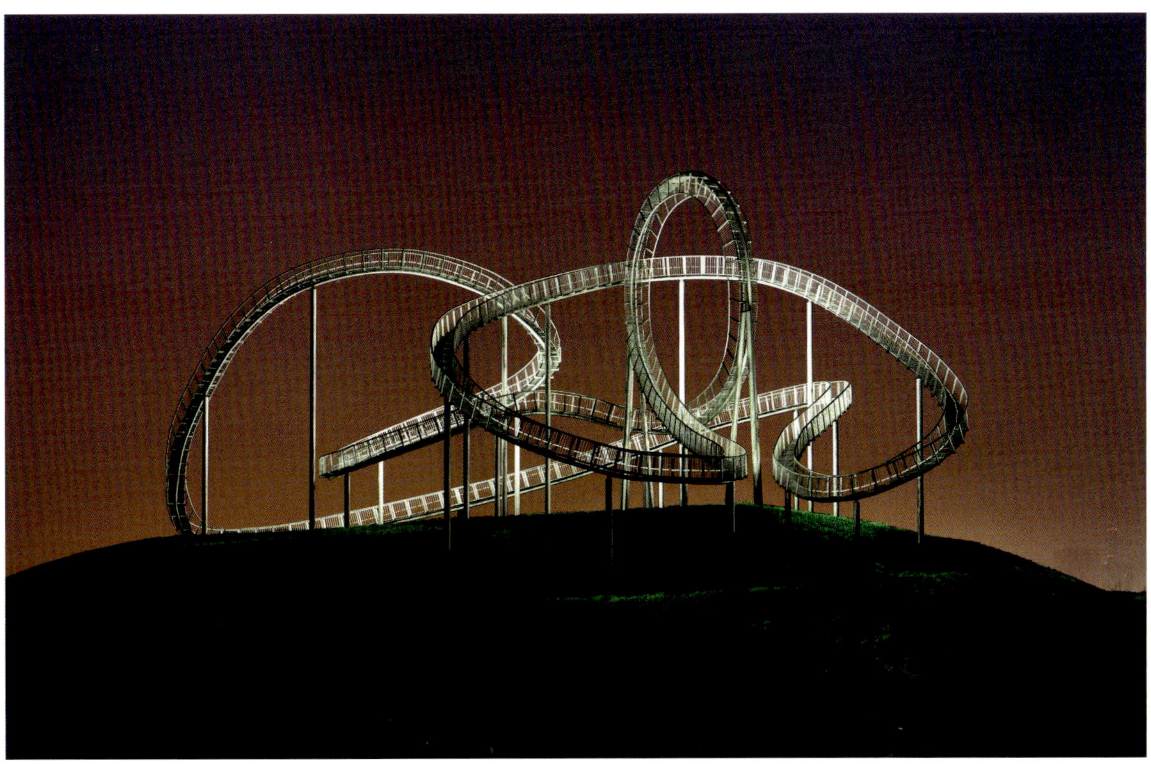

Heike Mutter & Ulrich Genth
Tiger & Turtle – Magic Mountain
Duisburg, 2010

*people can move around and see the meandering paths, the "landscape"
in its toughness, uncontrolled development, and postindustrial beauty.*

The SEVEN SCREENS combine the fleeting with the lasting: the distinctive steles, in Munich's public space since 2006, serve as a permanent platform for alternating projects. They paradigmatically link the ephemeral quality of the fleeting digital image with static architectural form.

In its various manifestations, the fleeting monument creates a plethora of possible interpretations for a wide range of addressees. It takes the plurality of society into account while simultaneously generating it. In a calculating fashion, it entwines us in innuendos, contradictions, and antitheses, thereby countering any totalitarian gesture.

Söke Dinkla

Die SEVEN SCREENS:
Eine lichttechnologische Kunstplattform

Unsere Wahrnehmung wird maßgeblich durch die visuelle Erfahrung bestimmt, und die Grundlage hierfür ist das Licht. Unsere Sicht auf die Welt wird von den Lichtverhältnissen geprägt. Licht ist wandelbar, es vermag einerseits neutral analytisch, dann aber auch hochgradig emotional zu wirken. Das Licht ist Ursprung von Erkenntnis, im konkreten wie metaphorischen Sinn. Es macht Räume nicht nur sichtbar, sondern vermag diese optisch zu gestalten oder gar neu zu erschaffen. Die Faszination, die von künstlichem Licht als Material und Medium in Kunst, Design und Architektur ausgeht, basiert auf dieser grundlegenden Relevanz von Licht für die menschliche Wahrnehmung. Licht ist damit auch die Voraussetzung für die Entstehung, Wahrnehmung und Reproduktion von Bildern. Durch die neueste Lichttechnologie wird das Lichtmedium selbst zum Bildträger. Diese enge Verknüpfung von Licht und Bildmedium ist für das Projekt der SEVEN SCREENS grundlegend.

Das künstlerische Format

Die SEVEN SCREENS sind eine lichttechnologische Plattform für digitale Kunstprojekte, deren Grundlage eine bis zu zweimal jährlich wechselnde Bespielung ist. Mit diesem Konzept variierender künstlerischer Projekte innerhalb eines klar definierten und dauerhaften Rahmens stellen die sieben Lichtstelen ein Unikum der Kunst im öffentlichen Raum dar. In ihrer formalen Substanz sind sie dauerhaft, in ihrer inhaltlich-visuellen Erfahrbarkeit von ephemerem Charakter, wie dies Söke Dinkla in ihrem Text für die Kunst im öffentlichen Raum beschreibt.[1] Die SEVEN SCREENS als »flüchtiges Monument« zu charakterisieren, macht auch vor dem Hintergrund ihrer Verortung Sinn: Sie befinden sich auf dem Grünstreifen zwischen dem OSRAM-Firmenhauptsitz und der an dieser Stelle siebenspurigen Hauptverkehrsader Münchens, dem sogenannten Mittleren Ring. Mehr als andere Kunstwerke im öffentlichen Raum unterliegen die Lichtstelen der Ökonomie des Blicks, da der potenzielle Betrachter im Auto sitzt und – bei normaler Verkehrslage – den Kunstprojekten maximal sieben Sekunden geteilte Aufmerksamkeit entgegenbringen kann. Der Berufspendler wird jedoch nach einem halben Jahr

---

1 Vgl. den Text von Söke Dinkla in diesem Band, S.10 ff.

The SEVEN SCREENS:
A Platform That Combines Art and Light Technology

Our perception is determined to a large extent by our visual experience, which is based on light. Our view of the world is governed by lighting conditions. Light can change—it can be sober and analytical but also have a highly emotional impact. The source of light is the source of awareness, in both concrete as well as metaphorical terms. Light makes spaces not just visible, but can visually shape them or even recreate them. The fascination that originates in artificial light as a material and medium in art, design, and architecture is based on this fundamental relevance of light for human perception. Light is therefore also a prerequisite for the creation, perception, and reproduction of images. With the latest light technologies, the medium of light becomes the actual image carrier itself. This close combination of light and the visual medium constitutes the foundation for the SEVEN SCREENS project.

The Artistic Format

The SEVEN SCREENS is a light technology platform for annual or semi-annual digital art projects. The concept of varying art projects within a clearly defined and permanent framework makes the seven light steles unique in the area of art in public space. They are permanent in their formal substance and of an ephemeral nature in the visual perception of their content, as Söke Dinkla writes in her text about art in public space.[1] Characterizing the SEVEN SCREENS as a "fleeting monument" makes sense against the backdrop of their location: they are located on the grass strip between OSRAM headquarters and Munich's main urban freeway, the so-called Mittlerer Ring, which is seven lanes wide in this spot. More than other pieces of art in public space, the light columns have to communicate their message within a very short period of time, as the potential viewer is usually sitting in a car and has no more than seven seconds to pay undivided attention—provided the traffic flows at normal speed. Regular commuters, on the other hand, will have seen each work for a total of well over twenty minutes after a project duration of six months.

1 *Cf. the text by Söke Dinkla in this volume, pp. 11ff.*

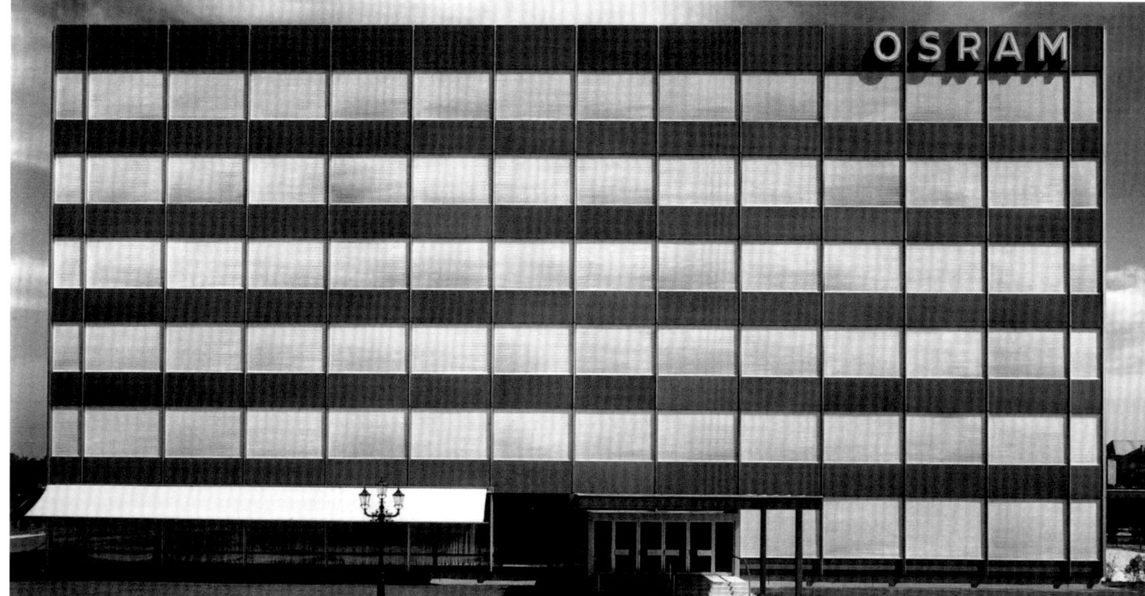

Historische Ansicht
des Verwaltungsgebäudes
der OSRAM GmbH,
München, 1965

Projektdauer die einzelne Arbeit gut zwanzig Minuten lang gesehen haben können.

Die SEVEN SCREENS stellen hohe Anforderungen an die Künstler: Diese haben es zunächst mit sieben baulichen Elementen zu tun, die im Bezug zur Architektur des OSRAM-Hauses einerseits und dem konstanten Verkehrsfluss andererseits stehen. Zudem bieten die Stelen ein ungewöhnliches Bildformat, das für jede Stele autonom oder aber als Teil eines Ganzen begriffen werden kann und das zudem auf der Rückseite auch noch gespiegelt beziehungs- weise gedoppelt wird. Die einzelne Stele mag dabei als Fragment (eines Bild- feldes), als autonomer Bildträger, als Monument (im Sinne von Skulptur) oder als architektonisches Element aufgefasst werden. Darüber hinaus verweigern sich die Stelen aufgrund ihrer rhythmischen Anordnung einem idealen Stand- punkt für den Betrachter: Die einzelnen Elemente lassen sich nicht ohne Ab- straktionsleistung als ein Bildganzes erfassen. Es ist die eigene Wahrnehmung, die die einzelnen Bildelemente in der Vorstellung als ein geschlossenes Ganzes erscheinen lässt.

Das technische Format

Mehr als 770 000 lichtemittierende Dioden (LEDs), verteilt auf Vorder- und Rückseiten der Stelen, bilden die mediale Oberfläche für die digitalen Kunst- projekte. Ihre räumliche Anordnung auf dem Grünstreifen vor der OSRAM- Hauptverwaltung folgt dabei dem Verlauf des planckschen Kurvenzugs.[2] Die Physik des Lichtes ist somit immanenter Bestandteil der gestalterischen Aus- bildung der Stelenkonfiguration. Die Anordnung in einer Kurve sowie die un-

2 Vgl. den Text von Alexander Faller in diesem Band, S. 156 ff.

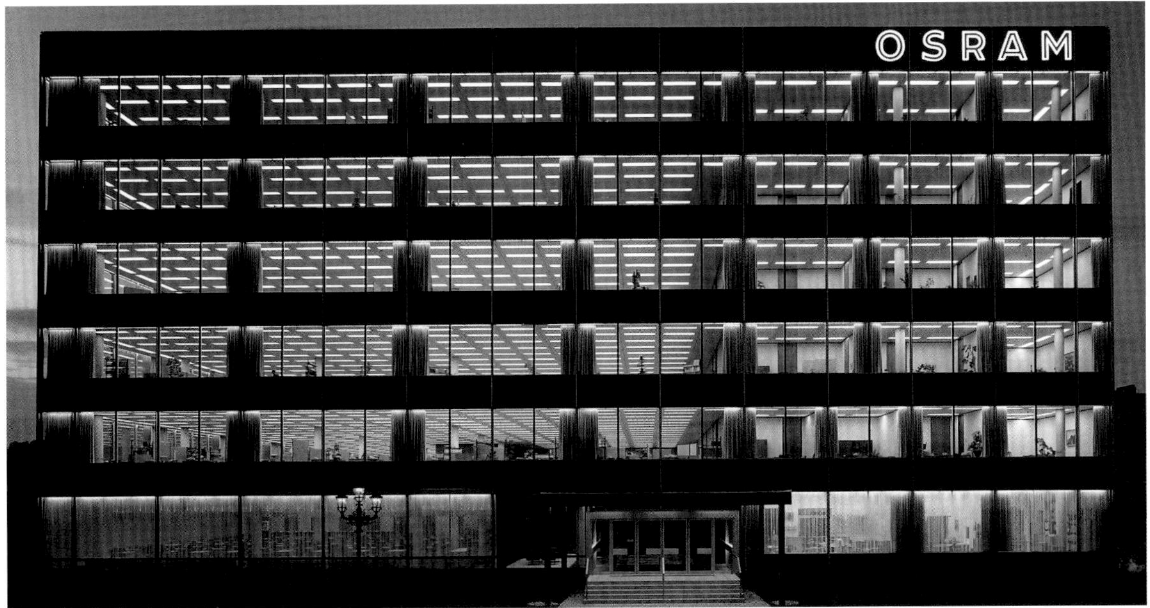

*Historical view
of OSRAM GmbH's
administrative building,
Munich, 1965*

The SEVEN SCREENS place great demands on the artists: first of all, they have to deal with seven structural elements which are related to the architecture of the OSRAM building as well as to the constant flow of traffic rushing by. In addition, the columns feature an unusual image format which can be perceived separately for each stele or as part of the whole installation, and which can also be mirrored or duplicated on the reverse. An individual column may be viewed as a fragment (of an overall image), as a separate image carrier, as a monument (like a sculpture), or as an architectural element. In addition, there is no ideal vantage point due the columns' rhythmic arrangement. The individual elements cannot be perceived as a whole image without an element of abstraction. It is the viewer's own perception that combines the individual pictorial elements into an integral whole.

Technical Format

Over 770,000 light-emitting diodes (LEDs), spread over the front and back of each column, form the visual canvas for the digital art projects. Their positioning on the lawn in front of the OSRAM headquarters building is based on the Planckian locus,[2] making the physics of the light an immanent component of the column design and configuration. Their curved arrangement and the different distances between the individual steles create a taut rhythm that communicates an aesthetic link between the clean lines of the OSRAM building and the dynamically flowing traffic. The office building, which was completed in 1965, is one of the most important

---

2 Cf. the text by Alexander Faller in this volume, pp. 157ff.

terschiedlichen Abstände zwischen den einzelnen Stelen ergeben einen spannungsvollen Rhythmus, der ästhetisch zwischen der klaren Gliederung des OSRAM-Hauses und der Dynamik des fließenden Verkehrs vermittelt. Das 1965 fertiggestellte Haus gehört zu den bedeutenden architektonischen Bürobauten der Münchner Nachkriegszeit. Von außen bestimmt eine klare Gliederung und Transparenz die Fassade, im Inneren findet sich noch Teile der authentischen Einrichtung der 1960er-Jahre. Entworfen wurde es von Walter Henn, der in der Klarheit der Formensprache dem Stil Ludwig Mies van der Rohes folgte.[3] Die Stelen greifen die Proportionen und das Design des OSRAM-Gebäudes auf, setzen diesem aber gleichzeitig bewegte Bilder entgegen und vermitteln so sensibel zwischen dem kontinuierlich rauschenden Verkehr und der statischen Transparenz des Hauses.

Die Projekte

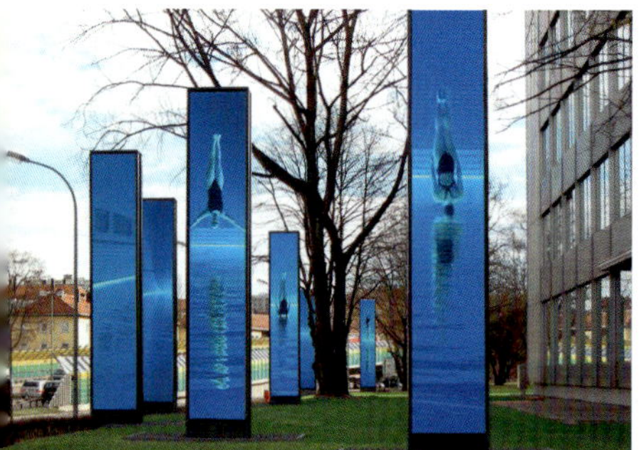

Haubitz+Zoche
2027
2007

Mit ihrem räumlichen und formalen Kontext sowie den technischen Möglichkeiten bieten die SEVEN SCREENS vielfältige Möglichkeiten für statische oder bewegte Bilder, Texte oder rein chromatische Flächen. Im Laufe der vergangenen fünf Jahre suchten zehn künstlerische Ansätze, das Potenzial der Stelen auszuloten.

Mit der ersten Bespielung haben die Medienkünstler Holger Mader, Alexander Stublić und Heike Wiermann bereits zu Beginn die doppelte Funktion des Lichts als Beleuchtung und Bildträger thematisiert. In *reprojected* überlagerten sich virtueller und realer Raum.

Auf sehr unterschiedliche Weise haben zuerst Sabine Haubitz und Stefanie Zoche, dann Diana Thater die Stelen als im Raum gestaffelte Videoscreens interpretiert. Das Münchner Künstlerduo bezog sich in seiner Arbeit *2027* auf Fritz Langs Filmklassiker *Metropolis* und ließ vergangene Architekturutopien sich in abstrakten Unterwasserwelten auflösen. Die in Los Angeles lebende Diana Thater widmete sich bei ihrer Bespielung *OFF WITH THEIR HEADS* Lewis Carrolls' berühmter Romanfigur Alice. Die Stelen wurden zum Ort des fantastischen Schachspiels, das Carroll in *Alice hinter den Spiegeln* 1871 beschrieb.

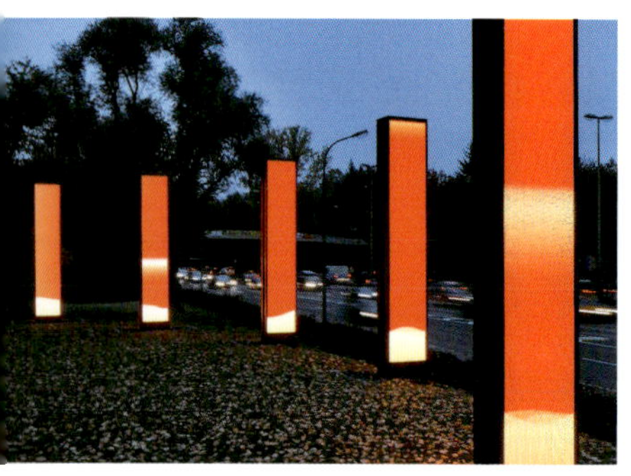

ART+COM
Reactive Sparks
2007

Schließlich öffnete sich das Konzept gegenüber der Medienkunst, indem ART+COM das interaktive (beziehungsweise reaktive) Potenzial der Lichtstelen ausloteten. *Reactive Sparks* begab sich in einen direkten visuellen Dialog mit den vorbeifahrenden Autos, die auf den Stelen ihre Spuren hinterließen.

Auch Bjørn Melhus entwickelte eine dynamische Arbeit, die jedoch nicht wie bei ART+COM unmittelbar auf den Verkehr reagierte, sondern den Ton

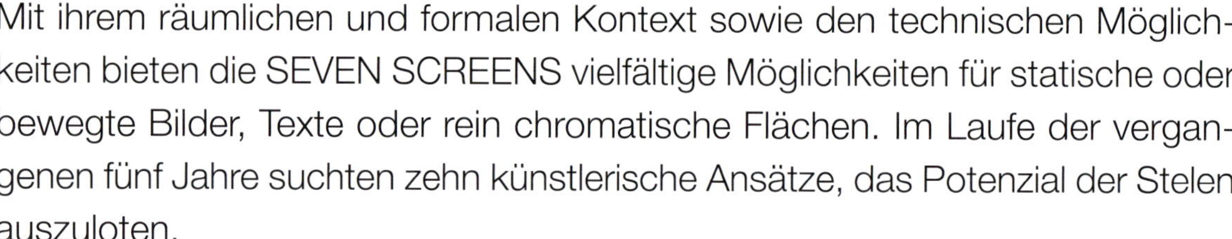

3 Vgl. Steffen Krämer, »Gläserne Transparenz. Das Verwaltungsgebäude der OSRAM GmbH in München«, in: Christian Schoen (Hrsg.), *Galerie aktueller Kunst im Osram-Haus,* München 2006, S. 16–19.

architectural achievements in postwar Munich. Its exterior is characterized by a clear and transparent structure, while certain areas of the interior continue to feature authentic furnishings from the sixties. Designed by Walter Henn, the clarity of its vocabulary emulates the style of Ludwig Mies van der Rohe.[3] The columns take their proportions and their design from the OSRAM building, but set a counterpoint with their moving images and mediate with sensitivity between the continuous flow of traffic and the static transparency of the building.

The Projects

With their spatial and formal context and their technical capabilities, the SEVEN SCREENS provide diverse opportunities for static or moving images, text, or plain areas of color. Over the past five years, ten artistic approaches have sought to fathom the columns' potential.

In the first installation, media artists Holger Mader, Alexander Stublic, and Heike Wiermann explored the dual function of light as illumination and image carrier. In reprojected, *virtual and real space overlap.*

Sabine Haubitz and Stefanie Zoche, and then Diana Thater interpreted the columns in very different ways as staggered video screens. The Munich-based pair of artists made reference to Fritz Lang's Metropolis *in its installation titled 2027 and dissolved past architectural utopias in abstract underwater worlds. Diana Thater, who lives in Los Angeles, based her installation OFF WITH THEIR HEADS on Lewis Carroll's literary character Alice and turned the columns into the location of the fantastic chess game that Carroll described in 1871 in* Through the Looking-Glass.

The concept finally opened itself up to media art when ART+COM evaluated the interactive (or reactive) potential of the light columns. Reactive Sparks *entered into a direct visual dialogue with the passing cars as they left traces on the columns.*

Bjørn Melhus developed a dynamic installation that, unlike the work by ART+COM, did not respond instantly to the passing traffic but used the sound of the local news station as its starting point. Screensavers *exaggerated the continuously updated news messages to critically reflect on the role of mass media.*

Graphically reduced but no less concrete was Anouk De Clercq's approach. In Motion for Newton, *the Belgian artist used the OSRAM building's architecture as the basis for her work. The proportions of individual façade*

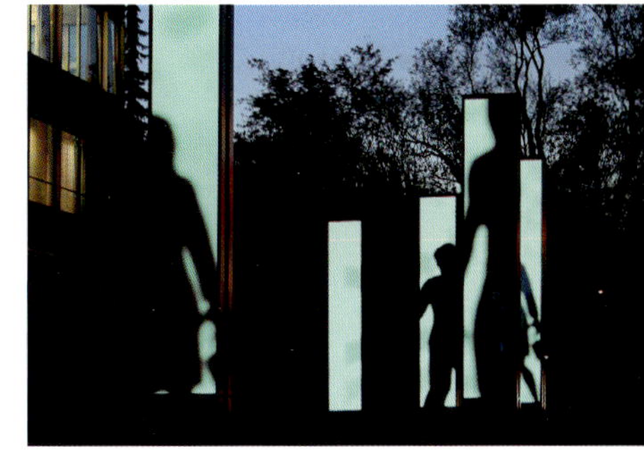

Mader | Stublić | Wiermann
reprojected
2006

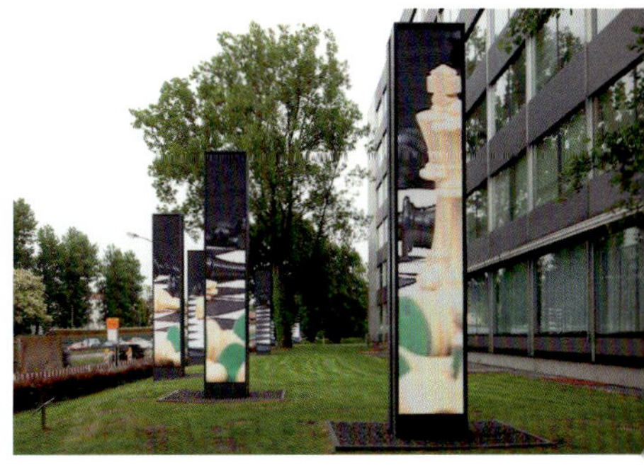

Diana Thater
OFF WITH THEIR HEADS
2007

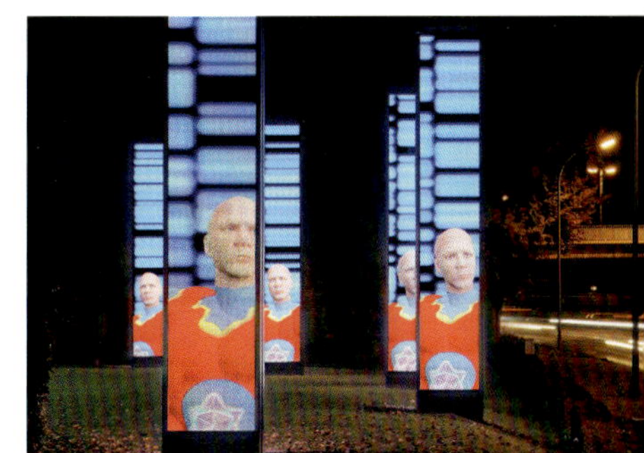

Bjørn Melhus
Screensavers
2008

---

3 Cf. Steffen Krämer, *"Gläserne Transparenz: Das Verwaltungsgebäude der OSRAM GmbH in München,"* in Christian Schoen, ed., Galerie aktueller Kunst im Osram-Haus *(Munich, 2006), pp. 16–19.

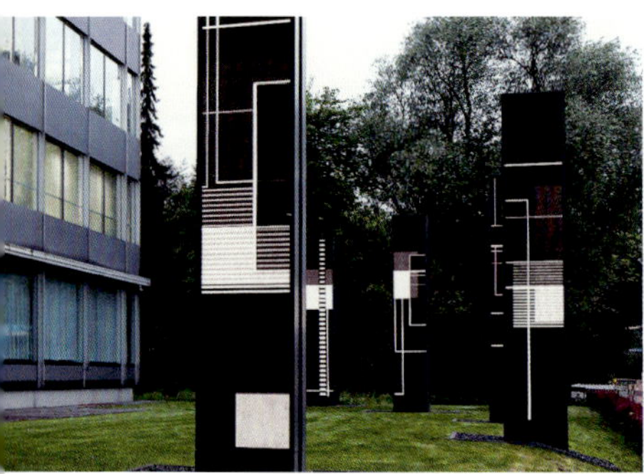

Anouk De Clercq
Motion for Newton
2008

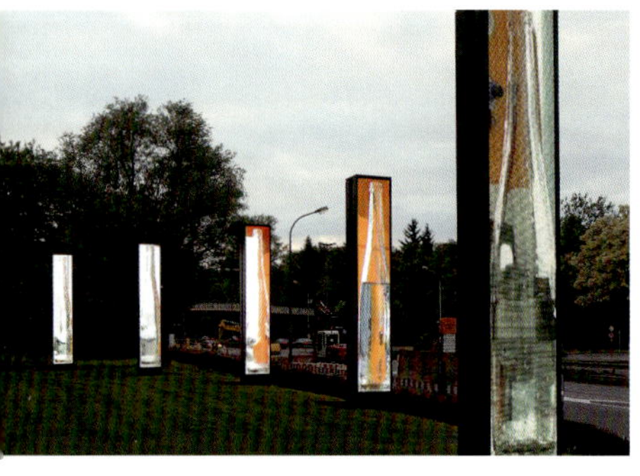

Harun Farocki
Umgießen / Re-pouring
2010

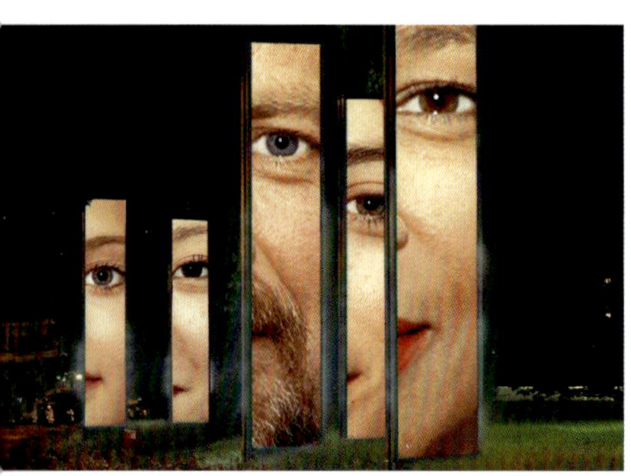

Herlinde Koelbl
*Du hast mich verzaubert
mit einem Blick deiner Augen /
You have taken away my heart,
with one look you have taken it*
2011

des regionalen Nachrichtenradiosenders als Ausgangspunkt nahm. *Screensavers* überhöht die ständig aktualisierten Meldungen und reflektiert damit die Bedeutung der Massenmedien kritisch.

Grafisch reduziert, jedoch nicht minder konkret war der Ansatz von Anouk De Clercq. Die belgische Künstlerin griff in *Motion for Newton* die Formensprache der Architektur des OSRAM-Hauses auf. Die Proportionen einzelner Fassadenelemente, auf Schwarz-Weiß reduziert, bilden die Grundlage einer visuellen Komposition von sich kontinuierlich bewegenden, grafischen Elementen.

Der unaufhörliche Verkehrsfluss, die nah vorbeifließende Isar und auch das Format der Stelen animierten nach Haubitz+Zoche noch weitere Künstler, sich mit dem Thema Wasser auseinanderzusetzen. Die isländische Künstlerin Rúrí entwickelte mittels Aufnahmen aus ihrem Heimatland eine spezielle Choreografie von Wasser in unterschiedlichen Aggregatzuständen.

Den Filmemacher Harun Farocki hingegen erinnerte das ungewöhnliche Format der einzelnen Stelen an eine Performance des Fluxuskünstlers Tomas Schmit aus dem Jahr 1962/63, die zum Ausgangspunkt für seine Arbeit *Umgießen* wurde. Schmit hatte den Inhalt einer Flasche so lange in die nächste gegossen, bis kein Wasser mehr übrig war. Farocki transformierte die rituelle Handlung in einen zwanzigminütigen, ungeschnittenen Film und übertrug diesen auf die räumliche Anordnung der Stelen. Jeder Stele wurde eine Flasche zugeordnet. Das Umgießen selbst überließ Farocki einem Roboter, dessen Arm durch den erweiterten Bildraum wanderte, um die unspektakuläre Handlung des Umgießens durchzuführen.

Dass auch die holländische Künstlerin Saskia Olde Wolbers ihre Welten in Wasser taucht, hat bei ihr formale Gründe, denn so entstehen surreale Bilder von suggestiver Schönheit. *Cellule* stellt dem hektischen Treiben der Stadt einen Raum der Imagination gegenüber.

Das zehnte Projekt für die SEVEN SCREENS widmet sich dem Menschen: Herlinde Koelbl thematisiert die Bedeutung des Sehens. Mit dem Blick auf die Welt, mit dem Blick auf das Du beginnt alles: das Erkennen, das Wahrnehmen, das Sehen, der Austausch. Ihre Arbeit *Du hast mich verzaubert mit einem Blick deiner Augen* führt uns zurück zum Ursprung der Wahrnehmung und der Bedeutung des Lichts, die die Grundlage für die SEVEN SCREENS darstellen.

Die SEVEN SCREENS haben es geschafft, den öffentlichen Blick über einen langen Zeitraum hinweg stets aufs Neue zu begeistern und auf aktuelle Themen und Aspekte zu lenken. Sie sind zu einem bedeutsamen Projekt im Münchner Stadtraum geworden.

Christian Schoen

elements, reduced to black and white, provide the foundation for a visual composition of graphic elements constantly in motion.

After Haubitz+Zoche, the continuous flow of traffic, the nearby river Isar, and the shape of the columns inspired more artists to use water as the subject of their work. Icelandic artist Rúrí developed a special choreography of water in its different aggregate states in pictures from her homeland.

For his installation titled Umgießen/Re-pouring, *on the other hand, the unusual format of the individual columns reminded filmmaker Harun Farocki of an old performance by Conceptual artist Tomas Schmitt during which he repeatedly poured the contents of one bottle into another until no water was left. Farocki transformed this ritual activity into a twenty-minute continuous take and adapted it to the physical arrangement of the columns. Each column shows a single bottle. Farocki chose to have the essentially ordinary act of pouring performed by a robot whose arm wanders through the expanded image area.*

Dutch artist Saskia Olde Wolbers also used water in her installation, but for more formal reasons, because it allowed her to create surreal images of suggestive beauty. Cellule *contrasts hectic city life with a space of imagination.*

The tenth project for the SEVEN SCREENS is dedicated to the human being. Herlinde Koelbl's central theme is the importance of seeing. Everything begins with a look at the world and a look at one's self: recognizing, perceiving, seeing, communicating. Her installation Du hast mich verzaubert mit einem Blick deiner Augen *(You have taken away my heart, with one look you have taken it) returns us to the origin of perception and the meaning of light, which provides the basis for the SEVEN SCREENS.*

For some time now, the SEVEN SCREENS have managed to capture the public imagination for the new and steer its attention to current issues and aspects. They have become an important project in Munich's urban landscape.

Christian Schoen

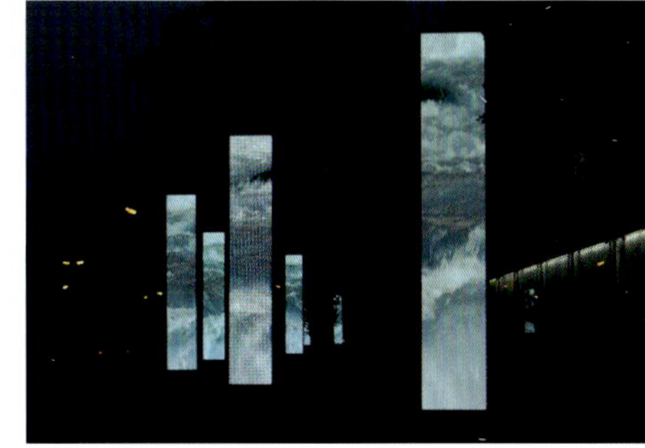

Rúrí
Aqua – Silence
2009

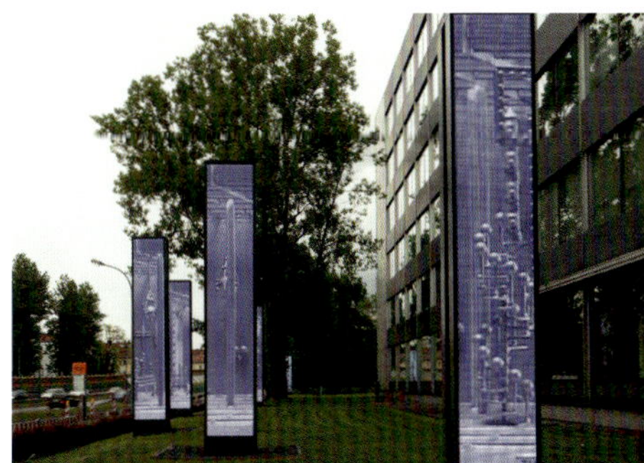

Saskia Olde Wolbers
Cellule
2011

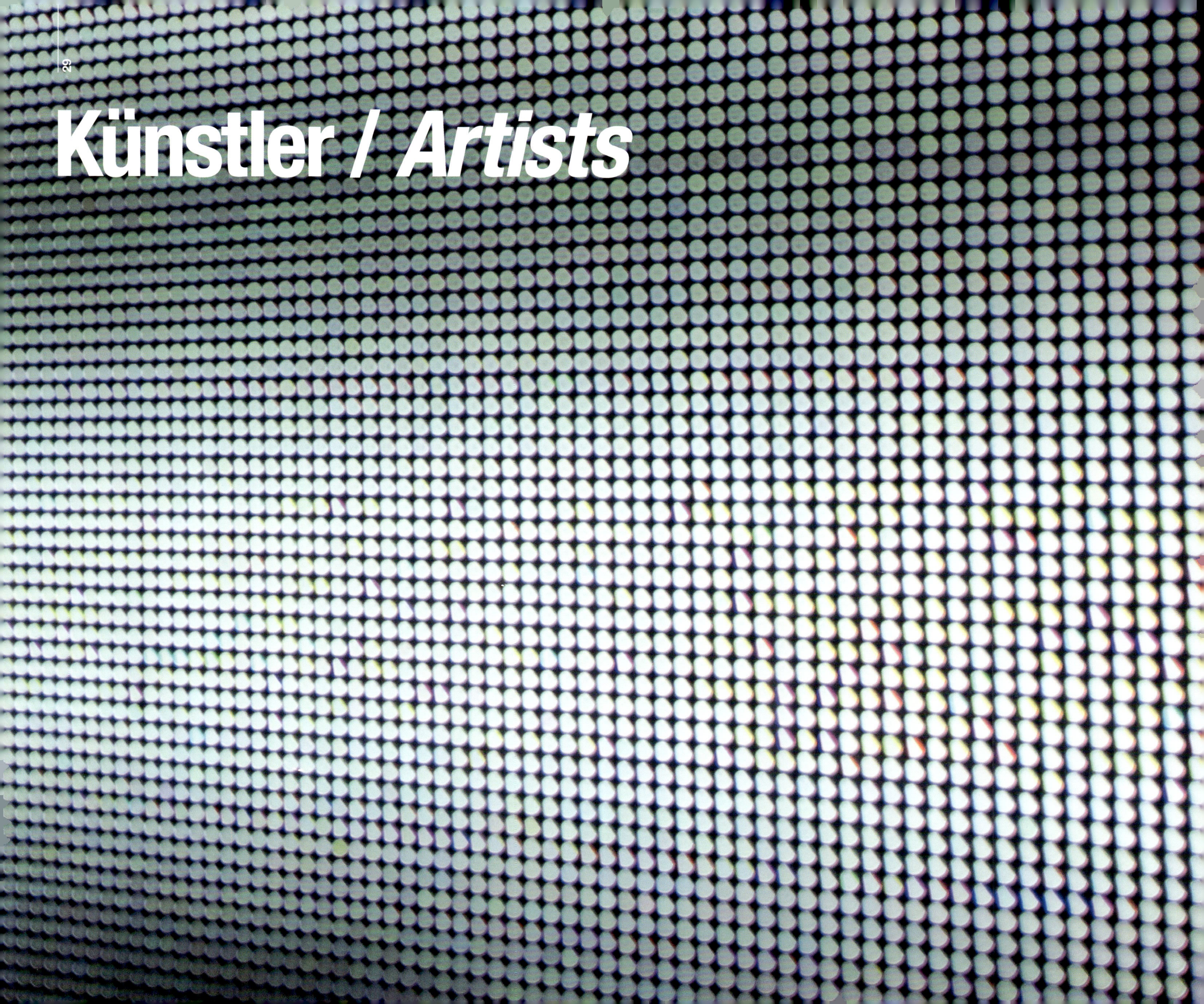

Künstler / *Artists*

Mader I Stublić I Wiermann

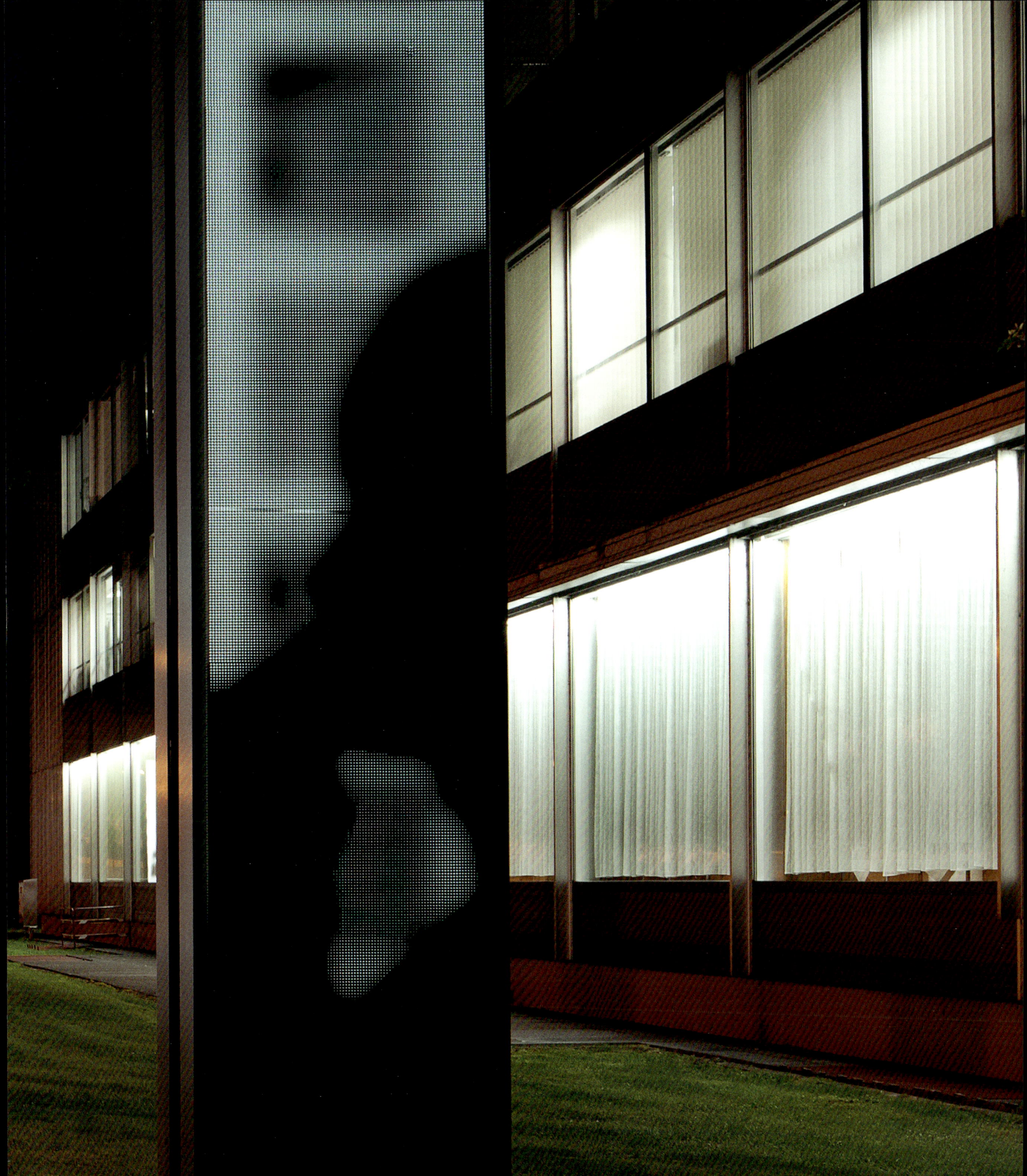

Mader | Stublić | Wiermann
reprojected
2006

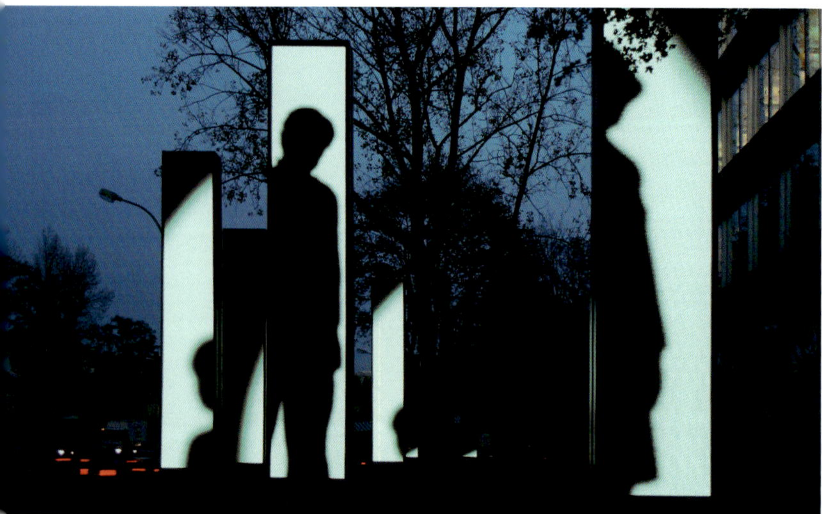
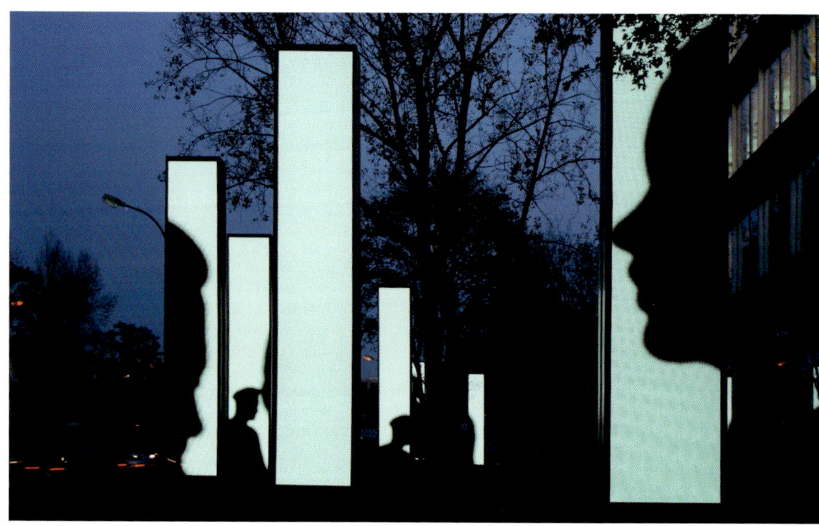
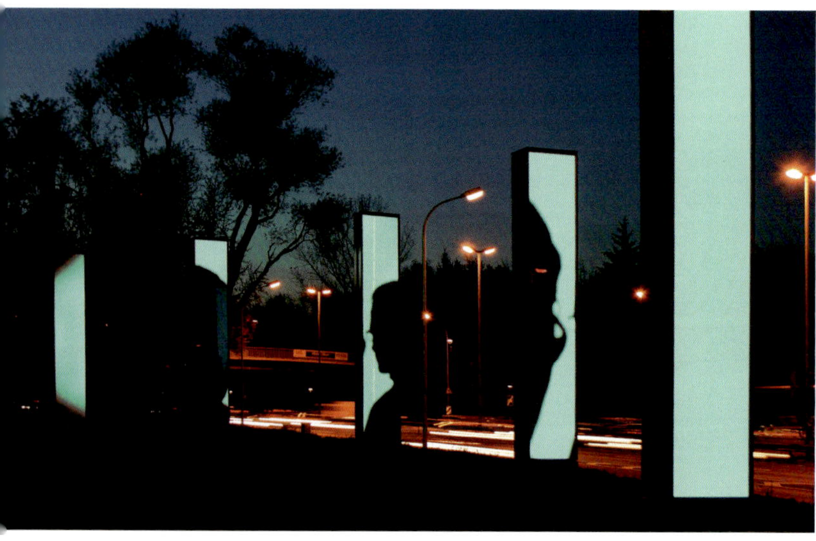
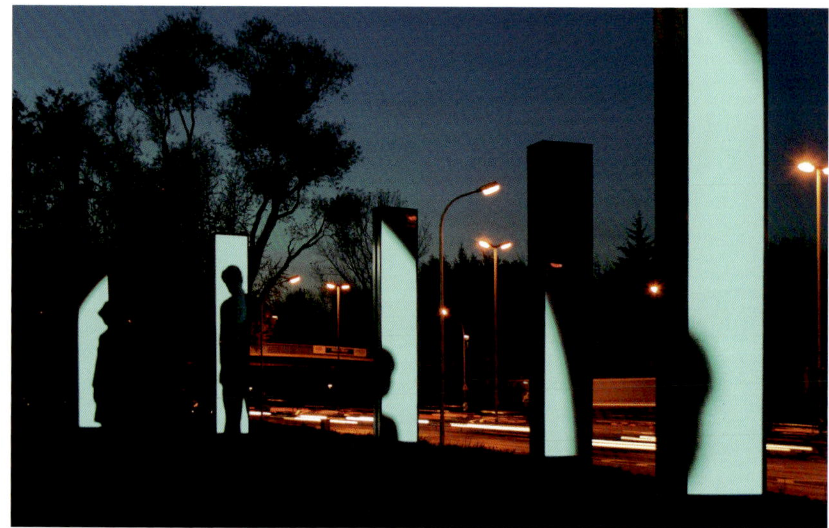

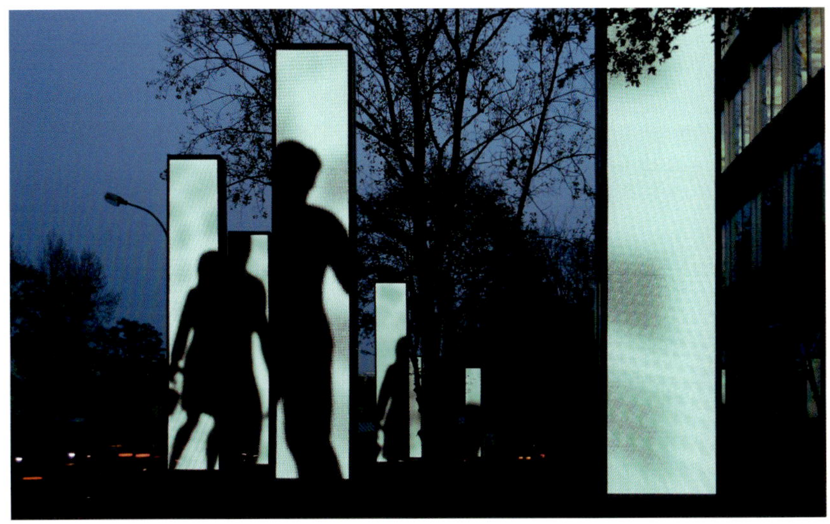
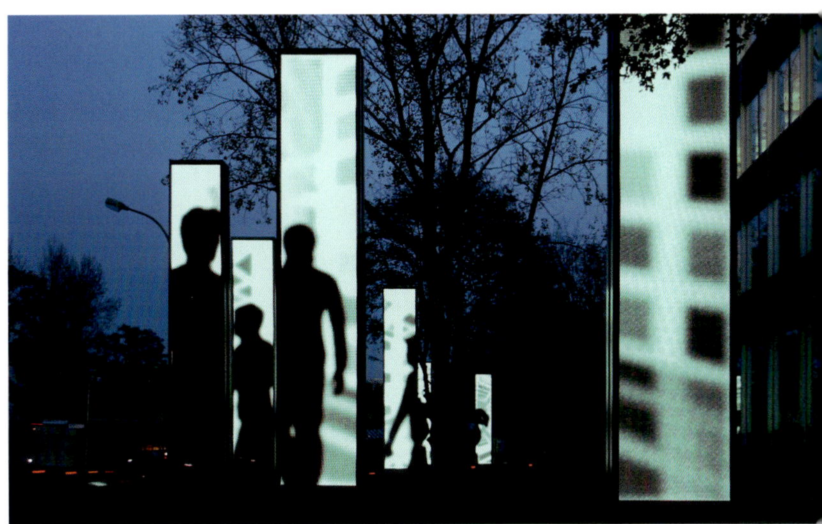
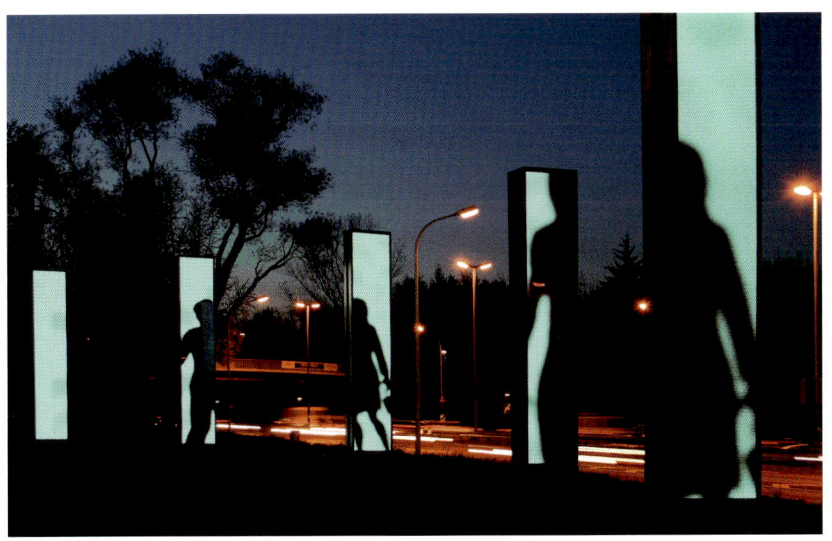
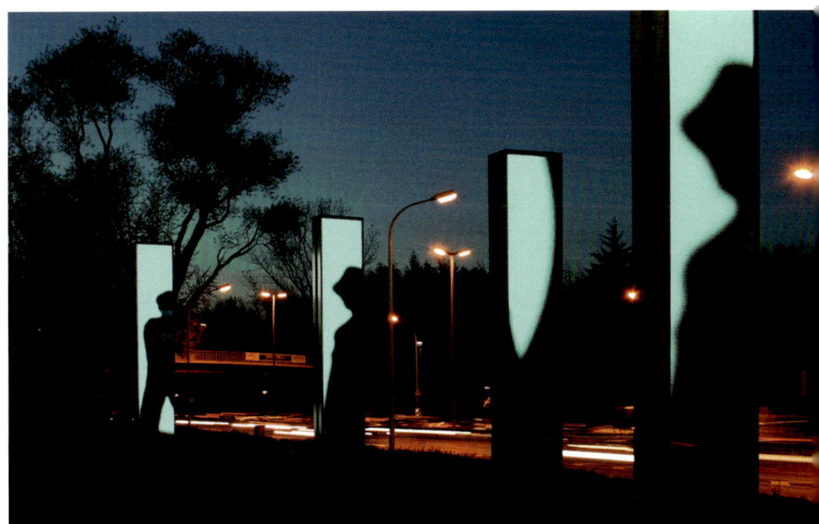

reprojected – **Verschachtelte Realitäten im Stadtraum**
Holger Mader, Alexander Stublić und Heike Wiermann
in Korrespondenz mit Christian Schoen

Das Künstlertrio, bestehend aus den Medien-
künstlern Holger Mader und Alexander Stublić
sowie der Architektin Heike Wiermann, setzte
mit der Premierenbespielung der SEVEN
SCREENS im Jahr 2006 hohe Maßstäbe.
Bereits zuvor hatten die drei mit sehr komplexen
Projektionen auf Baukörpern beeindruckt.
Dabei hinterfragten sie die Schnittstellen von
realen und virtuellen Räumen und thematisier-
ten Wahrnehmung mittels räumlicher Bezüge.
Sie gehören damit zu den Pionieren einer
neuen Form der Ästhetisierung des urbanen
Raums, die durch die jüngsten Lichttechnologien erst möglich wurde. Mit *reprojected* ent-
warfen sie ein irritierendes Szenario, in dem die
Stelen als architektonische Elemente in einem
belebten Umraum erschienen – eine subtile
Verkehrung der tatsächlichen Situation.

reprojected, *Eure Arbeit für die SEVEN
SCREENS, arbeitet innerhalb des Spannungs-
feldes von physischer Präsenz und virtuellem
Schein. Könnt Ihr Eure Herangehensweise
an das Projekt beschreiben?*

Uns interessiert genau diese Mischung aus
Sein und Schein als urbanes Umfeld. Beide
Sphären sind lebensbestimmend und erfor-
dern sinnvolle Schnittflächen. Der Weg führt
unserer Meinung nach weder zurück zur
Urhütte noch in die totale Medialisierung.
Durch die offensichtliche Verortung von
Medien im realen Raum suchen wir nach
Potenzialen des Zusammenspiels beider
Sphären, ohne die Grenzen zu verwischen.

Für *reprojected* wurden die vorgefundenen
räumlichen Bedingungen deckungsgleich
in eine Computersimulation übertragen. Im
3-D-simulierten Raum wurden bewegte
Lichtquellen platziert und die Szenerie mit
animierten Figuren belebt. Diese bewegen
sich zwischen den virtuellen Stelen und werfen Schatten. Das auf die Stelen treffende
Licht- und Schattenspiel wurde zurücküber-
tragen in die reale Situation und stellt die
Grundlage der Bespielung dar. Im Hinblick
darauf, dass der im Auto vorbeifahrende

Betrachter jeweils nur circa sieben Sekunden
Zeit hat, die Situation zu erfassen, sollte über
die Bespielung eine eher statische Situation
geschaffen werden, die sich über Raum-
beziehungen definiert und keine Erzählung
beginnt. Die Stelen können nur Ausschnitte
der räumlichen Situation in der 3-D-Simulation
wiedergeben. Daher wird der Zwischenraum
wichtig – es entsteht eine geheimnisvolle
Szenerie, die den Betrachter dazu auffordert,
den Zwischenraum zu füllen.

*Viele Eurer Arbeiten basieren auf der Auseinan-
dersetzung mit Raumkörpern beziehungsweise mit Architektur, wobei Ihr die tatsächlichen Formen und Strukturen infrage stellt,
sie auflöst beziehungsweise in Bewegung
versetzt. Woher rührt Euer Interesse an
diesem Thema?*

Der reale Raum ist für uns Ausgangspunkt
und zentrales Thema zugleich. Das schließt
selbstverständlich sowohl den belebten
städtischen Umraum als auch die Architektur mit ein. Durch mediale Überlagerung
wird der konkrete Raum meist nicht mehr in
seiner physischen Präsenz wahrgenommen.
Besonders im urbanen Kontext transportie-
ren Räume beziehungsweise Architektur
zunehmend Informationen, die vor allem
kommerzieller Art sind und gesellschaftliche
Machtstrukturen repräsentieren. Der konkrete Raum droht unter den zumeist auch
leicht konsumierbaren medialen Bildern
und Zeichen zu verschwinden. Wir denken,
dass durch das Infragestellen des Vorgefundenen und das Herstellen von Wider-
sprüchen die Aufmerksamkeit auf die Wahrnehmung des Tatsächlichen zurückgelenkt
werden kann. Es besteht zudem die Chance,
durch temporäre Neuinterpretation alternative Strukturen zu testen.

Unsere Wahrnehmung orientiert sich mittlerweile maßgeblich an Film- und Fernsehbildern,
deren hohe Informationsdichte und Geschwin-
digkeit uns zunehmend fordert. Indem wir
filmische Ausdrucksmittel wie Licht, Video

reprojected—*Interwoven Realities in Urban Space*
Holger Mader, Alexander Stublić, and Heike Wiermann in Correspondence with Christian Schoen

The triad consisting of media artists Holger Mader and Alexander Stublić and architect Heike Wiermann set a high standard with the first SEVEN SCREENS installation in 2006. Prior to that, the three had attracted attention with their complex projections on buildings. Their work scrutinizes the interfaces between real and virtual spaces and addresses perception by means of spatial references. This places them among the pioneers of a new form of aestheticization of urban space, one that was not possible before the dawn of new light technologies. In reprojected *they design a perplexing scenario in which the steles appear as architectural elements in a bustling environment—a subtle reversal of the actual situation.*

reprojected, *your work for the SEVEN SCREENS, works within the conflicting areas of physical presence and virtual appearance. Can you describe how you approached the project?*

It is precisely this mixture of reality and illusion as an urban environment that interests us. Both spheres are life-determining and call for meaningful intersections. In our opinion, the way leads neither back to the cave nor to total mediatization. With the obvious positioning of media in real space, we are seeking potentials for the interplay of both spheres without blurring the boundaries.

In reprojected, *the spatial conditions we were confronted with were transferred coextensively to a computer simulation. Moving light sources were positioned in the 3-D simulated space and the scenery was brought to life with animated figures that move between the virtual steles and cast shadows. The display of light and shade reaching the steles was transferred back to the real situation and forms the basis of the installation. In view of the fact that passing motorists only have about seven seconds to take in the situation, the idea was to create more of a static situation with the installation, which is defined by spatial relationships and does not begin a narration. The steles can only reflect sec-*

tions of the spatial situation in the 3-D simulation, thus lending importance to the breaks in between—a mysterious scenery is created that challenges the viewer to fill the intermediate space.

Many of your works are based on a critical examination of spatial bodies or of architecture, whereby you question the actual forms and structures, dissolve them, or set them in motion. Where does your interest in this theme stem?

Real space is both our starting point and our central theme. That naturally includes the bustling urban environment as well as architecture. Due to media superimposition, concrete space is generally no longer perceived in its physical presence. In a municipal context in particular, spaces or architecture are increasingly becoming carriers of information that is primarily of a commercial nature and represents power structures. Tangible space is threatening to disappear under the, for the most part, easily consumable media images and signs. We believe that by questioning what we come across and producing contradictions, we can direct people's attention. There is also an opportunity to test alternative structures through temporary reinterpretation.

Our perception is meanwhile mostly oriented toward film and television images, whose high information density and speed demands more and more of us. By using cinematic means of expression such as light, video, or sound in urban space, we are able to make use of the shift in prerequisites. We always work with the available spatial structures: we describe, modulate, and deconstruct them in chronological order. The original form remains visible and is constantly compared with the added transparent and moving layers. We use the medium of film to try to address connections between surfaces and bodies and to transfer them back to real urban space.

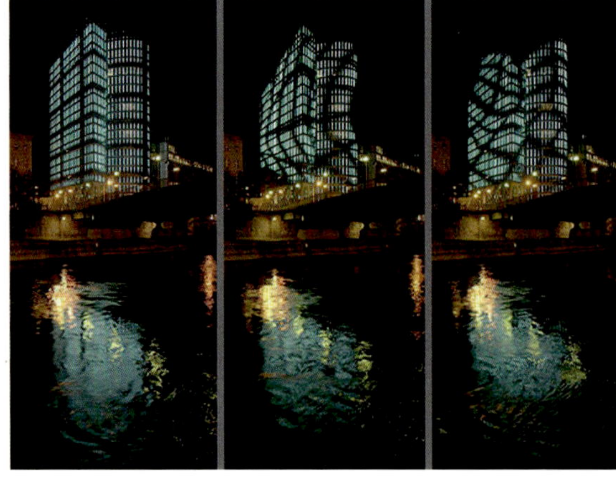

Mader | Stublić | Wiermann
twists and turns
2007

oder Ton im Stadtraum einsetzen, können wir die veränderten Voraussetzungen nutzen. Dabei arbeiten wir immer mit den vorgefundenen Raumstrukturen, beschreiben, modulieren und dekonstruieren sie in zeitlicher Abfolge. Die originale Form bleibt dabei sichtbar und befindet sich in ständigem Abgleich mit den hinzugefügten transparenten und bewegten Schichten. Über das Medium Film versuchen wir, Bezüge zwischen Oberfläche und Körper zu thematisieren und zurück in den realen Stadtraum zu übertragen.

Welche Bedeutung erfährt in diesem Kontext das Licht, das Ihr wesentlich in Euren Arbeiten verwendet?

Licht – insbesondere Video als fein gerastertes Licht – kann den Baukörper bei Nacht neu interpretieren, vorgefundene Formen dekonstruieren und neue, alternative Formen anbieten. Behutsam eingesetzt, lässt es dem Original dennoch immer genügend Luft, sich zu behaupten. Auch die Möglichkeit, teils widersprüchliche Interpretationen zeitlich hintereinander zu formulieren, verhindert eine Vereinnahmung oder Totalität. Die Bespielung einer Architektur verstehen wir als Hinzufügen einer neuen, transparenten Schicht, die mit der Originalform interagiert.

Wie etwa bei twists and turns, *Eurem Projekt für den Uniqa-Tower in Wien?*

Genau, die Bespielung des Uniqa-Towers kann dies exemplarisch zeigen: Abstrakte Formen beschreiben das Gebäude zunächst, lösen sich dann wie unter verschiedenen Krafteinwirkungen von der Form ab, um sich schließlich zu eigenständigen räumlichen Simulationen zusammenzusetzen. Alle diese Zustände werden übereinander-

geschichtet – wir nennen diese Vorgehensweise »Layering«.

Ein weiteres Beispiel wäre das *4D-house*, ein Projekt, für das wir das jüdische Gemeindezentrum in Duisburg mit Videoprojektionen bespielt haben. Der Inhalt der Projektion reicht von weißem Licht über Moiré-Strukturen bis hin zu groß dimensionierten Linien- und Rasterkonstellationen. Die Moirés entstehen zum Beispiel durch Reibung sehr feiner Raster untereinander. Sie formulieren eine Art Energiezustand als Zwischenschritt von der »Beleuchtung« zur »Bespielung«.[1] Wir haben das Gebäude inklusive der Projektion als 3-D-Simulation nachgebaut und virtuelle Lichtquellen platziert und bewegt. Sie erzeugen durch die skulpturale Form des Gebäudes vielfältige Schatten. In der Projektion mischen sich diese vom Gebäude selbst generierten Schatten mit den unterschiedlichen Lichtstrukturen – ähnlich wie bei der Arbeit *reprojected* ragt so auch hier der virtuelle in den realen Raum hinein.

Mit den neuen Lichttechnologien, die nun nicht mehr nur lichtspendend, sondern auch bildgebend sein können, ist der nächtliche urbane Raum dabei, sich rapide zu verändern. Worin seht Ihr die gesellschaftlichen und künstlerischen Herausforderungen in der Zukunft?

Die Stadt besteht immer aus realen und virtuellen Elementen. Um den Bedürfnissen des Individuums und der Gesellschaft gerecht zu werden, kommt es unserer Meinung nach nicht darauf an, welchen Realitätsgrad das »Baumaterial« hat, sondern wie es seiner Aufgabe gerecht wird, ob und wie es den urbanen Raum ausformuliert. Wir denken, dass die neuen Lichttechnologien jenseits von Megawerbescreens das Potenzial haben, die Stadt dreidimensional und offen für Interpretationen weiterzubauen.

1 Vgl. Nina Hülsmeier, »Mader Stublić Wiermann. 4D House«, in: *Ruhrlights: Twighlight Zone 2010*, hrsg. von Söke Dinkla u. a., Ausst.-Kat. Hagen/Dortmund; Witten; Hattingen; Bochum; Essen; Mülheim an der Ruhr; Duisburg, Ostfildern 2010, S. 56–61.

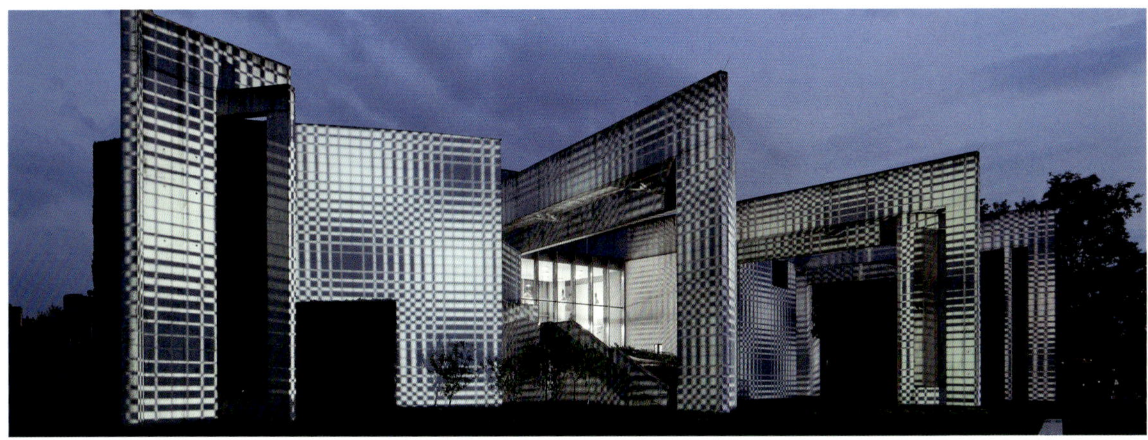

Mader | Stublić | Wiermann
4D-house
2010

In this context, what is the meaning of light, which plays a major part in your works?

Light—especially video as a finely rasterized light—can reinterpret a building at night, deconstruct existing forms, and offer new, alternative forms. When used carefully, it still leaves the original enough room to breathe so that it can assert itself. The fact that partially contradictory interpretations can be formulated one after the other also prevents monopolizing or totalitarian tendencies. We see the use of architecture as a screen for adding a new, transparent layer that interacts with the original form.

Like *twists and turns,* your project for the Uniqa Tower in Vienna?

Exactly. The installation on the Uniqa Tower illustrates the point: abstract forms at first describe the building, are detached from the form as if affected by various forces, and then ultimately come together to create independent spatial simulations. All of these states are arranged in strata, one over the other. We call this approach "layering."

The 4D-house *is another example. In this project we projected videos onto the Jewish Community Center in Duisburg. The content of the projection ranges from pure white light and moiré structures to large-scale line and grid constellations. The moirés result, for example, from friction among fine grids. They formulate a kind of energy state as an interim step between "illumination" and "projection."[1] We reproduced the building, including the projection, as a 3-D simulation, and then positioned and moved virtual light sources. As a result of the sculptural form of the building, they generate a large number of multifaceted*

*shadows. In the projection, these shadows generated by the building itself mix with the various light structures—like in our work re-*projected, *virtual space protrudes into real space.*

Thanks to new light technologies—which can now not only be luminiferous but also provide images—nighttime urban space is undergoing a rapid transformation. Where do you see the social and artistic challenges of the future?

The city consists of real and virtual elements. If we are to meet the needs of both the individual and of society, we believe that it does not matter what level of reality the "building material" has, but how it fulfills its task—whether and how it formulates urban space. We believe that, beyond mega-sized advertising screens, new light technologies have the potential to develop the city three-dimensionally and in a way that is open to interpretation.

1 *Cf. Nina Hülsmeier, "Mader Stublić Wiermann. 4D-house," in Söke Dinkla et al., eds.,* Ruhrlights: Twilight Zone 2010 *(Ostfildern, 2010), pp. 56–61.*

Haubitz+Zoche

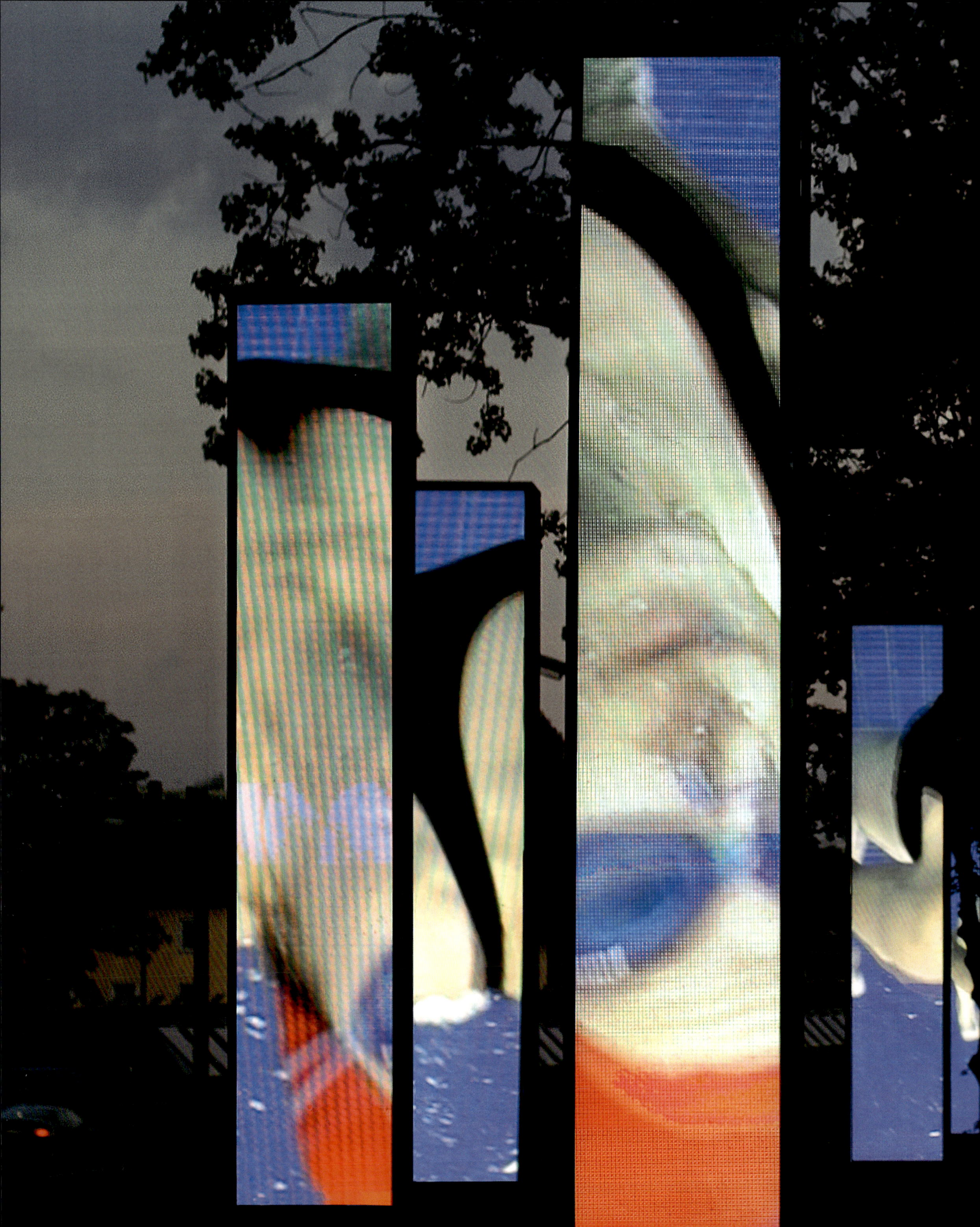

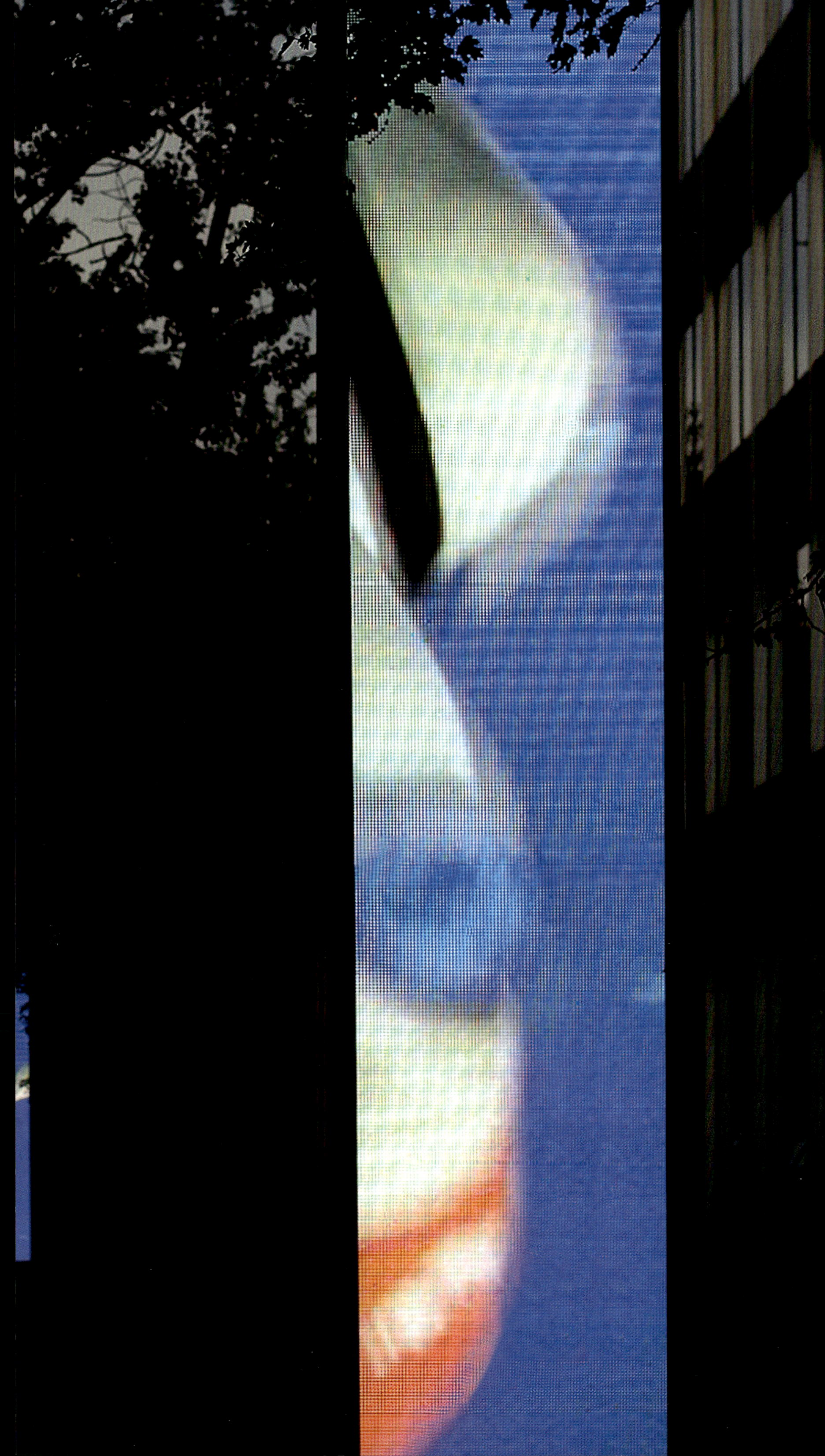

Haubitz+Zoche
2027
2007

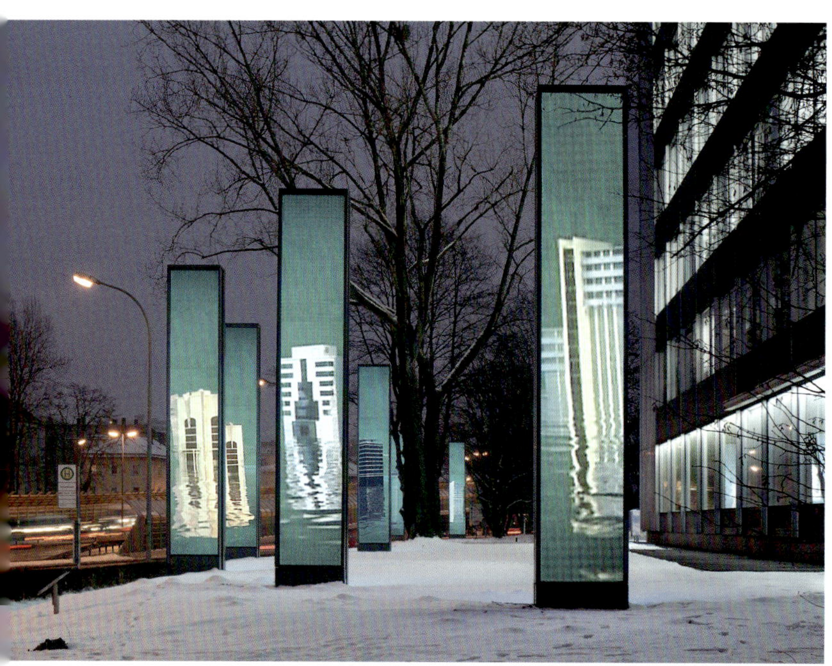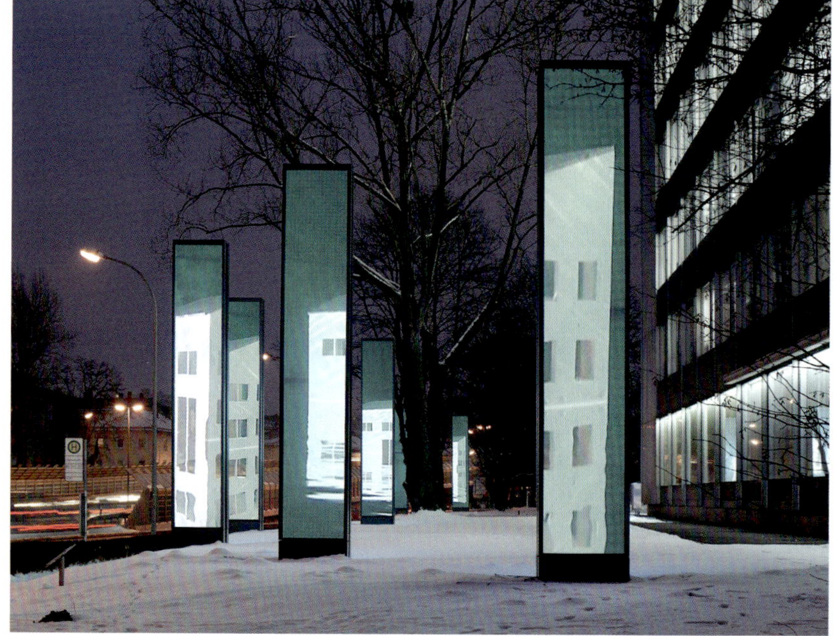

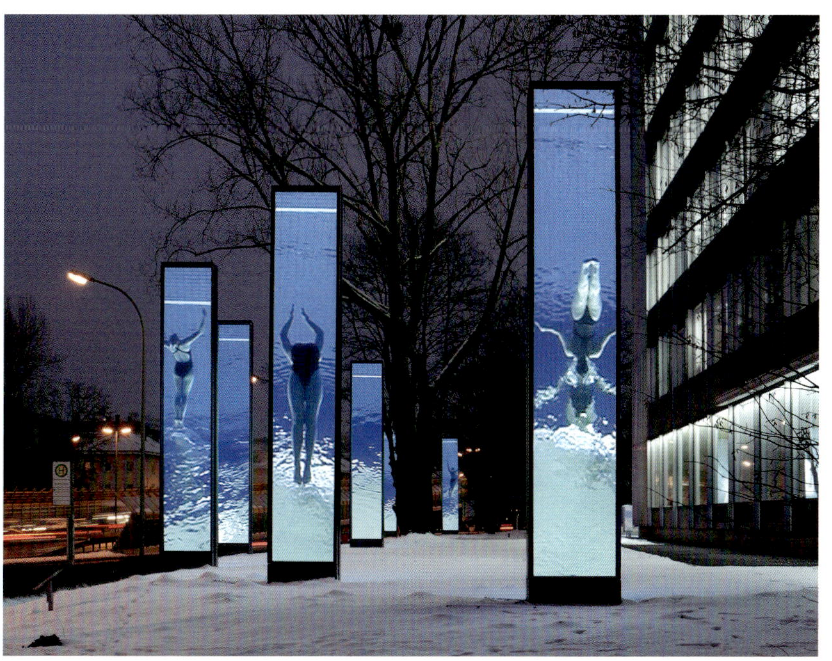

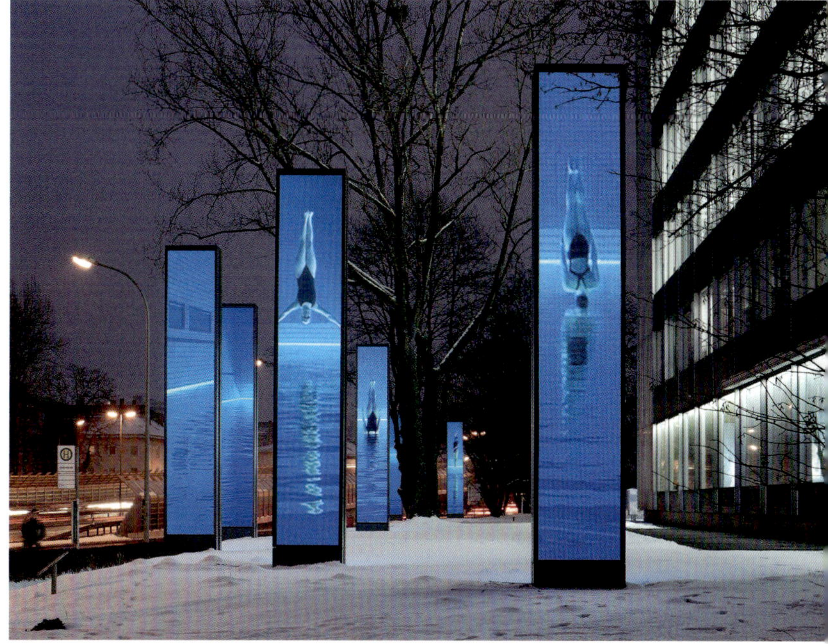

Die große Flut – oder die Zukunft im Heute
Sabine Haubitz und Stefanie Zoche im Gespräch
mit Christian Schoen

Das Münchner Künstlerduo Sabine Haubitz und Stefanie Zoche zeichnet mit der Arbeit *2027* das Szenario einer bedrückenden Zukunft. In suggestiver Schönheit zeigen die Künstlerinnen Bilder überfluteter Städte, in denen Menschen nach Orientierung suchen. Sie erschaffen damit ein treffendes Sinnbild für das menschliche Versagen, den gegenwärtigen Herausforderungen – wie Klimawandel, Ressourcenknappheit und Überbevölkerung – zielgerichtet und konsequent zu begegnen.

Betrachtet man Euer Werk im Überblick, so fallen einem wiederkehrende Themen beziehungsweise Motive auf: Da ist zum einen das Element Wasser, sowohl motivisch wie inhaltlich, und dann die Architektur. Was interessiert Euch hieran, und wie verknüpfen sich die beiden Themen?

Stefanie Zoche (SZ): Wir arbeiten jetzt seit etwa dreizehn Jahren zusammen, und diese Themen beschäftigen uns tatsächlich immer wieder. Bezüglich des Wassers haben wir uns zuerst mit seiner physikalischen und metaphorischen Qualität auseinandergesetzt, wie beispielsweise in unseren Leuchtkästenarbeiten, die Turmspringer, Schwimmer und menschenleere Pools aus der Unterwasserperspektive zeigen.

Sabine Haubitz (SH): In diesen Fotoarbeiten ist die Verbindung der Themen Architektur und Wasser schon zu erkennen, denn die Unterwasseraufnahmen von streng geometrischen Schwimmbecken abstrahieren die Architektur, nicht zuletzt auch durch die intensive Blautönung des Beckens und seine Spiegelung an der Unterseite der Wasseroberfläche. Unser Interesse am Wasser gilt immer wieder seinen spezifischen physikalischen Eigenschaften, der veränderten Sinneswahrnehmung unter Wasser und seiner metaphorischen Ebene. Für mich stellt der Unterwasserraum eine Art Parallelwelt zum normalen Lebensraum des Menschen dar, die mich in ihrer Absolutheit fasziniert.

SZ: Unser Interesse an Architektur hat sich parallel entwickelt und durch einige Projekte, die wir im öffentlichen Raum realisiert haben, vertieft. Die Auseinandersetzung mit dem, was der öffentliche, städtische Raum eigentlich ist, hat uns schließlich in den letzten Jahren zu einer Reihe von Projekten und Fotoarbeiten mit dem Fokus auf Architektur geführt.

SH: Eine unserer jüngeren Arbeiten, *The Yamuna Blues,* war Teil einer der ersten Ausstellungen im öffentlichen Raum in Delhi. Auch hier kommen Wasser und Architektur in einer installativen Arbeit zusammen. Die Arbeit besteht aus unseren filmischen Aufzeichnungen der Yamuna, des größten Nebenflusses des Ganges, den wir von der Quelle im Himalaya bis zur Mündung bereist haben. Es handelt sich quasi um visuelle Proben, die den Gehalt des Wassers untersuchen. In wechselnden Überwasser- und Unterwasseraufnahmen hat sich so ein subjektives Porträt des Flusses ergeben. Die Arbeit kreist sehr stark um die ökologische Frage: Wie verändert sich so ein Fluss, wenn so viele Menschen an und von ihm leben? Die Filmaufnahmen wurden von einer vierzehn Meter hohen Skulptur aus Bambus, die entfernt an einen Leuchtturm erinnert, kreisförmig auf den Boden projiziert und so auf einem öffentlichen Platz in Delhi gezeigt. Natürlich verändert der Fluss, der durch diese Metropole mit ihren zwanzig Millionen Menschen fließt, hier auch am stärksten sein Gesicht, da ein Großteil der Abwässer ungeklärt eingeleitet werden. Auch wenn *The Yamuna Blues* eher von phänomenologischem Interesse geprägt ist, zeigt die Arbeit auch deutlich unser Interesse an ökologischen Fragestellungen.

Die Sorge um unsere Umwelt lässt sich in vielen Eurer Arbeiten ablesen. Wann begann Euer Interesse hieran?

SZ: Eigentlich war *Blind Date* unsere erste Arbeit, die explizit auf das Thema Klimawandel Bezug genommen hat. Ausgangspunkt war eine Ausstellung der ERES-Stiftung, die wir jedoch mit unserer Arbeit in den öffentlichen Raum ausdehnen wollten. So haben wir ein Auto gekauft, einen BMW 3er, diesen wasserdicht präpariert und bis zu den Kopfstützen mit Wasser gefüllt an einem hoch frequentierten Ort in München geparkt.

SH: Uns war es ein wichtiges Anliegen, den Klimawandel – dargestellt durch ein starkes Bild, eine dramatische und irritierende Zuspitzung – öffentlich zu diskutieren. Dabei erzeugt unsere Arbeit eine assoziative Schleife, denn das Auto, das durch seine CO_2-Emissionen ein Mitverursacher des Klimawandels ist, und sein Besitzer werden

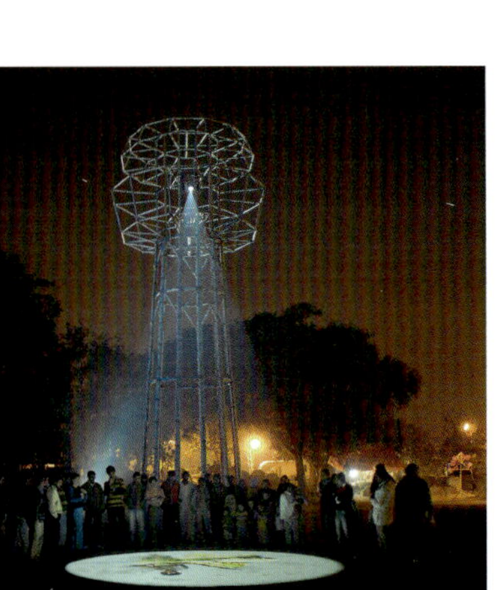

Haubitz+Zoche
The Yamuna Blues
2008

The Great Flood—Or the Future in the Here and Now

Sabine Haubitz and Stefanie Zoche in Conversation with Christian Schoen

The work 2027 by the Munich-based artist duo Sabine Haubitz and Stefanie Zoche portrays an oppressive future scenario. In suggestive beauty, the artists present images of flooded cities in which people seek orientation, and in doing so create a fitting allegory for human failure to single-mindedly and consistently face today's challenges—such as climate change, the shortage of resources, and overpopulation.

If one takes an overall view of your work, recurring themes become apparent: for example, there is the element water, both as a motif and as content, and architecture. What is it about them that interests you, and how are the two themes linked?

Stefanie Zoche (SZ): We've been working together for about thirteen years, and these themes preoccupy us time and again. As far as water is concerned, we began by examining its physical and metaphorical quality, for instance in our light boxes, which show platform divers, swimmers, and deserted pools from an underwater perspective.
Sabine Haubitz (SH): The connection between the themes architecture and water can be seen in these photographic works. The underwater shots of strictly geometric swimming pools abstract from the architecture, not least of all through the intensive shade of blue of the pool and its reflection on the underside of the water's surface. Our interest in water keeps returning to its specific physical properties, the altered perception under water, and its metaphoric level. To me, the subaquatic world represents a kind of parallel world to the normal human habitat that fascinates me in its absoluteness.
SZ: Our interest in architecture developed simultaneously and has intensified as a result of a number of projects we've realized in public spaces. In the last few years, our examination of what public, urban space actually is has led us to become involved in a series of projects and photographic works with a focus on architecture.

SH: One of our more recent works, Yamuna Blues, *was part of one of the first ever exhibitions in public space in Delhi. Again, water and architecture come together in an installation. The work consists of films of the Yamuna, the largest tributary of the Ganges, which we followed from its source in the Himalayas to its mouth. You could describe it as visual samples that examine the content of the water. A subjective portrait of the river emerges in alternating shots taken from above and below the surface. The work focuses intensely on an ecological question: how does a river change when so many people live on and from it? The films were projected in a circle onto the ground of a public square in Delhi from a fourteen-meter-tall sculpture made of bamboo that was slightly reminiscent of a lighthouse. The river flows through this metropolis of twenty million people and here, of course, is where its face changes most, with the majority of wastewater being fed in untreated. Even if* Yamuna Blues *is characterized by more of a phenomenological interest, the work also clearly shows our interest in ecological questions.*

Concern about our environment can be gleaned from a lot of your works. When did it first attract your interest?

SZ: Blind Date *was in fact our first work to make explicit reference to the subject of climate change. It all started with an exhibition held by the ERES Foundation, which we wanted to expand into public space with our work. We bought a car, a 3-series BMW, made it watertight, and parked it in a highly frequented location in Munich, filled to the headrests with water.*
SH: It was important to us to discuss the subject—represented by a strong image, a dramatic and perplexing hyperbole—in public, whereby our work generated an associative loop because the car, one of the many causes of climate change due to its CO_2 emissions, and its owners become victims of that which they themselves produce.

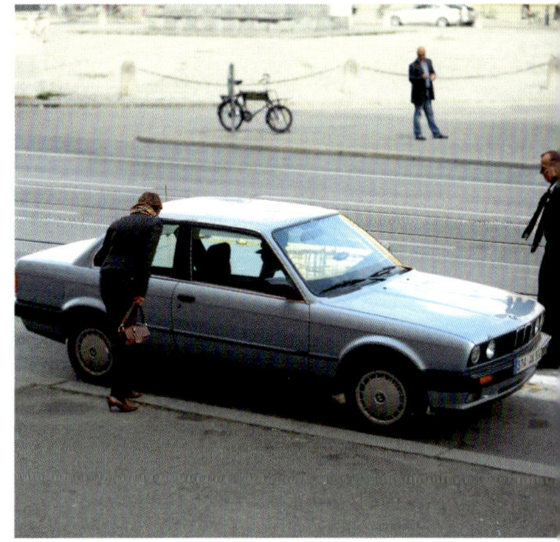

Haubitz+Zoche
Blind Date
2006

zum Opfer dessen, was sie selbst erzeugen.
SZ: Die Arbeit zitiert schließlich auch Bilder von Überschwemmungsszenarien, die wir aus den Medien kennen, Bilder, in denen Autos, die Symbole von individueller Freiheit, Status und Fortschrittsgläubigkeit sind, von Wassermassen mitgerissen werden. Wenn wir uns Gedanken um unsere Zukunft machen wollen, müssen wir unsere Werte und unser Denken auf den Prüfstand stellen. Die Kunst kann hier Fragen aufwerfen, andere Perspektiven einnehmen, und insbesondere die Kunst im öffentlichen Raum erreicht ein anderes Publikum als die Kunst im Museum.
SH: Ich finde es auch wichtig, dass Kunst im öffentlichen Raum gedankliche Bilder schafft, die in irgendeiner Form von den Menschen schon angedacht worden sind, sodass sie auf fruchtbaren Boden fallen können. Ansonsten würden sie nur schwerlich wahrgenommen werden.

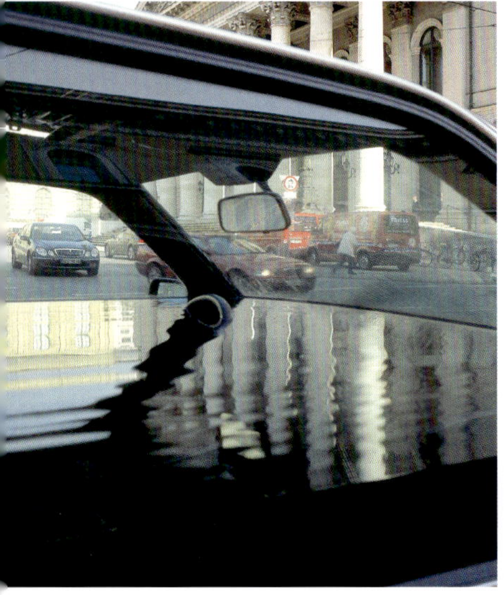

Haubitz+Zoche
Blind Date
2006

Eure Arbeit für die SEVEN SCREENS lässt sich in der Reihe der genannten Arbeiten betrachten, da sie sowohl die Themen Wasser und Architektur miteinander verknüpft als auch inhaltlich ein Zukunftsszenario mit Bezug zu den Folgen des Klimawandels im öffentlichen Raum entwirft. 2027 bezieht sich auf Fritz Langs Metropolis, *den berühmten expressionistischen Film über eine futuristische Großstadt.*

SZ: Am Beginn des kreativen Prozesses stand die Herausforderung, mit dem schmalen Format der Videostelen umzugehen. Wir wollten – nicht zuletzt auch in Reaktion auf die Positionierung der Stelen im urbanen Kontext – das Thema futuristische Architektur und Großstadt aufgreifen, und so erinnerten wir uns irgendwann an den Film *Metropolis,* der im Jahr 1927 gedreht wurde, jedoch eine Stadt im Jahr 2027 zeigt. Der Film entwickelt also eine Vision von einer zukünftigen Stadt, die wir zeitlich nun fast erreicht haben. In *Metropolis* steht eine Flutkatastrophe bevor, die die Unterstadt unter Wasser zu setzen droht. Während diese im Film gerade noch abgewendet werden kann, stehen wir hier und heute unmittelbar vor der gleichen Katastrophe, ohne dass sich ein Happy End abzeichnet.
Was uns jedoch noch mehr interessierte als der Bezug zu *Metropolis,* war die generelle Frage, wie unser Verhältnis zur Zukunft heute ist. Ich denke, dass dieses sehr stark von diffusen Ängsten geprägt ist, die mit Globalisierung und Klimawandel zu tun haben, und von den damit einhergehenden komplexen Verdrängungsmechanismen. Dahinter steckt ein grundlegender Orientierungsverlust,

dem wir in *2027* symbolisch Ausdruck verleihen wollten. Wir haben versucht, das bildlich durch die Synchronschwimmerinnen umzusetzen, die in dem Unterwasserraum ihre Balance suchen. Durch den Kunstgriff, die Aufnahmen auf den Kopf zu stellen, scheinen die Schwimmerinnen fast schwerelos auf ihre eigene Spiegelung zu fallen, die Ansicht der Wasseroberfläche von unten verkehrt sich in ihr Gegenteil und wird zur vermeintlichen Aufsicht.
SH: Der abrupte Bildwechsel zwischen den Schwimmerinnen und der städtischen Szenerie hat für mich wiederum einen Bezug zu *Metropolis.* Der Film transportiert einen kaleidoskopartigen Blick auf die modellhafte Stadt, und das hat uns auch bei *2027* interessiert. Denn die sieben Stelen stehen im Stadtraum wie Teile eines ganzen Bildes, aber das Bild, das wir kreieren, ist ja die Stadt. Und die tost ständig um uns herum, die Menschen, die fahrenden Autos, die Häuser sind Teile dessen, auch die Siebzigerjahre-Brücke, die so ein eigenwilliges Element ist. Dazwischen bewegen sich die Bilder und ergeben in der Zusammenschau ein Ganzes.

Ihr habt den Stelen sehr deutlich eine Haupt- und eine Nebenansicht zugewiesen. Was hat es mit diesem Perspektivwechsel auf sich?

SZ: Ja, wir haben uns für zwei unterschiedliche Ansätze entschieden, die Stelen formal zu interpretieren: Auf der einen Seite wechseln sich diese beiden narrativen Stränge mit den Synchronschwimmerinnen und den fiktiven architektonischen Welten ab. Hier nutzen wir die Screens für eine Bilderzählung. Die andere Seite dagegen zeigt den »Wasserhorizont« auf offenem Meer, die Kamera wird kontinuierlich von Wellen überflutet. Die Stelen erhalten so eine eher skulpturale Qualität, denn da sich der Wasserspiegel auf allen sieben Stelen gleichermaßen bewegt, scheint es, als sei jede einzelne Stele mit Wasser gefüllt und als seien alle miteinander verbunden. Wir fanden es spannend, die Möglichkeit der beidseitigen Bespielung auszunutzen und so zwei unterschiedliche Ansätze zu verfolgen, die sich wiederum inhaltlich ergänzen.
SH: Bedeutsam hierbei ist auch der Zeitaspekt, denn auf der einen Seite wird in Szenen von der Orientierungslosigkeit der Protagonisten im Stadtraum in einem kurzen Ausschnitt, einem verdichteten Moment erzählt, während auf der anderen Seite die größere Dimension des Wassers in einer gewissen Überzeitlichkeit gezeigt wird.

SZ: The work also cites flood scenarios we're familiar with from the media: images in which cars—symbols of individual freedom, status, and belief in progress—are carried away by masses of water. If we wish to concern ourselves with our future, we need to examine our values and our way of thinking. Art can raise questions, take up different perspectives, and art in public space in particular reaches a different audience than art in a museum.
SH: I also think it's important that art in public space creates mental images which people have already envisaged in some form or other, so that such images can fall on fertile ground. Otherwise, they would scarcely be noticed.

Your work for the *SEVEN SCREENS* can be seen as part of the series you mentioned since it connects the themes of water and architecture and, in terms of content, shapes a future scenario in public space containing references to the consequences of climate change. *2027* alludes to Fritz Lang's *Metropolis,* the famous Expressionist film about a futuristic city.

SZ: At the beginning of the creative process, we were faced with the challenge of how to handle the narrow format of the video steles. We wanted—not least of all as a reaction to the positioning of the steles in an urban context—to take up the theme of futuristic architecture and cities. In doing so, we were reminded at some point of Metropolis, *which was shot in 1927 but which portrayed a city in the year 2027. And so the film develops a vision of a future city that we, in terms of time, have almost reached. In* Metropolis, *a flood threatens to inundate the lower part of the city. Whereas they just manage to avert the flood in the film, we are still facing similar scenarios, with no sign of a happy ending. However, what interested us more than the reference to* Metropolis *was the general question of our current relationship to the future. I believe it's strongly characterized by vague fears that involve globalization and climate change and the accompanying complex denial mechanisms. This is the result of a fundamental disorientation we want to express symbolically in 2027. We tried to translate this intention into images featuring synchronized swimmers seeking to find their balance underwater. Using the trick of turning the film upside down, the swimmers seem to fall almost weightlessly onto their own reflection;*

the underside of the surface of the water seems to become the upper surface.
SH: To me, the abrupt screen change between the swimmers and the urban scenery bears reference to Metropolis. *The film transports a kaleidoscopic view onto the model-like town, and that is another thing that interested us in 2027. You see, the seven steles are situated in an urban context like parts of an overall image, but the image we create is actually the city. And the city rages around us all the time: the people, the cars, the houses are all part of it, as is the seventies bridge, which is such an idiosyncratic element. The images move in the space in-between and yet seen together, they form a whole.*

You clearly assigned the steles a main and a secondary view. What is behind this change of perspective?

SZ: Yes, we decided on two different approaches to the formal interpretation of the steles: on the one hand, we have alternation between the two narrative strains with the synchronized swimmers and the fictitious architectural worlds. Here we use the screen for a visual narration. In contrast, the other side shows the water horizon on the open sea; the camera is continually swamped by waves. Here, the steles gain a sculptural quality because the water level moves in the same way on all seven steles; it seems as if each one is filled with water and that they are all connected. We found it exciting to make use of the possibility of screening on both sides, thereby following two different approaches, which then complement each other in terms of content.
SH: The time aspect is also important here, because the one side shows scenes telling of the protagonists' lack of orientation in urban space in a short excerpt, a compressed element, whereas the other side depicts the larger dimension of the water in a certain timelessness.

Diana Thater

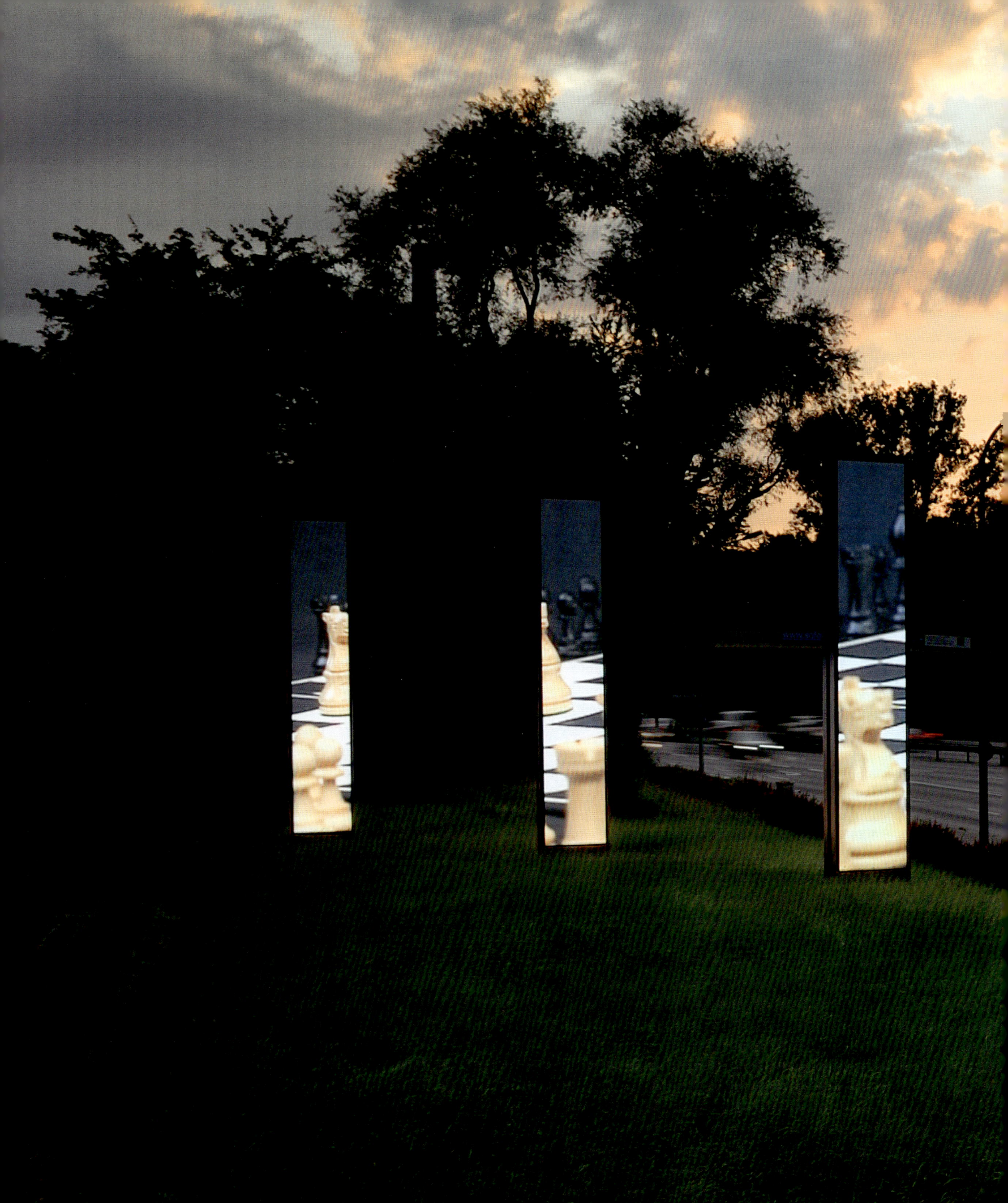

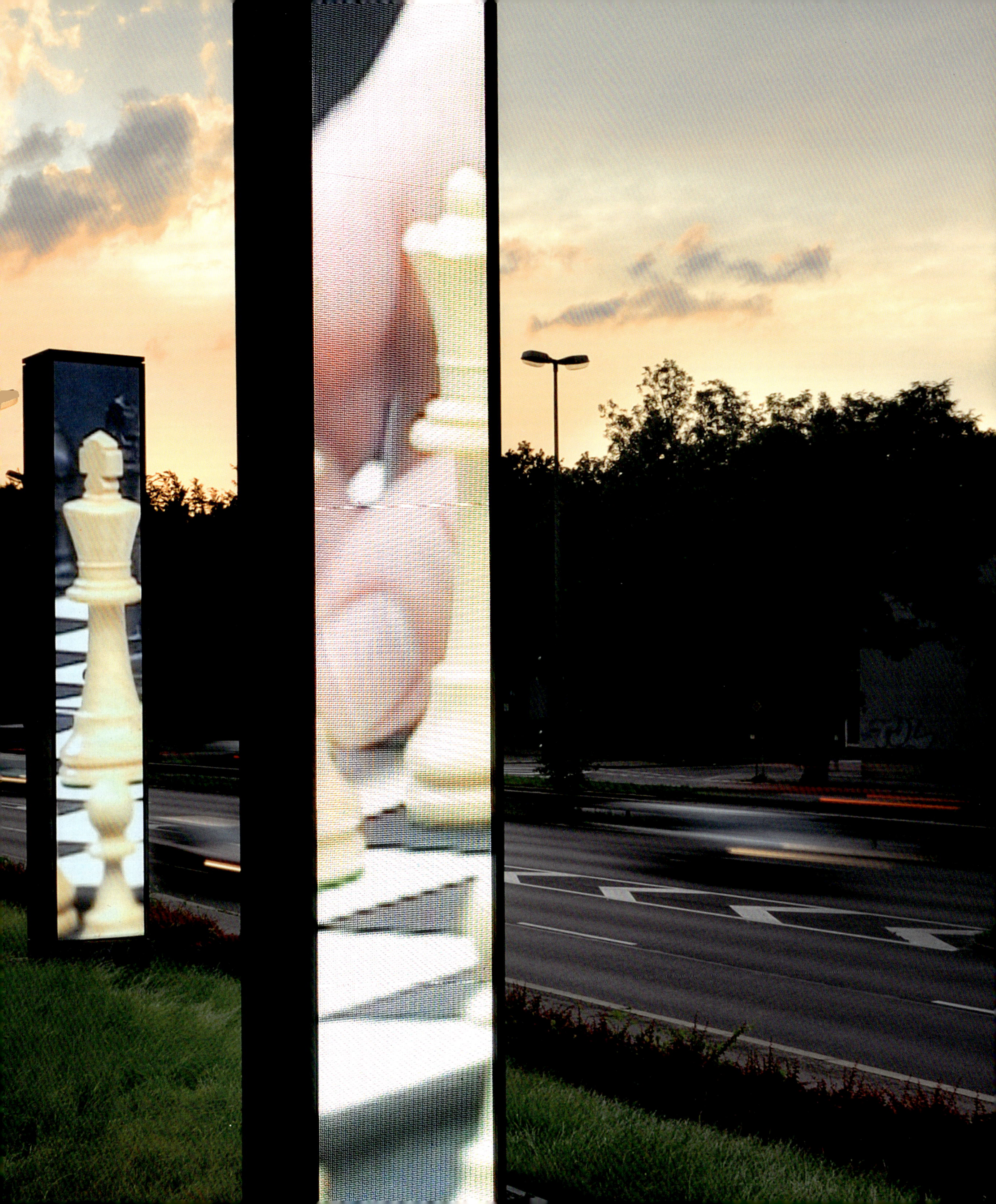

Diana Thater
OFF WITH THEIR HEADS
2007

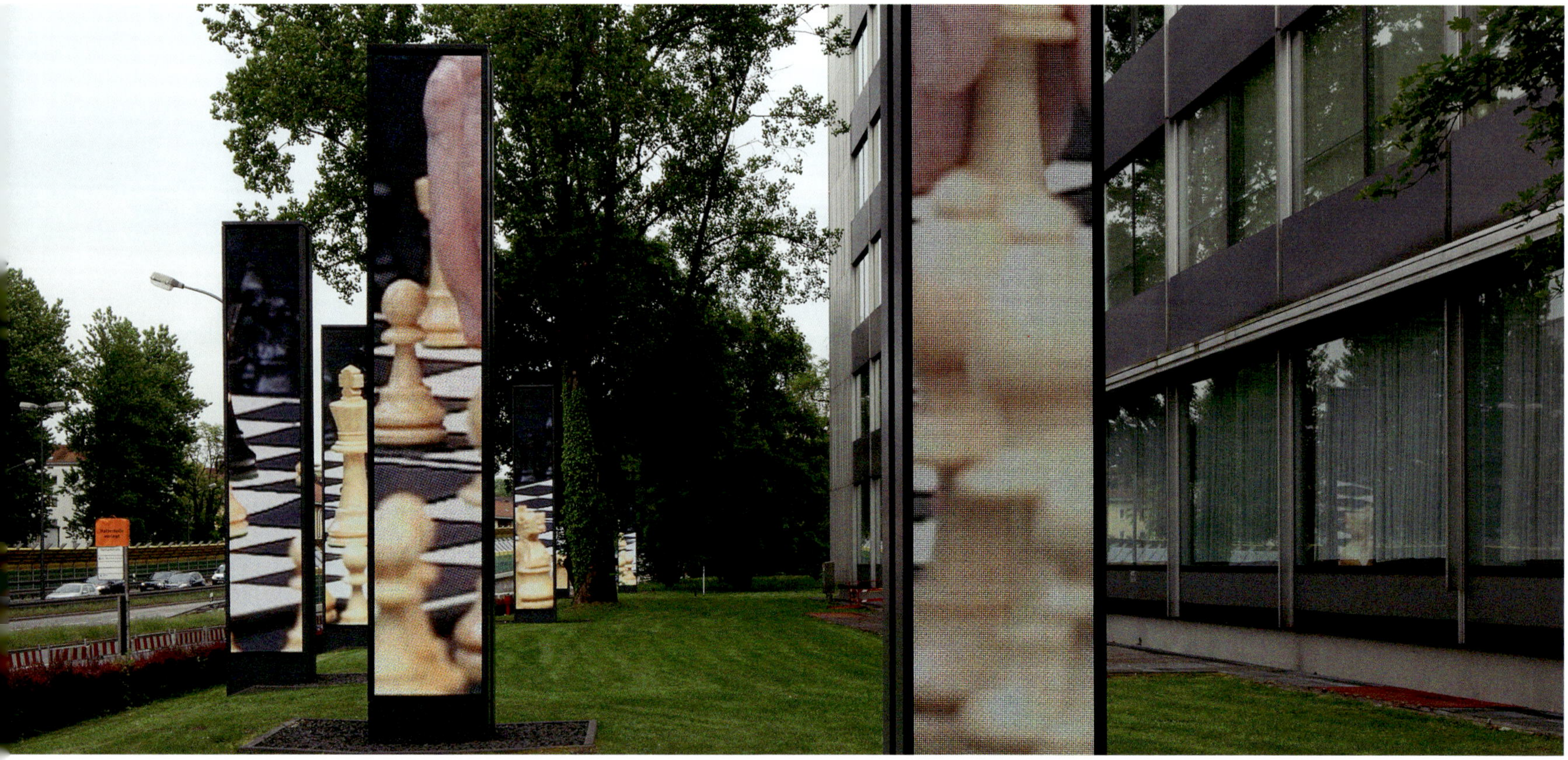

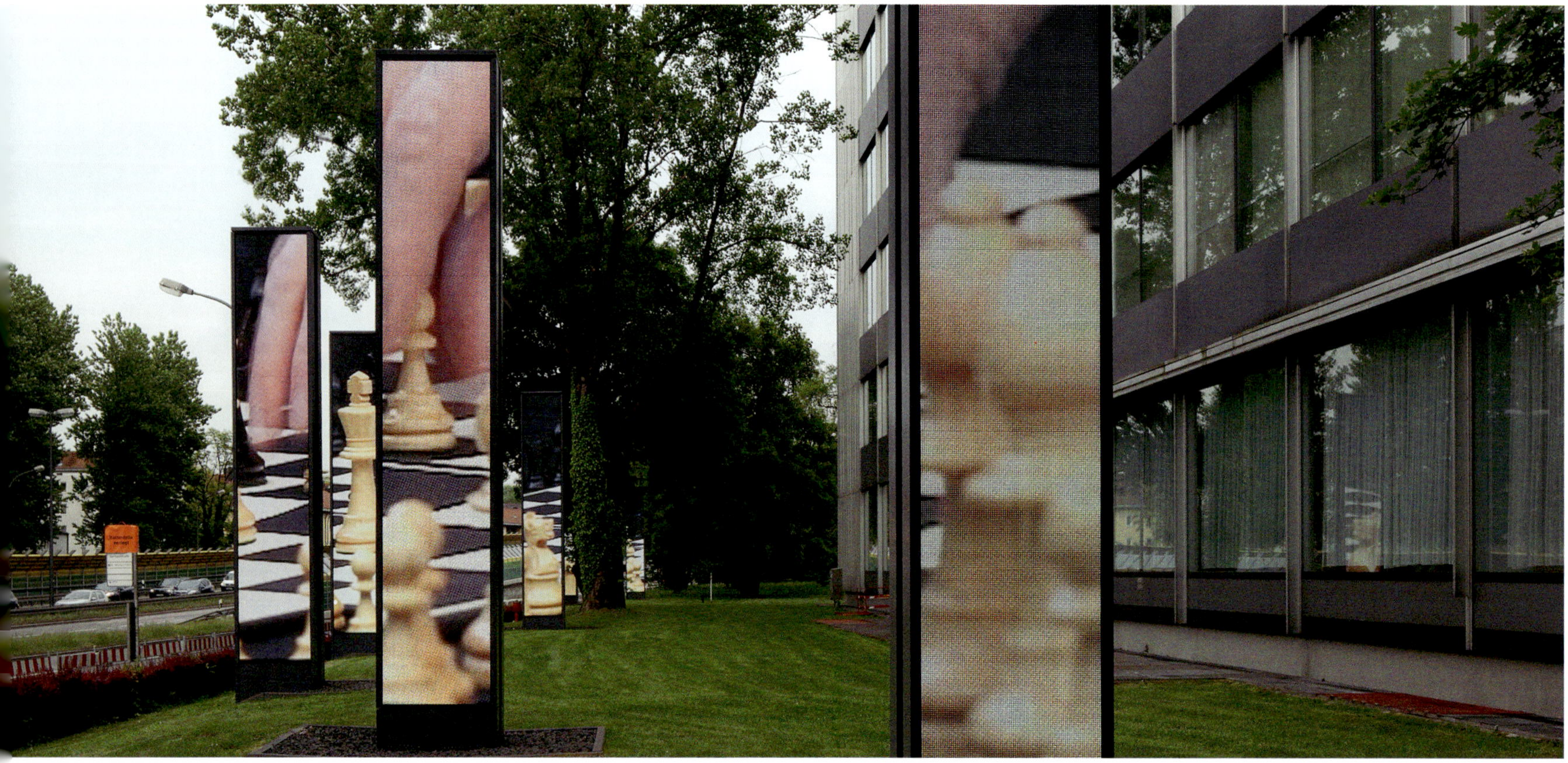

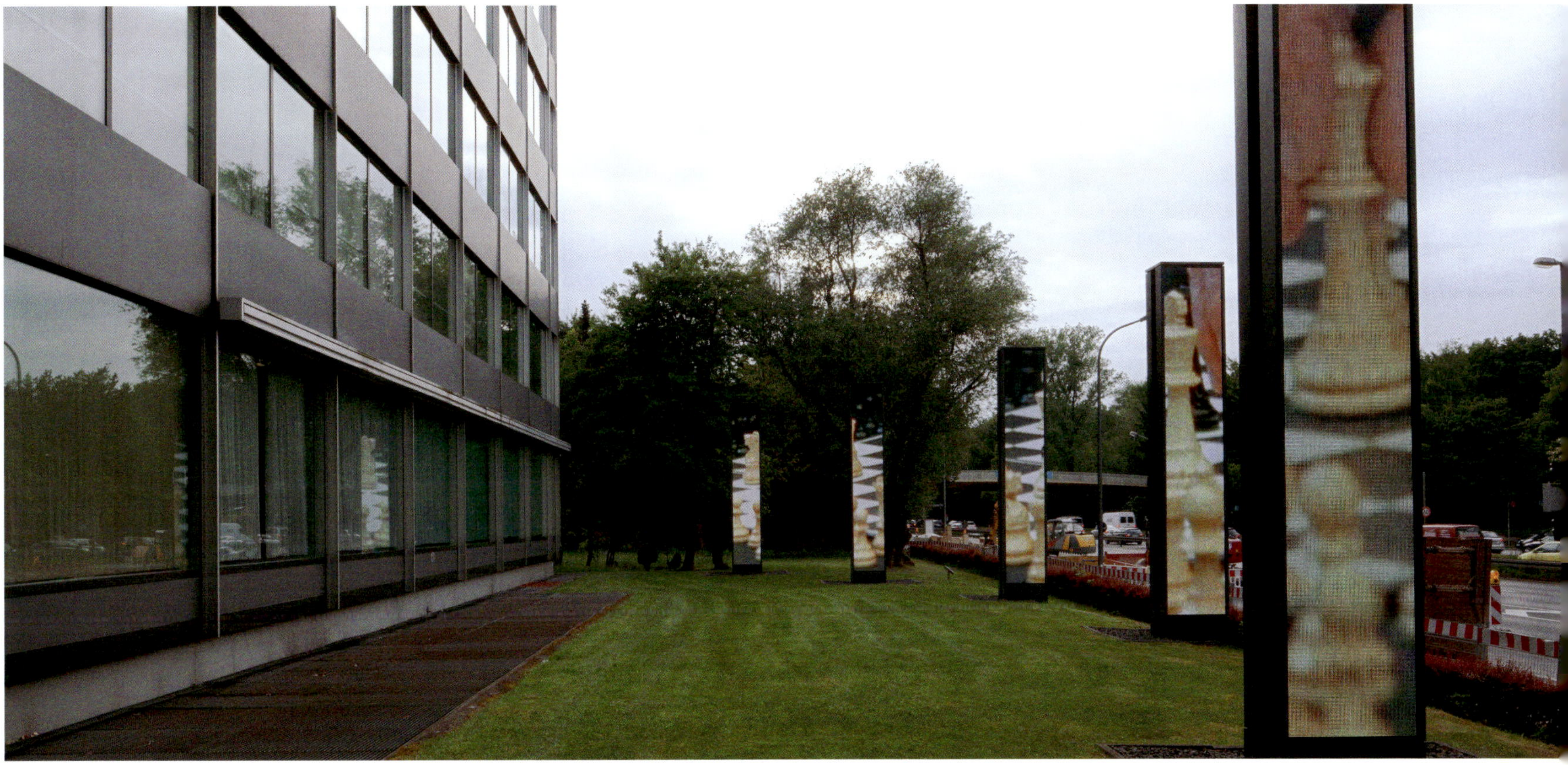

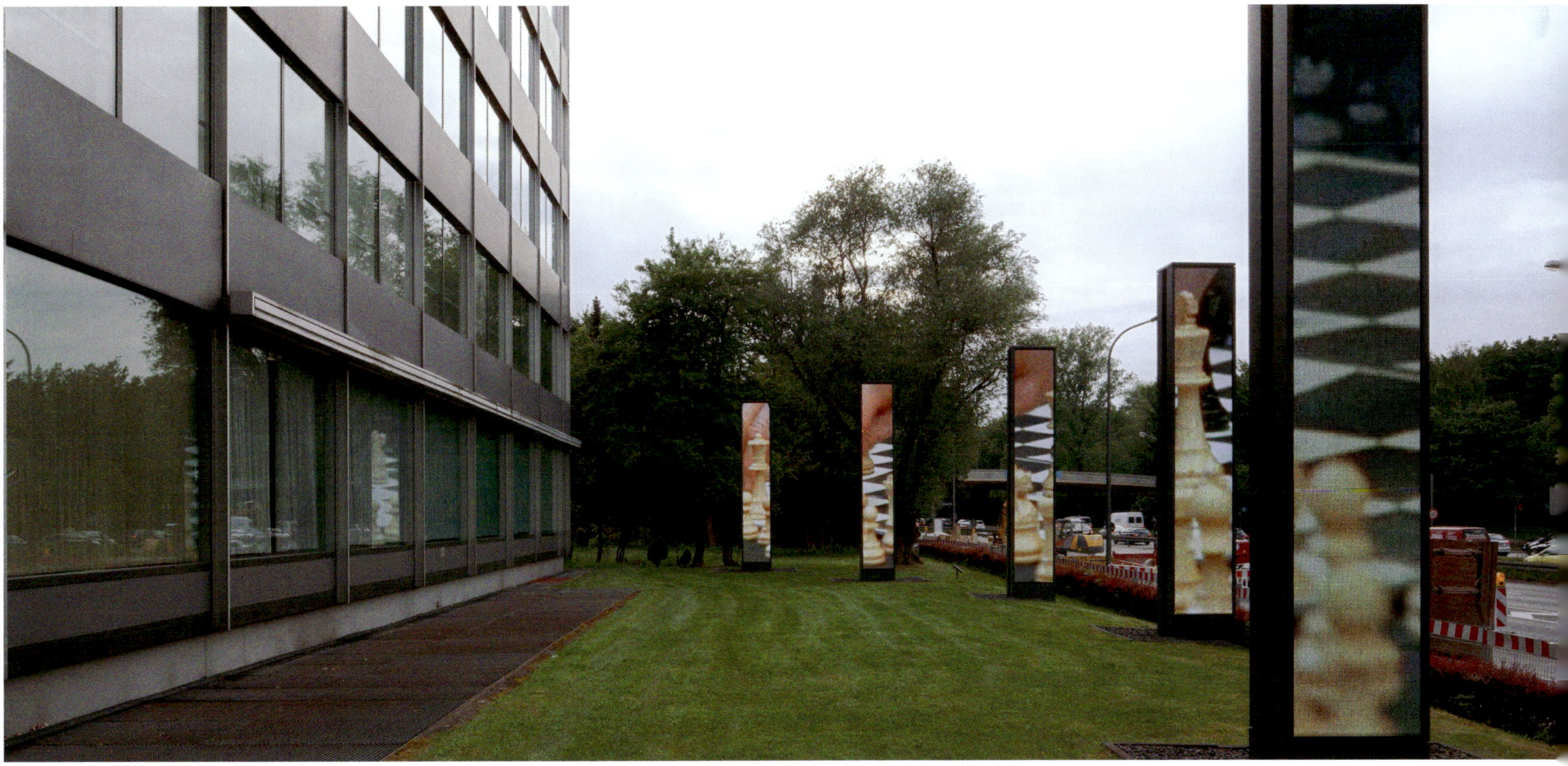

OFF WITH THEIR HEADS
Diana Thater im Gespräch mit Christian Schoen

Diana Thater, die in San Francisco geboren ist und in Los Angeles lebt, zählt zu den bedeutendsten Videokünstlerinnen unserer Zeit. Als Kuratorin der Begleitausstellung *Festspiel+* zu den Münchner Opernfestspielen 2007 suchte sie – neben der Pinakothek der Moderne und dem Bayerischen Nationaltheater – die SEVEN SCREENS als Präsentationsort aus. Das ungewöhnliche Format der SEVEN SCREENS im öffentlichen Raum motivierte sie dazu, dort selbst eine Arbeit zu realisieren. Zentrales Thema von *Festspiel+* war Lewis Carrolls Romanfigur Alice. Der Titel der Gesamtausstellung war ein fantastisches Zitat: *»… drawling, stretching and fainting in coils …«*

OFF WITH THEIR HEADS – LASST DIE KÖPFE ROLLEN *ist ein Video über die Schachpartie, die Lewis Carroll in seinem zweiten Alice-Roman als motivischen Rahmen verwendet. Das Schachspiel leitet durch das gesamte Buch* Through the Looking-Glass and What Alice Found There *(Alice hinter den Spiegeln). Zielst Du darauf ab, eine Geschichte zu erzählen?*

Ich ziele mit diesem Projekt nicht auf die Möglichkeiten von Erzählungen ab. Meine Arbeit ist ganz und äußerst bewusst abstrakt gehalten. Ich wähle Themen für meine Arbeit, die an sich nicht erzählerisch sind.
Es ist immer meine erklärte Meinung gewesen, dass Film und Video nicht per definition erzählerische Medien sind. Abstraktion kann vorkommen und existiert in bewegten Bildern. Formlosigkeit, Farbe und Gestalt tragen losgelöst voneinander Bedeutung in Malerei und Skulptur und sind zum größten Teil (bei guten Kunstwerken) keine formalen Übungen, sondern Versuche, Sinn zu stiften.
Film und Video sind fotografische und neofotografische Medien. Echte Abstraktion in bewegten Bildern würde das eigentliche Wesen des Werkes ansprechen, und das Wesen von Film und Video ist die Zeit selbst. Film und Video sind zeitbasierte Medien, also ist Abstraktion in diesen Medien die Abstraktion von Zeit. So gesehen, kann man abstrakt arbeiten, wenn man mit einem Thema beginnt, das in sich selbst nicht erzählerisch ist, und damit versucht, innerhalb seiner eigenen Bedingungen zu arbeiten. Das bedeutet: Arbeiten mit einem Begriff von Zeit, die nicht erzählerische Zeit ist.

Warum diese Geschichte?

Alice ist ein wundervolles, zeitloses Stück Literatur. Es ist geistreich, bezaubernd, gemein, scheußlich, entwaffnend und voll von schlecht erzogenen Charakteren. Es fasziniert auf einer Vielzahl von Ebenen und zieht Menschen aus einer Vielzahl von Gebieten an: Mathematiker, Logiker, Künstler, Musiker,

Diana Thater in Conversation with Christian Schoen

Diana Thater, who was born in San Francisco and lives in Los Angeles, is one of the most important contemporary video artists. In her function as curator of Festspiel+, *the exhibition accompanying the Münchner Opernfestspielen 2007 (Munich Opera Festival 2007), she chose, along with the Pinakothek der Moderne and the Bayerisches Nationaltheater, the SEVEN SCREENS as a venue. The unusual format in public space motivated her to create a work for the site herself. The main theme of* Festspiel+ *was Lewis Carroll's literary character Alice. The title of the entire exhibition is taken from a fantastic quote: ". . . drawling, stretching and fainting in coils . . . ."*

OFF WITH THEIR HEADS! is a video about the chess match that Lewis Carroll uses as a thematic framework for his second Alice novel, *Through the Looking-Glass and What Alice Found There.* The game is played throughout the entire book. Is it your aim to tell a story?

DT: *I'm not aiming at narrativity with this project. My work is abstract in the most conscious way. I choose to work with subjects that are inherently not narrative. My stated belief is that film and video are not by definition narrative media. Abstraction can and does exist in moving images. Formlessness and color and shape disattached from one another create meaning in painting and sculpture and, for the most part (with good artworks), are not formal exercises, but rather attempts at making meaning.*
Film and video are photographic and neophotographic mediums. True abstraction in moving images would address the actual subject of the work, and the subject of film and video is time itself. Film and videos are time-based media, so abstraction in these media is the abstraction of time. That said, one could work in abstraction if one begins with a subject that is inherently nonnarrative and attempts to work with that subject on its own terms. That means: working in terms of a kind of time that is other than narrative time.

Why this story?

Alice *is a wonderful, timeless piece of literature. It is witty, charming, mean, rotten, disarming, and is full of bad-mannered characters. It fascinates on any number of levels, and it draws in people from many fields: mathematicians, logicians, artists, musicians, witty people, charming people, bad-mannered people, and even children (if we could consider being witty, bad-mannered, or being a child as a sort of vocation). Only a text as rich as* Alice *could have such a wide, yet still specific appeal to all of these people.*

geistreiche Menschen, bezaubernde Menschen, schlecht erzogene Menschen und selbst Kinder (wenn wir geistreich, schlecht erzogen oder Kindsein als Berufung betrachten …). Nur ein so reichhaltiger Text wie *Alice* kann Menschen in dieser Bandbreite und doch jeden individuell ansprechen.

Das Video selbst zeigt zwei Spieler, wie sie das Schachproblem aus *Through the Looking Glass* durchspielen. Dieses zweite (und sicherlich bessere) Buch über Alices Abenteuer beginnt mit einem Schachproblem, das in elf Zügen gelöst werden muss. Das Buch führt Alice durch die elf Züge zum Sieg. Sie ist ein Spieler und zugleich ihr eigener Bauer. Gegen wen spielt sie? Lewis Carroll möglicherweise? Oder gegen sich selbst in der Verkleidung des Roten Königs? Das scheint die bessere Antwort zu sein. Es stimmt tatsächlich gut überein mit dem Ende, wo Alice die letzte Frage stellt – hat sie die ganze Geschichte nur geträumt? Oder war es der Traum des Roten Königs? Da beide im Traum des jeweils anderen vorkommen, fragt sie: »Wer hat es geträumt?«

Der von Dir ausgewählte Titel bezieht sich allerdings auf das erste Buch, oder nicht?

Sowohl in *Alice in Wonderland* (Alice im Wunderland) als auch im zweiten Buch *Through the Looking Glass* kämpft Alice mit Königen und Königinnen. In *Wonderland* gelangt sie in das Reich der Spielkarten. Die leidenschaftlich verrückte Herzkönigin verlangt, dass in jeder Runde Köpfe fallen sollen: »Runter mit den Köpfen!« Sie verlangt sogar, dass der Kopf der Grinsekatze rollen soll, was eine sehr wichtige philosophische Debatte in Gang setzt: Ob man jemanden, der keinen Körper hat, köpfen kann? Die Grinsekatze erscheint und verschwindet komplett vom Kopf bis zum Schwanz, nur ihr Lächeln bleibt übrig. In *Through the Looking Glass* ist Alice ein Bauer in einem großen Schachspiel, das sich über eine ganze Landschaft erstreckt, mit Figuren, wie zum Beispiel dem Weißen König. Alices Ziel ist es, die andere Seite des Schachbretts zu erreichen – denn sobald ein Bauer die andere Seite erreicht, kann er zu jeder Figur außer dem König werden. Der König ist die wichtigste Figur im Spiel, aber die Königin ist die Mächtigste, also wählen die meisten Spieler die Königin. Ich habe alle Königinnen aus beiden Büchern kombiniert und den bezeichnenden Ausruf »Lasst die Köpfe rollen!«

als Titel gewählt. Jeder weiß, dass nur ein König oder eine Königin das sagen kann! Der Titel deutet damit das erschreckend Reale und gleichzeitig Lächerliche an, hat reichen Bezug zum Todernsten und Urkomischen – königlich, unköniglich, loyal, illoyal und so weiter.

Was ist Dein Ansatz in Bezug auf das anspruchsvolle Format der SEVEN SCREENS?

Ich zeige das Spiel aus *Through the Looking Glass* in extremen Nahaufnahmen. Wir sehen die letzten elf Züge (die einzigen von Carroll in dem Buch benutzten). Auf der einen Seite des Bildschirms läuft das Spiel vorwärts und auf der anderen Seite (der Rückseite) wird es rückwärts gespielt. Es ist das Spiel und seine Spiegelung. Es ist groß und grafisch und schillernd.

Darüber hinaus wollte ich ein Werk über Schach machen. Ich mag Schach einfach. Ich habe versucht zu spielen, aber nie gewonnen. Ich kann nicht weit genug vorausdenken. Aber ich kenne die Eigenschaften der Figuren, und Alices Spiel handelt von Charakteren, nicht von Spielregeln. Alice zieht, wann immer es ihr passt. Wenn man das Spiel genau betrachtet, erkennt man: Rot (Schwarz) zieht nur zweimal, während Weiß neunmal zieht. Bei Alices Spiel geht es nicht so sehr um Spielstrategie als vielmehr mehr darum, den Charakter ihrer Mitspieler zu verstehen. Wenn echtes Schach so wäre wie Alices – dann würde ich vielleicht auch ein oder zwei Spiele gewinnen.

The artwork itself is a video of two players playing through the actual chess problem from Through the Looking Glass. *This second (and certainly better) book of Alice's adventures begins with a chess problem that must be solved in eleven moves. The book takes Alice through the eleven moves to win. She is both the player and her own pawn. Against whom does she play? Lewis Carroll possibly? Or herself in the guise of the Red King? That's a better answer. It fits well actually with the ending, where Alice poses the final question—was the whole story her dream or the dream of the Red King?—since they each played a part in one another's dream. She asks the question: "Which one dreamed it?"*

But the title you've chosen for your work refers to the first book, doesn't it?

In both Alice in Wonderland *and the second book,* Through the Looking Glass, *Alice contends with kings and queens. In* Wonderland *she lands in the realm of a deck of playing cards. The passionately crazy Queen of Hearts demands that heads be chopped off at every turn: "Off with their heads!" She even demands that the Cheshire Cat's head be cut off, which starts off a very important philosophical debate: whether one can chop off the head of someone who does not have a body (the Cheshire Cat appears and disappears from tail to head to just his grin, as we all know.) In* Looking Glass *Alice is a pawn in a big chess game played out over a landscape with a number of characters, including, for example, the White Knight. Her goal is to get to opposite side of the board from which she began; she may become any piece in the chess set except the King. The King is the most important piece in the game, but the Queen is the most powerful, so most players choose to become a queen. I combined all the queens in both books and chose the signifying phrase— "Off with their heads!" Everyone knows only a king or a queen can say that! So the title points to the frighteningly real and the ridiculous at once—has many rich references both gravely serious and gravely funny—royalty, disroyalty, loyalty, disloyalty and so on.*

What is your approach to the challenging format of the SEVEN SCREENS?

I portray the game from Through the Looking Glass *in extreme close-up. We watch the last eleven moves (the only ones Carroll uses in the book.) On one side of the screens the game goes forward, and on the opposite side (the back) the game is played backwards. It is the game and its reflection. It's big and graphic and enigmatic.*
Plus I wanted to make a piece about chess. I just like chess. I've tried to play but I've never won a game. I can't think far enough ahead. But I do know character, and Alice's game is about characters, not rules. In fact, Alice moves whenever she likes. If you watch the game you notice that red (black) only moves twice, whereas white moves nine times. Alice's game is not so much about strategy as it is about understanding the nature of her fellow players. If real chess were like Alice's, then perhaps I'd win a game or two.

Diana Thaters Bildmaschine
Auf dem Weg zur Videoarchitektonik der Natur

Für die kalifornische Künstlerin Diana Thater sind ihre künstlerische Methode und ihr Primärmedium der Installation ein relationaler Akt, der unterschiedliche Elemente mehrstimmig choreografiert und damit multidimensionale Eigenschaften von Raum und Zeit schafft: »Wenn die Installation die Kunst aus echtem Raum und echter Zeit ist, die – wie Robert Morris sagt – Skulptur und Architektur in einen Dialog zueinander setzt, bin ich daran interessiert, den Raum zwischen beiden sichtbar zu machen, und mit bewegten Bildern, dem Zeitraum ihrer Existenz und der Darstellung durch Farbe maßanalytisch einzugreifen.«[1]

Thaters großformatige Videoinstallationen analysieren die Komplexität der Natur und das Zusammenleben des Menschen mit der Natur. Die Künstlerin beschäftigt sich mit der Beziehung zwischen Mensch und Nichtmensch und der Produktion von Subjektivitäten im Übergang zwischen Mensch und Tier, wobei sie die Bereiche der Annäherung zwischen diesen beiden Welten und ihre Veränderlichkeit erforscht. Thater verschmilzt den fiktiven Raum kinematografischer Bilder mit dem physischen Raum des Betrachters, bewirkt dabei eine Desorientierung seiner Position und Identität und versetzt ihn in einen mehrdeutigen Zustand zwischen Intimität und Entfremdung. Der Betrachter betrachtet und wird gleichzeitig betrachtet. Dabei taucht er in eine verflüssigte räumliche und zeitliche Umgebung ein.

Eine von Thaters ersten filmischen Installationen, *Abyss of Light* (1993), imitiert den Stil der John-Ford-Western, mit dem Ziel, die symbolträchtige Landschaft des amerikanischen Westens zu erfassen. Die projizierten Bilder füllen den gesamten Raum derart, dass, wie die Künstlerin anmerkt, »das Bild den Betrachter umschließt, das Bild den Betrachter sowohl umgibt als auch durchdringt, sobald er den Projektionsraum betritt, mit den Bildern interferiert und einen Schatten in das Werk wirft«.[2] Die Einbeziehung der Bewegung des Betrachters – die Position des Subjekts in Bewegung – soll der tiefer gehenden Erforschung der Grammatik filmischer Sprache dienen.

Die komplexe Struktur von Thaters Multichannel-Videoinstallation *China* (1995) ist der bisherige Höhepunkt der Beschäftigung der Künstlerin mit den Stilelementen des strukturalistischen Films (und insbesondere des Kinos von

1 Diana Thater, in: *Die Ordnung der Natur,* hrsg. von Genoveva Rückert, Martin Sturm und Hans-Peter Wipplinger, Aust.-Kat. OK Centrum für Gegenwartskunst, Oberösterreich, Linz; Museum Moderner Kunst – Stiftung Wörlen, Passau, Wien 2005, S. 35.
2 Diana Thater, in: *Diana Thater. Keep the Faith. A Survey Exhibition,* hrsg. von Barbara Engelbach und Wulf Herzogenrath, Aust.-Kat. Kunsthalle Bremen; Museum für Gegenwartskunst Siegen, Köln 2004, S. 33.

Diana Thater's Vision Machine:
Towards Video Architectonics of Nature

Californian artist Diana Thater considers her artistic method and the primary medium of installation as a relational act which polyphonically choreographs various elements, thus leading toward producing multidimensional qualities of space and time: "If installation is an art of real space and time that, as Robert Morris tells us, puts sculpture and architecture in dialogue with one another, then I'm interested in making the space between them visible through the intervention of moving images and the time they exist in volumetric through color."[1]

Thater's large-format video installations analyze the complexity of nature and how people live with nature. Dealing with the politics of human-inhuman relationships and the production of subjectivities in a passage between man and animal, the artist researches the zones of proximity between these two worlds and investigates their mutability. Thater merges the fictive space of cinematic images and the physical space of the viewer, thus disorienting his/her position and identity and placing the viewer in an ambiguous state between intimacy and estrangement. The viewer views and is simultaneously viewed, diving into a fluid spatial and temporal environment. In one of Thater's early installations, Abyss of Light *(1993), filmed by the artist imitating a style of John Ford's*

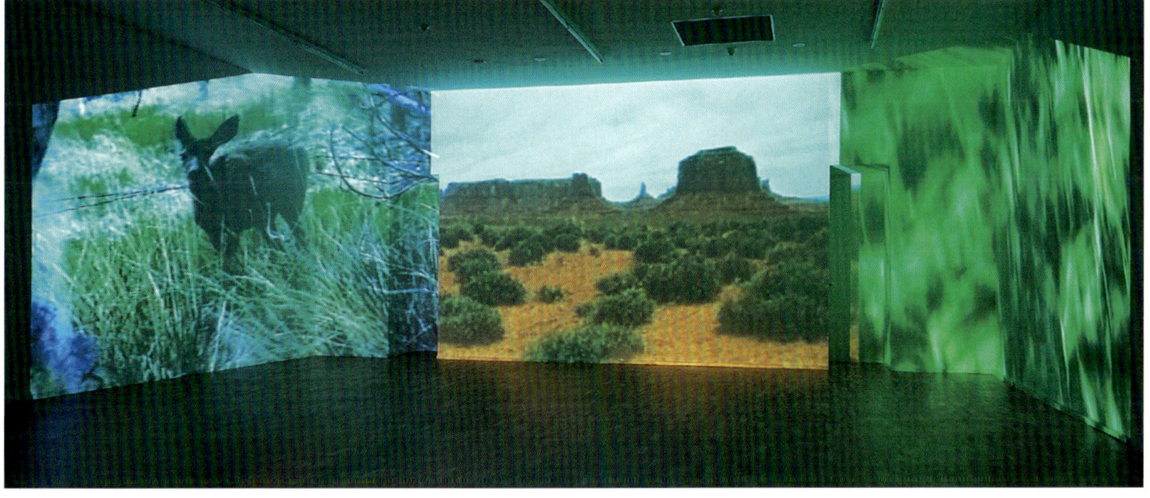

Diana Thater
Abyss of Light
1993

westerns and aiming at capturing the iconic landscape of the American West, the projected image distribution colonizes the entire space, so, as the artist observes, "the image is wrapped around the viewer, the image both envelops and penetrates the viewer as he/she enters the space of the projection, interferes

1 *Diana Thater, cited in* Die Ordnung der Natur, *ed. Genoveva Rückert et al., exh. cat. OK Zentrum für Gegenwartskunst, Linz; Museum Moderner Kunst – Stiftung Wörlen, Passau (Vienna, 2005), p. 35.*

Hollis Frampton). Zusammengesetzt aus sechs 360-Grad-Projektionen, porträtiert *China* in Panoramaansichten das Verhalten von zwei Wölfen, Shilo und China, als ungewöhnliche, nicht erzählerische Performance multiplizierter Subjekte, die in kontinuierlichen Bildern auf der Innen- und Außenseite des Kreises erscheinen. Thater beschrieb ihre Idee, die sie in *China* realisierte, als »etwas, in dem das Medium vollständig präsent ist, und alles, was die Trickkiste zu bieten hat, offen nutzt, um Ideen zu vermitteln, ohne ins Erzählerische zurückzufallen«.[3]

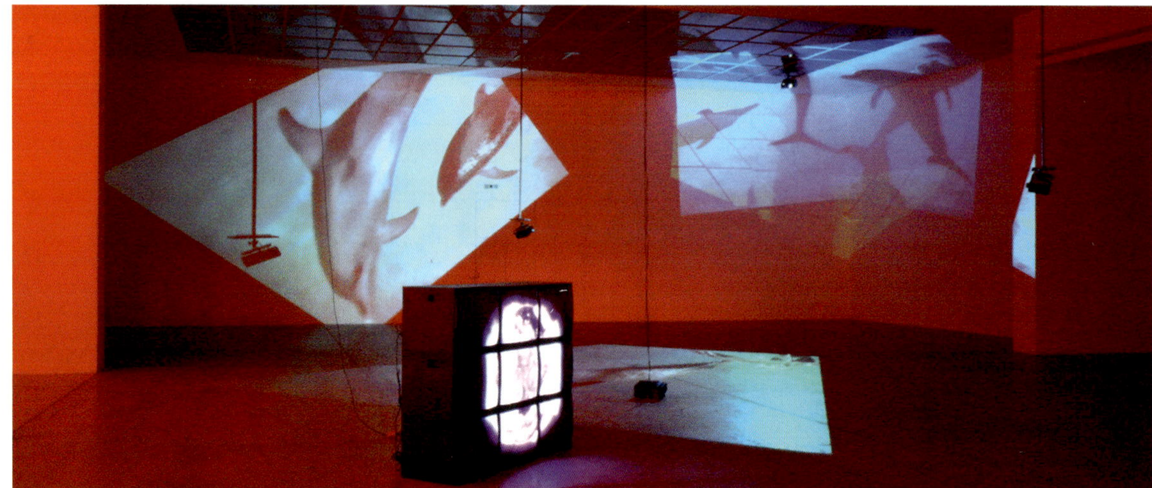

Diana Thater
Delphine
1999

Delphine (1999) ist ein besonderes Beispiel für die »Bildmaschine« der Künstlerin, in deren Mittelpunkt Fragen der Betrachtung stehen, etwa: »Wie macht man ein Modell davon, was Installationskunst mit dem Raum macht?«[4] In dieser monumentalen Installation (vier Videoprojektoren, neun Videomonitore, fünf DVD-Player, LEE-Filter und vorhandene Architektur) versucht Thater, eine beinahe barocke Apparatur der »erweiterten Sinne« zu erzeugen, indem sie verschiedene Wahrnehmungsmöglichkeiten zusammenführt. Sie wechselt zwischen dem Sehen, Bewegen und Spüren unterschiedlicher Räume und Umgebungen, Bilder und Lichter. Dadurch setzt sie die skulpturalen, bildnerischen und konzeptuellen Qualitäten des Raums und der Architektur zueinander in Beziehung und untersucht ihren Einfluss auf das Bewusstsein des Betrachters – und umgekehrt. Um mit den Worten der Künstlerin zu sprechen, soll ihre Arbeit »zwei sich überschneidende konzeptuelle Bereiche ansprechen, die sich nicht verbalisieren lassen, sondern nur gefühlt werden können: die Welt der Zeit (Video) und des Raums (Architektur) und wie diese durch die Bewusstseinsstruktur des Betrachters beeinflusst werden. […] Der Inhalt des Werks ist ein Modell für die Ideen, die das Werk vorschlägt: Delfine sind ein Modell dafür, wie sich Flüssiges denken lässt.«[5] Natur ist ein Muster für das fließende Kontinuum von Raum und Bild und für die Erzeugung eines unend-

3 Ebd., S. 35.
4 Ebd., S. 45.
5 Ebd.

with the imagery, and casts a shadow into the work."[2] The consideration of the viewer's movement—the position of the subject in motion—is perceived as the artist's further exploration of the grammar of the cinematic language.

The complex structure of Thater's multichannel tour-de-force, China *(1995), crowns the artist's preoccupation with the stylistic elements of structuralist film (and especially of the cinema of Hollis Frampton). Composed of six projections in a 360-degree panorama on the walls of the gallery space,* China *portrays the behavior of two wolves, Shilo and China, as a rare non-narrative performance of multiplied subjects that appear in a continuous image between the inside and the outside of the circle. Thater identified her idea realized in* China *as "the one in which the medium is fully present, openly using everything in its bag of tricks to mediate ideas without restoring to storytelling."[3]*

Delphine (1999) is a particular example of the artist's "vision machine," where the questions of viewership are located in the very center of her preoccupation, articulated in a question: "How does one make a model of what installation art does to space?"[4] In this monumental installation (four video projectors, nine videowall monitors, five DVD players, Lee filters, and existing architecture), Thater aims at generating an almost baroque apparatus of "extended senses" involving the accumulation of different ways of perceiving, oscillating between looking, moving, and sensing various spaces and environments, images, and lights, and thus correlating sculptural, painterly, and conceptual qualities of space and architecture and examining their influence on the viewer's consciousness, and vice versa. In the artist's own words, her work is made "to address two intersecting conceptual realms that are impossible to verbalize, and can only be felt: the world of time (video) and the space (architecture) and how these are affected by the construction of viewer consciousness. . . . The content of the work is a model for the ideas that work proposes: dolphins are a model for thinking the fluid."[5] Nature is a pattern for a flowing continuum of space and image and for the production of an infinite space, able to create a volume in which inhabitants may live in a polydimensional way.

Thater's installations create a challenge for reason and imagination in negotiating the power relationships between nature and technology, as well as between the human and the non-human realms. Delphine *as well as Thater's recent installation* gorillagorillagorilla *(2009) are apt case studies of such a struggle where the sublime acts as suspense and delivers an almost ecstatic sensation, an absolute state of the most profound contemplation. Commissioned by*

---

2 *Diana Thater, cited in* Diana Thater: Keep the Faith. A Survey Exhibition, *ed. Barbara Engelbach and Wulf Herzogenrath, exh. cat. Kunsthalle Bremen, Museum für Gegenwartskunst Siegen (Cologne, 2004), p. 33.*
3 *Ibid., p. 35.*
4 *Ibid., p. 45*
5 *Ibid., p. 45*

lichen Raums, mit dem ein Volumen geschaffen wird, in dem es sich mehrdimensional leben lässt.

Thaters Installationen stellen eine Herausforderung an die Vernunft und Vorstellungskraft des Betrachters dar, indem sie die Machtverhältnisse zwischen Natur und Technik sowie zwischen menschlicher und nicht menschlicher Welt überwinden. *Delphine* ebenso wie Thaters jüngste Installation *gorillagorillagorilla* (2009) sind treffende Fallstudien dieser Auseinandersetzung, in denen das Erhabene Spannung erzeugt und ein beinahe ekstatisches Gefühl vermittelt, einen Zustand tiefster Kontemplation. In Auftrag gegeben vom Kunsthaus Graz und vom Natural History Museum in London, ist *gorillagorillagorilla* ein beeindruckendes konzeptuelles und räumliches visuelles Arrangement, das mit zehn Videoprojektoren, zwei Videowänden, zwölf DVD-Playern, LEE-Filtern und der vorhandenen Architektur arbeitet. Naturaufnahmen (darunter Filmaufnahmen von Westlichen Flachlandgorillas aus dem Primatenrettungszentrum im Mefou National Park, Kamerun), die auf die unregelmäßigen Wandflächen im Inneren des Kunsthauses Graz projiziert und durch vornehmlich waldgrüne und goldgelbe Lichter ergänzt werden, erzeugen eine unheimliche, wirbelnde Form im Raum, als ob die Wildnis des Regenwaldes in Kamerun und die Bewegungen der Tiere rekonstruiert sowie die Intensität der Vegetation und des Lebens der Natur reflektiert werden sollten.

Diana Thater strebt nach einer Subjektivität, die die kaum wahrnehmbaren Zustände der Grammatik des Seins und des Werdens erforscht. Beinahe mit Besessenheit auf die Natur und das Natürliche konzentriert, definiert die Künstlerin das Paradigma des Anderen: »Wenn wir über die Natur sprechen, sprechen wir in Wirklichkeit über uns selbst. Natur ist die Leinwand, auf die wir uns selbst projizieren. Natur ist das ultimative Andere.«[6] Zugehörigkeit und Assimilierung sind Mittler verschwimmender Grenzen und markieren die transformatorischen Prozesse und Verschiebungen, mit denen sich die Künstlerin sowohl auf konzeptueller als auch auf narrativer Ebene befasst: »Mir geht es darum, Identitäten übereinander zu schichten und Identitäten auszutauschen.«[7] Zugehörigkeit ist ein Instrument des Selbstbezugs, mit dem wir die Welt für uns neu erdenken und unseren Platz darin suchen. »Welcher Welt gehöre ich an? In welcher Welt lebe ich?« Thaters Charaktere, die aus unterschiedlichsten fiktiven Quellen wie Literatur, Film und Wissenschaft stammen, stellen häufig Fragen, wenn sie die menschliche Welt und ihre Kohärenz zu verstehen versuchen.

Adam Budak

---

6 Diana Thater, in: »›More Stars than There Are in Heaven‹. Christiane Schneider im Gespräch mit Diana Thater«, in: *Diana Thater. Transcendence Is Expansion and Contraction at the Same Time,* Ausst.-Kat. Haunch of Venison, London 2003, S. 17.
7 Diana Thater, in: Ausst.-Kat. Bremen/Siegen 2004 (wie Anm. 2), S. 49.

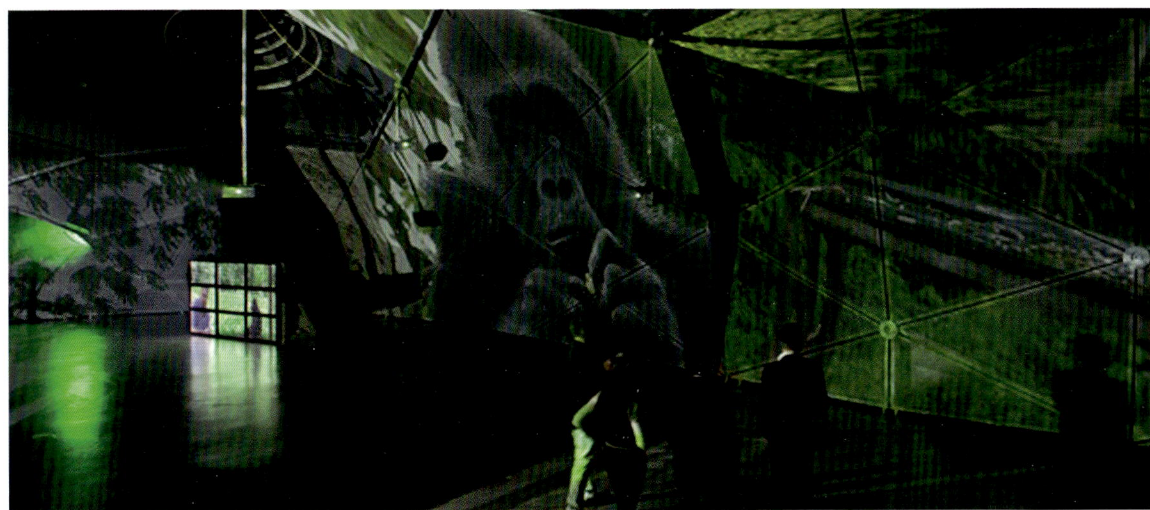

Diana Thater
gorillagorillagorilla
2009

the Kunsthaus Graz and the Natural History Museum in London, gorillagorillagorilla *is an impressive conceptual and ambient visual arrangement that consists of ten video projectors, two video walls, twelve DVD players, Lee filters,
and existing architecture. Images of nature (featuring the footage of western
lowland gorillas, filmed at the primate rescue centre in Mefou National Park,
Cameroon), projected onto the irregular interior walls of the Kunsthaus Graz,
complemented by mainly forest green and golden yellow lights create an un-
canny swirling shape inside of the space, as if trying to reconstruct the wilderness of Cameroon's rainforest and the movements of animals and to reflect the
intensity of vegetation and natural life.*

*Diana Thater is engaged in the production of subjectivity that explores the
liminal states of the grammar of being and becoming. Concentrated almost ob-
sessively on nature and the natural, the artist defines the paradigm of the Other:
"When we talk about nature, we are talking about ourselves really. Nature is the
screen onto which we project ourselves. Nature is the ultimate Other."[6] Belonging and assimilation are agents of blurred borders, and they demarcate the
transformational processes and shifts that the artist is concerned with on both,
conceptual and narrative levels: "I'm interested in the layering of identities on
top of each other and in exchanges of identity."[7] Belonging is a self-referential
device for rethinking the world and orienting our place in it. "Which world do I
belong to? Which world do I inhabit?" Thater's characters—coming from a variety of fictive sources, be it literary, cinematic, or scientific—often ask, while
searching for an understanding of a human world and its coherence.*

Adam Budak

6 *Diana Thater, cited in "More Stars Than There Are in Heaven: Christiane Schneider in Conversation with Diana Thater,"
in* Diana Thater: Transcendence Is Expansion and Contraction at the Same Time, *ed. Christiane Schneider and Haunch of
Venison, exh. cat. Haunch of Venison, London, et al. (London, 2003), p. 17.*
7 *Diana Thater, cited in Engelbach and Herzogenrath 2004 (see note 2), p. 49.*

ART+COM

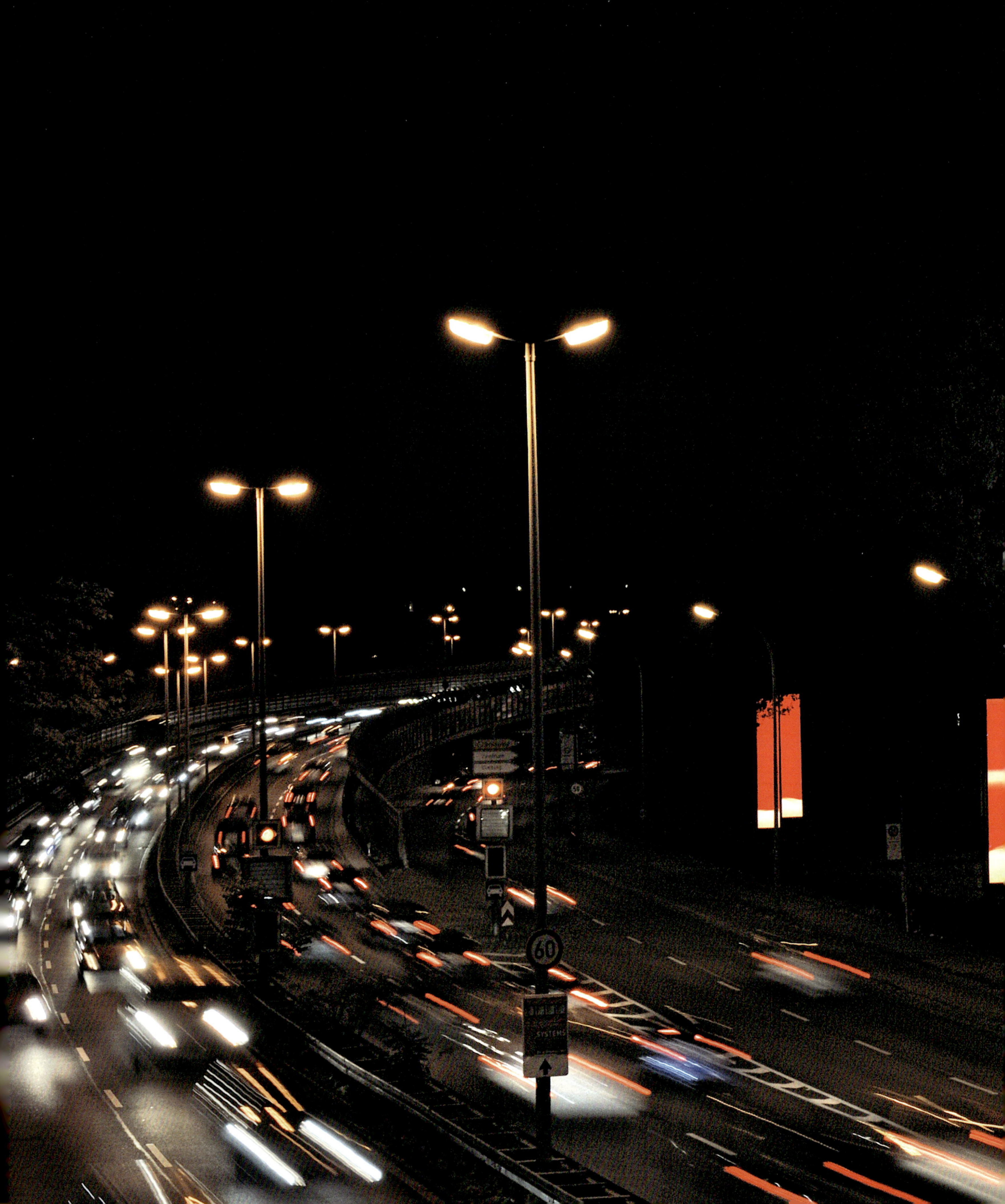

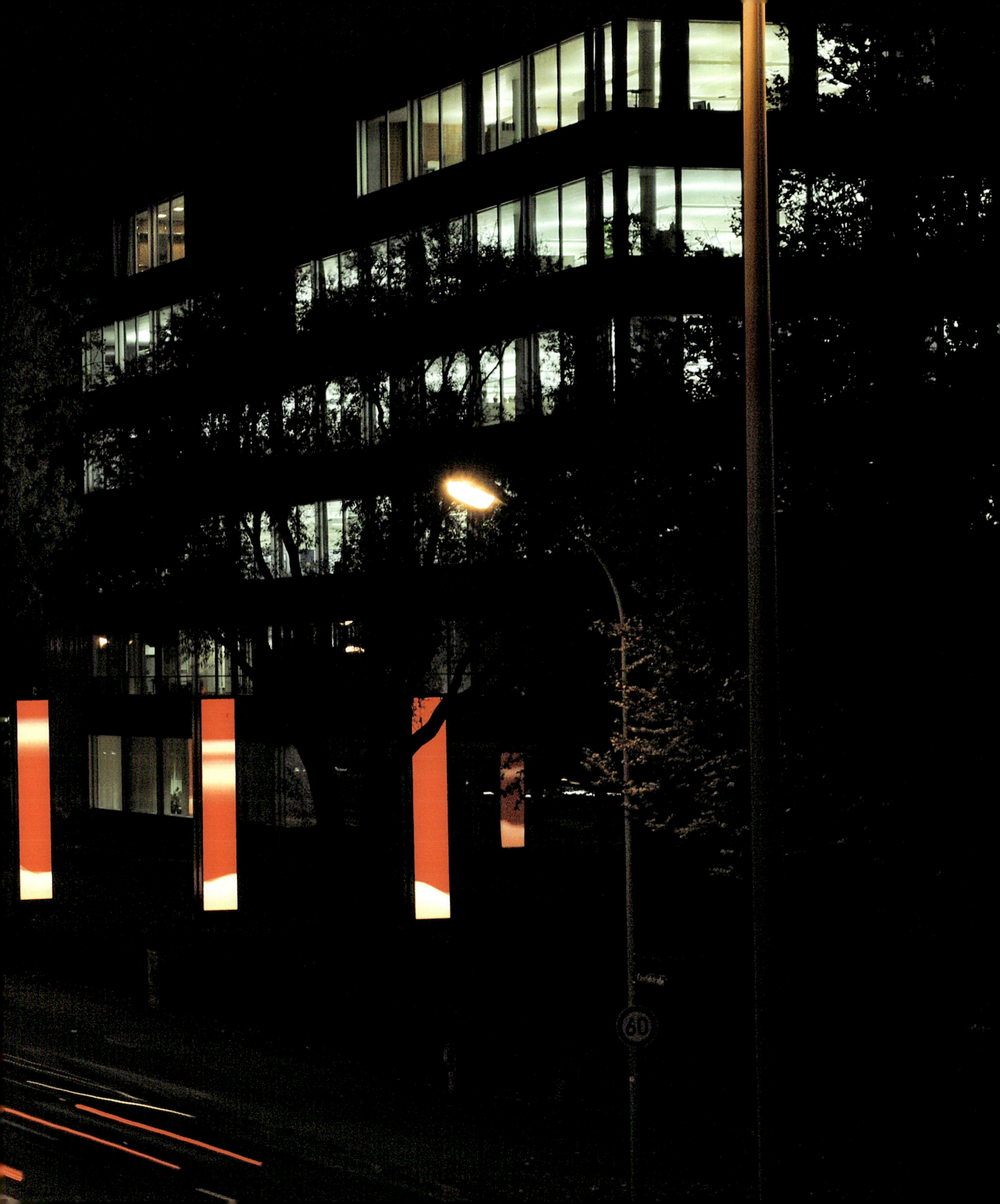

 ART+COM
Reactive Sparks
2007

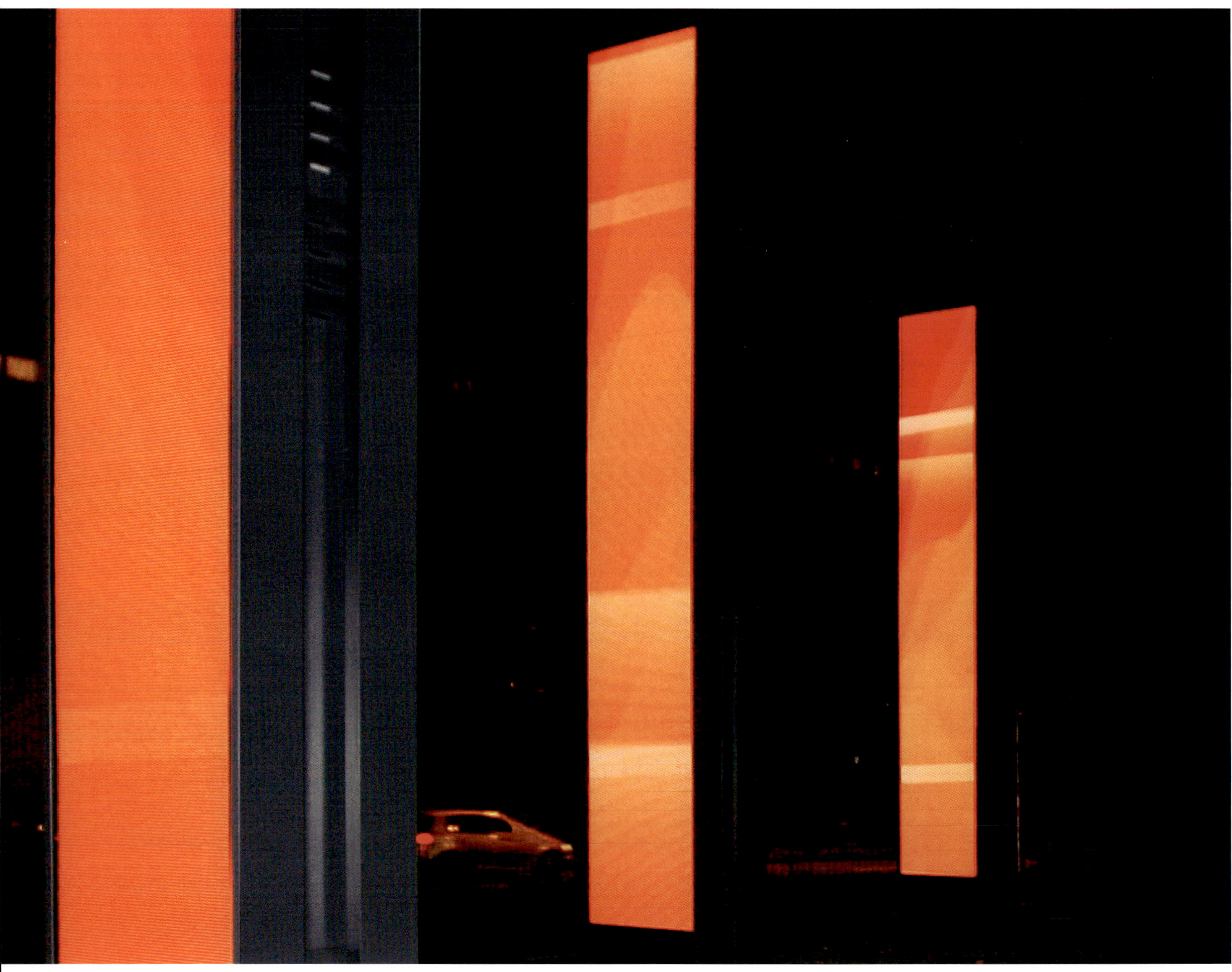

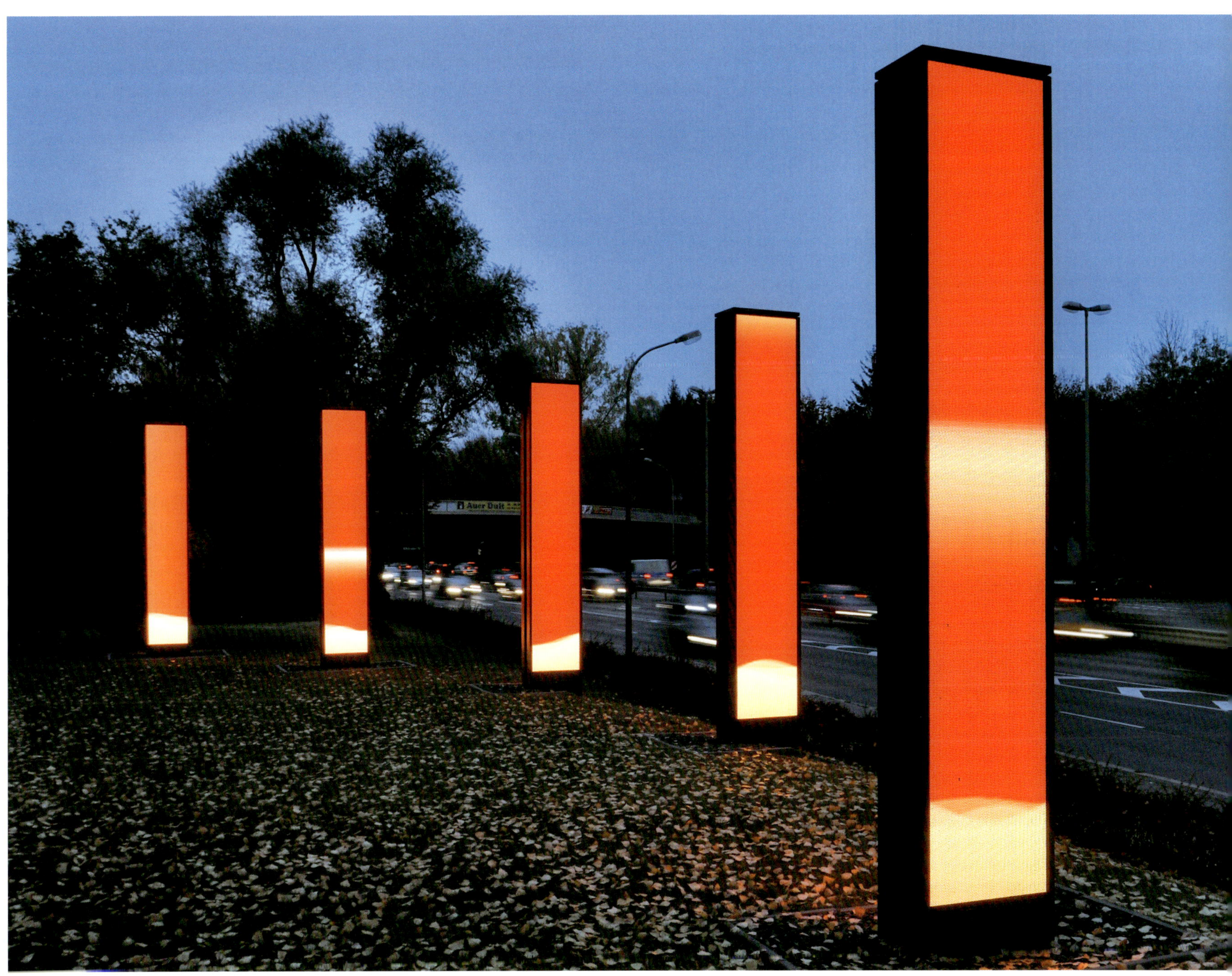

Im Dialog mit dem bewegten Betrachter
Joachim Sauter im Gespräch mit Christian Schoen

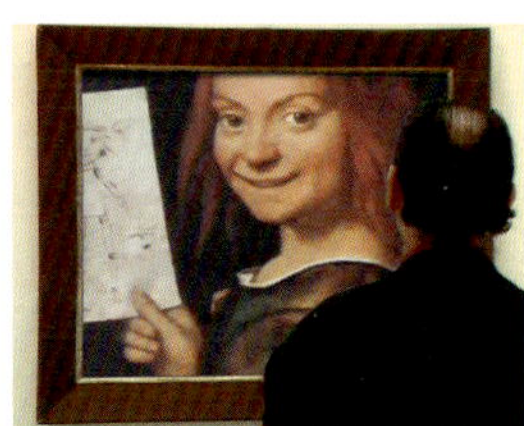
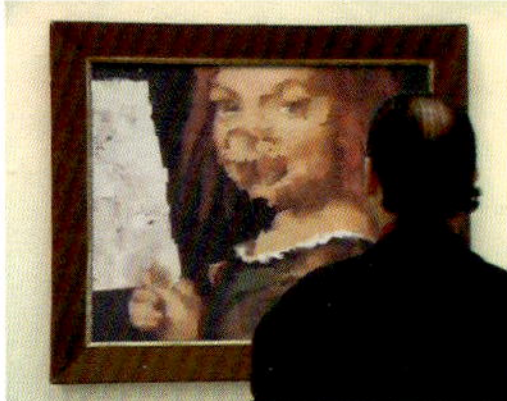
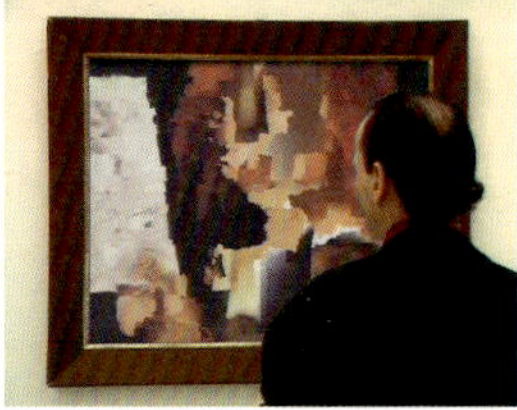
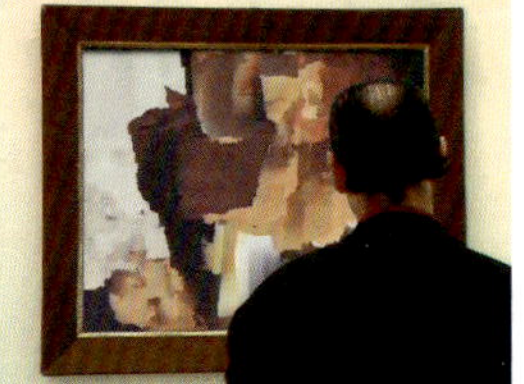

ART+COM
Der Zerseher /
The De-Viewer
1991/92

In den 1980er-Jahren begann mit der Verbreitung des Personal Computers ein Massenphänomen Einzug in den Alltag zu halten, das auch die Kunst nachhaltig verändern sollte. Mit den neuen technischen Möglichkeiten wandelten sich grundsätzliche Rahmenbedingungen für die Produktion und Rezeption von Kunst. Das kollaborative, vernetzte und interdisziplinäre Arbeiten wurde zu einer Grundvoraussetzung, denn es galt, das Medium der eigenen Kunst erst selbst zu entwickeln. Joachim Sauter, einer der Pioniere der Medienkunst, weist in dem folgenden Gespräch darauf hin, dass der Code den Kern einer jeden computerbasierten Arbeit ausmacht. Das programmierte Kunstwerk erfährt seine größtmögliche Offenheit in der interaktiven Arbeit, die sich im Dialog zwischen dem »bewegten Betrachter«[1] und dem Werk entfaltet, was im Hinblick auf die traditionelle Kunstrezeption ein absolutes Novum war. Waren die 1980er-Jahre eher eine Zeit des Experimentierens, so wurden in den 1990er-Jahren die ersten hochtechnologischen Installationen im Kunstkontext und im öffentlichen Raum gezeigt. Die Geburtsstunde von ART+COM fällt in die Anfangszeit der digitalen Revolution. 1988 schlossen sich Gestalter, Künstler, Wissenschaftler und Technologen mit dem Ziel zusammen, die neuen Medientechnologien und ihre künstlerische Anwendung zu erforschen und weiterzuentwickeln. Für Auftraggeber aus Industrie und Kultur erarbeitet ART+COM seitdem orts- und themenspezifische Inszenierungen.

Der Medienkünstler ist – im Gegensatz zu seinen traditionell arbeitenden Kollegen – selbstverständlich in transdisziplinäre Arbeitsprozesse eingebunden und operiert nicht hermetisch innerhalb des selbstreflexiven Feldes des Kunstmarktes. Dank der computergestützten Technologien hat er mehr Ähnlichkeit mit dem frühneuzeitlichen Künstler, der sich zwischen Handwerk und Freigeistigkeit, zwischen Kunst, Naturwissenschaft und Philosophie bewegte. Es mag folglich als eine Errungen-

schaft der Diskurse um die Medienkunst angesehen werden, dass unsere Vorstellung von Kunst nachhaltig irritiert wurde. Insofern ist es nur konsequent, dass mit ART+COM Vertreter verschiedener Fachdisziplinen ein wirtschaftliches Unternehmen gegründet haben und mit ihren Arbeiten in unterschiedlichen gesellschaftlichen Bereichen präsent sind. Für die SEVEN SCREENS entwickelten sie eine ortsspezifische Arbeit, die in einen Dialog mit dem Hauptrezipienten – dem Autofahrer – tritt.

ART+COM hat Ende der 1980er-Jahre die künstlerische Produktion in Auseinandersetzung mit den damals neuen Medientechnologien als wirtschaftliches Unternehmen etabliert. Was ist Eure Philosophie?

Wir sind eine interdisziplinäre Gruppe von Künstlern, Designern, Wissenschaftlern und Technologen, die an unterschiedlichen Projekten arbeiten. Unser Betätigungsfeld reicht von Medieninstallationen und Medienarchitektur bis zu medienbasierten Projekten im öffentlichen Raum. Wir sind immer auf der Suche nach neuen Ansätzen, um zeitgemäße Aussagen durch die neuesten Technologien zu treffen, und dabei hilft uns natürlich unsere interdisziplinäre Zusammensetzung. Es ist uns dabei wichtig, die Technologie zu benutzen, um eine neue Sprache, eine spezifische Grammatik zu entwickeln, um sie für das jeweilige Projekt gezielt einzusetzen. Dabei bewegen wir uns hauptsächlich zwischen den Feldern der Kunst und des Designs.

Dabei spielt Interaktivität als eine besondere Qualität der noch immer sogenannten Neuen Medien ebenfalls eine wichtige Rolle?

In der Tat, die Interaktivität als wechselseitiger Dialog zwischen dem Kunstwerk und dem Betrachter ist für die meisten unserer Projekte ein zentraler Ansatzpunkt. Doch kommen andere Aspekte hinzu, etwa Vernetzungsfähigkeit (Connectivity) sowohl von Technologien als auch von Personen – also der Netzwerkgedanke – oder auch generative Gestaltung (Generativity), worunter etwa Computational Design zu verstehen ist.

---

1 *Der bewegte Betrachter. Theorien der interaktiven Medienkunst* lautet der Titel des Buches von Annette Hünnekens (Köln 1997). Verwiesen sei hier auf ein weiteres frühes, deutschsprachiges Werk: Söke Dinkla, *Pioniere interaktiver Kunst von 1970 bis heute. Myron Krueger, Jeffrey Shaw, David Rokeby, Lynn Hershman, Grahame Weinbren, Ken Feingold (Edition ZKM)*, Ostfildern 1997.

In Dialogue with the Activated Viewer
Joachim Sauter in Conversation with Christian Schoen

In the eighties, the arrival of the personal computer in everyday life marked the beginning of a mass phenomenon that was to change art forever. The new technical possibilities completely transformed the framework conditions for the production and perception of art. Collaborative, networked, and interdisciplinary work became a prerequisite for those wishing to first develop the medium themselves to create their own art. In the following interview, Joachim Sauter, one of the pioneers of media art, points out that it is the code that constitutes the core of any computer-based piece of work. The programmed work of art achieves its greatest possible openness in interactive works, which unfolds in the dialogue between the bewegter Betrachter *(activated viewer)[1] and the work itself, a completely new idea with respect to traditional art perception. Whereas the eighties were largely a time to experiment, it was the nineties that saw the first highly technological installations in an art context in public space.*

ART+COM was born during the early years of the digital revolution. In 1988, a group of designers, artists, scientists, and technologists got together with the aim of exploring and developing the new media technologies and their artistic application. Since that time, ART+COM has developed site and subject-specific presentations for clients from industry and the world of culture.

Unlike the traditional artist, the media artist is naturally integrated in transdisciplinary work processes and does not operate sealed off from the world within the self-reflexive field of the art market. Thanks to computer-aided technologies, he has more in common with artists from the early modern era who oscillated between craftsmanship and independence of spirit; between art, natural science, and philosophy. It may therefore be seen as an achievement of the discourse surrounding "media art" that our perception of art has been permanently jarred. In this respect it is only natural that representatives from a wide range of disciplines have come together at ART+COM and that their works are present across broad areas of society. For the SEVEN SCREENS, they developed a site-specific work that enters into a dialogue with the main recipient—the motorist.

At the end of eighties, ART+COM established artistic production as a business enterprise by engaging with the new media technologies of the day. What is your philosophy?

We are an interdisciplinary group of artists, designers, scientists, and technologists working on a wide variety of projects. Our field of activity ranges from media installations and media architecture to media-based projects in public spaces. We are always on the lookout for new approaches that allow us to make comments relevant to the present day and age through the latest technologies. Our interdisciplinary makeup is, of course, a great advantage in this endeavor. It's important for us to use technology to develop a new idiom, a specific grammar, so that it can be put to targeted use for the respective project. We mainly hover between the fields of art and design.

Interactivity also plays an important role as a special quality of what is still referred to as the new media?

It certainly does: interactivity as an alternating dialogue between the work of art and the viewer is a central feature of most of our projects. However, there are also other aspects, such as the connectivity of both technologies and people—that is to say the idea of networking or generativity, which also includes computational design. The basis of our work is the code, and the code is the core, as it were, of every single piece of art we produce. It encapsulates the idea of the work of art and, essentially, its structure. And so our work ranges from autoactive and reactive works through to interactive projects.

[1] Der bewegte Betrachter: Theorien der interaktiven Medienkunst *is the title of the book by Annette Hünnekens on theories about interactive media art (Cologne, 1997). We would like to draw your attention to an earlier work in German:* Söke Dinkla, Pioniere interaktiver Kunst von 1970 bis heute: Myron Krueger, Jeffrey Shaw, David Rokeby, Lynn Hershman, Grahame Weinbren, Ken Feingold, Edition ZKM *(Ostfildern, 1997).*

Die Grundlage unserer Arbeit ist der Code, und der Code ist quasi der Kern eines jeden unserer Kunstwerke. In ihm steckt die Idee des Kunstwerks und im Wesentlichen auch seine Struktur. Die Spannweite unserer Arbeiten reicht demnach von autoaktiven und reaktiven Werken bis hin zu interaktiven Projekten. Autoaktiv sind computerbasierte Projekte, die selbstständig laufen. Reaktivität ist quasi die kleine Schwester der Interaktivität und bezeichnet einen eher einseitigen, unfreiwilligen Dialog des Betrachters mit dem Kunstwerk. Bei interaktiven Arbeiten entsteht die eigentliche Arbeit erst im direkten Dialog oder durch das Eingreifen des Betrachters. Ein frühes Beispiel für eine interaktive Arbeit, die Anfang der 1990er-Jahre sehr provokativ war, ist *Der Zerseher:* Museumsbesucher betrachten scheinbar ein Monitorbild, doch durch den wandernden Blick über das Bild verändern sie dieses, und das sich verändernde Bild wiederum verändert das Sehen.

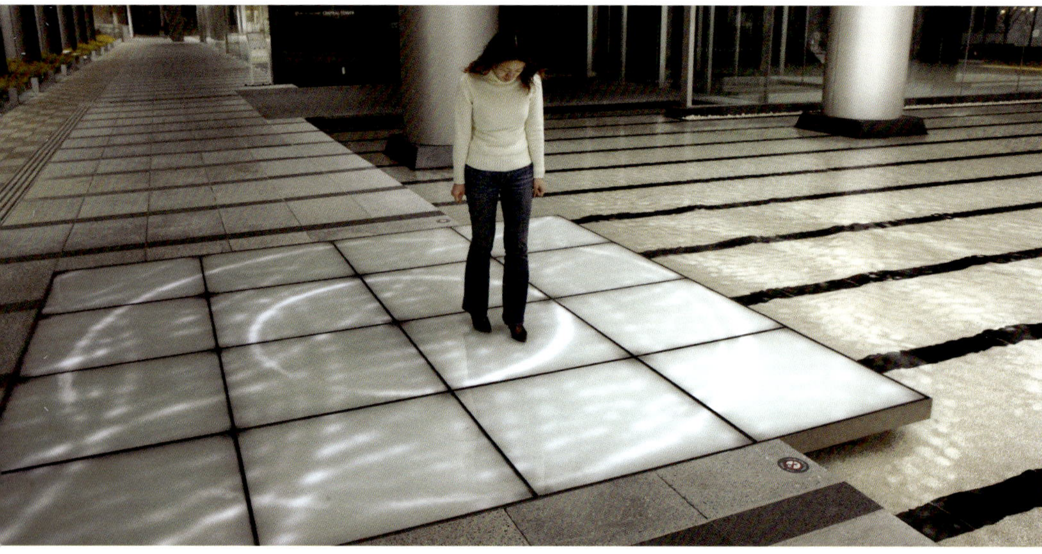

ART+COM
Duality
2007

Duality ist neben unserem SEVEN-SCREENS-Projekt ein gutes Beispiel für eine reaktive Arbeit. Hierbei handelt es sich um eine begehbare Arbeit auf einem öffentlichen Platz in Tokio. Der Boden besteht aus sensitiven LED-Screens, die beim Begehen Lichtwellen erzeugen, die sich jedoch als reale Wellen in dem benachbarten Teich fortsetzen. Der Passant löst hier also unbeabsichtigt einen Prozess aus, der spielerisch Virtuelles mit dem Realen verbindet. Die kinetische Skulptur, die wir für das BMW Museum entwickelt haben, mag schließlich als Beispiel für eine autoaktive Arbeit fungieren. 714 an dünnen Seilen hängende Metallkugeln bewegen sich im Zusammenspiel aus Mechanik, Elektronik und Code durch eine siebenminütige Erzählung. Die Choreografie erzählt quasi die Geschichte der Formfindung. Anfangs bildet die Installation einen chaotischen Zustand von miteinander im Wettstreit liegender

Formen ab, bis diese schließlich zu einem finalen Objekt werden.

Was war Euer Ausgangspunkt für Reactive Sparks?

Erst einmal mussten wir uns mit dem anspruchsvollen Format der sieben LED-Stelen auseinandersetzen, den siebzig Metern Distanz von der vordersten bis zur hintersten Stele neben einer an dieser Stelle siebenspurigen Stadtautobahn sowie einer Aufmerksamkeitsspanne von fünf bis sieben Sekunden. Auch das vertikale Format der einzelnen Stele bietet sich nicht für das Erzählen von Geschichten an. Wir entschlossen uns, eine reaktive Arbeit zu machen, die die vorbeifahrenden Autos in Bezug zu den Stelen setzt. Normalerweise richten sich die Screens mit einer Botschaft an die Autos beziehungsweise ihre Insassen. Wir dachten uns, dass wir dieses Verhältnis umdrehen, also die Autos mit den Screens kommunizieren lassen – nicht im Sinn eines Dialogs, sondern einer reaktiven Situation. Die Autos werden von einer Kamera erfasst, die unter dem Dach des OSRAM-Hauses befestigt ist und alle Fahrbahnen überblickt. Jedes vorbeifahrende Auto erzeugt ein Signal, das sich wie ein energiegeladener Funke auf den Stelen abbildet und ihm folgt. Interessant ist ja, dass der Fahrer des Fahrzeugs merkt, dass er alleine durch seine Präsenz die Situation verändert. Diese Beeinflussung erzeugt auch immer eine Art Identifikation mit einem Ort. Ergänzend zu den Lichtspuren, die das einzelne Fahrzeug in Echtzeit hinterlässt, zeigen sich auf den Stelen Wellenformationen. Abhängig von der Stärke des Verkehrs während eines Tages schlagen diese Wellen höher oder niedriger. Die Wellen sind also eine Art Indikator für die Verkehrsdichte beziehungsweise die aufgewendete Energie oder ein Gedächtnis, das die Quantität des Verkehrs während des Tages speichert und während der Nacht wieder vergisst. Für die visuelle Umsetzung haben wir dabei natürlich bewusst auf abstrakte, fließende Formen und eine warme Farbigkeit gesetzt,denn offenkundig verbindet man Rottöne mit Energie. Sinnlich ansprechend zu sein, ist – so denke ich – grundsätzlich sehr wichtig für Kunst im öffentlichen Raum, denn der Betrachter ist meist nicht darauf vorbereitet, visuelle Botschaften zu entziffern. Das ist anders als im Museumskontext. Bei den SEVEN SCREENS haben wir es zudem mit einer sehr kurzen Zeitspanne zu tun, in der die Arbeit überhaupt wahrgenommen werden kann, sodass der unmittelbaren Farbwirkung eine große Bedeutung zukommt. Die Zeit zur Reflexion über das Gesehene hat der Autofahrer dann immer noch.

Autoactive works are computer-based projects that run on their own. One could say that reactivity is the little sister of interactivity:
it means more of a one-sided, involuntary dialogue on the part of the viewer with the work of art. As far as interactive works are concerned, the work itself cannot be said to exist until the first direct dialogue or the first intervention by the viewer has taken place. Der Zerseher (The De-Viewer) is an early example of an interactive work; at the beginning of the nineties it was considered very provocative. Museum visitors look at what seems to be a Renaissance painting that undergoes a series of transformations into ever more abstract forms through the use of an eyetracker.
Besides our SEVEN SCREENS project, Duality is another good example of a reactive work. It is an accessible work in public space in Tokyo. The floor consists of sensitive LED screens that generate light waves when someone walks on them yet continue as real waves into the adjacent pond. The passer-by involuntarily triggers a process that combines the virtual with the real in a playful manner.
The kinetic sculpture we developed for the BMW museum can be taken as an example of an autoactive work. A total of 714 metal spheres hanging from thin wires move through a seven-minute narrative in an interplay between mechanics, electronics, and code. The choreography tells the story of formal composition. At first, the installation reflects a chaotic state of competing forms until they eventually settle down to a finished object.

What was your starting point for *Reactive Sparks?*

First we had to tackle the challenging arrangement of the seven vertical LED screens, the distance of seventy meters from the front stele to the back stele beside a seven-lane urban freeway, and to think about the attention span of just five to seven seconds. And then there was the vertical format of the steles, which is not exactly ideal for telling stories. We decided to go for a reactive work that creates a connection between the passing cars and the steles. Normally, screens address cars, or rather their occupants, with some kind of message. We thought we would reverse this relationship and make the cars communicate with the screens—not to represent a dialogue but rather to portray a reactive situation. The cars are captured by a camera mounted under the roof of the OSRAM

building that has a view of all the lanes of the freeway. Each passing car generates a signal that appears on the steles as an energy-laden spark and follows the car. The interesting thing is that drivers notice that they change the situation with their mere presence. This influence also creates a kind of identification with the location each time a driver passes. In addition to the light traces that each vehicle leaves behind in real time, wave formations can also be seen on the steles. These rise and fall along with the volume of traffic throughout the day. This makes the waves a kind of indicator for the traffic flow or for the energy consumed. They can also be seen as a memory that stores and remembers the volume of traffic during the day, only to forget

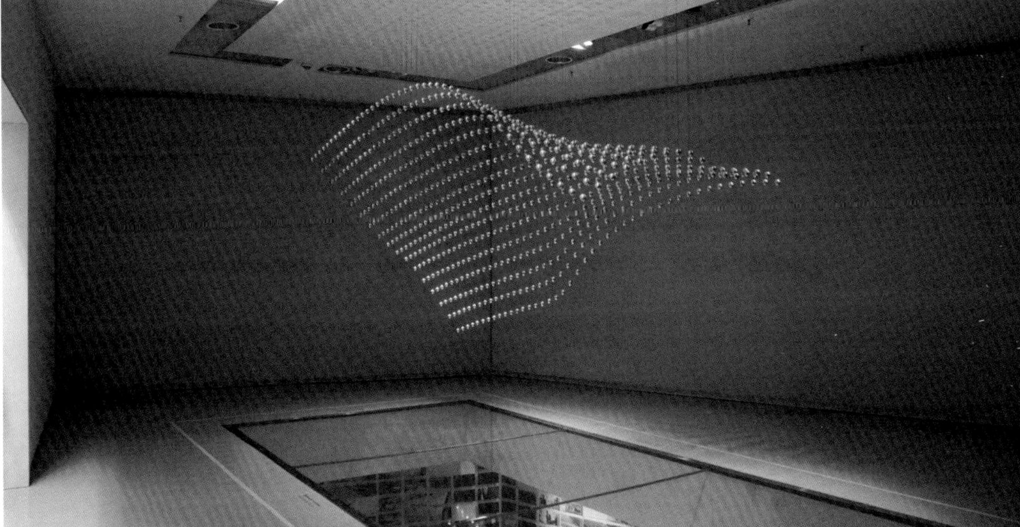

it again at night. Of course, we consciously favored abstract, flowing forms and warm colors for the visual realization, because it's apparent that people associate shades of red with energy. I believe that it's always very important that art in public space should appeal to the senses, as the viewer is normally not prepared to decipher visual messages. That's different in a museum context. With the SEVEN SCREENS there's also the limitation of the short time span in which the work can even be perceived, making the direct impact of the colors vastly important. Afterwards, of course, the drivers have time to reflect on what they've seen.

ART+COM
Inspiration
2008

Anouk De Clercq

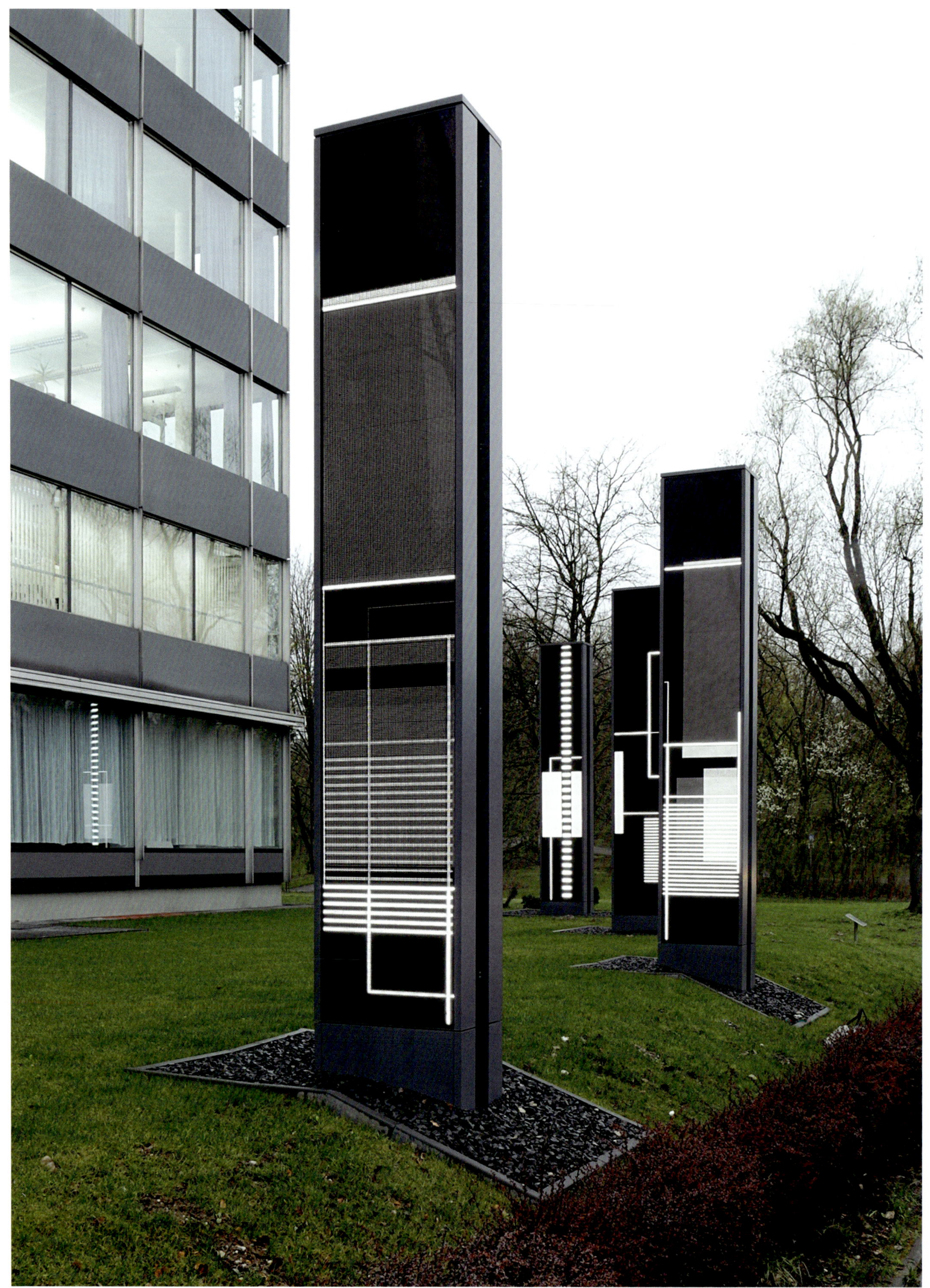

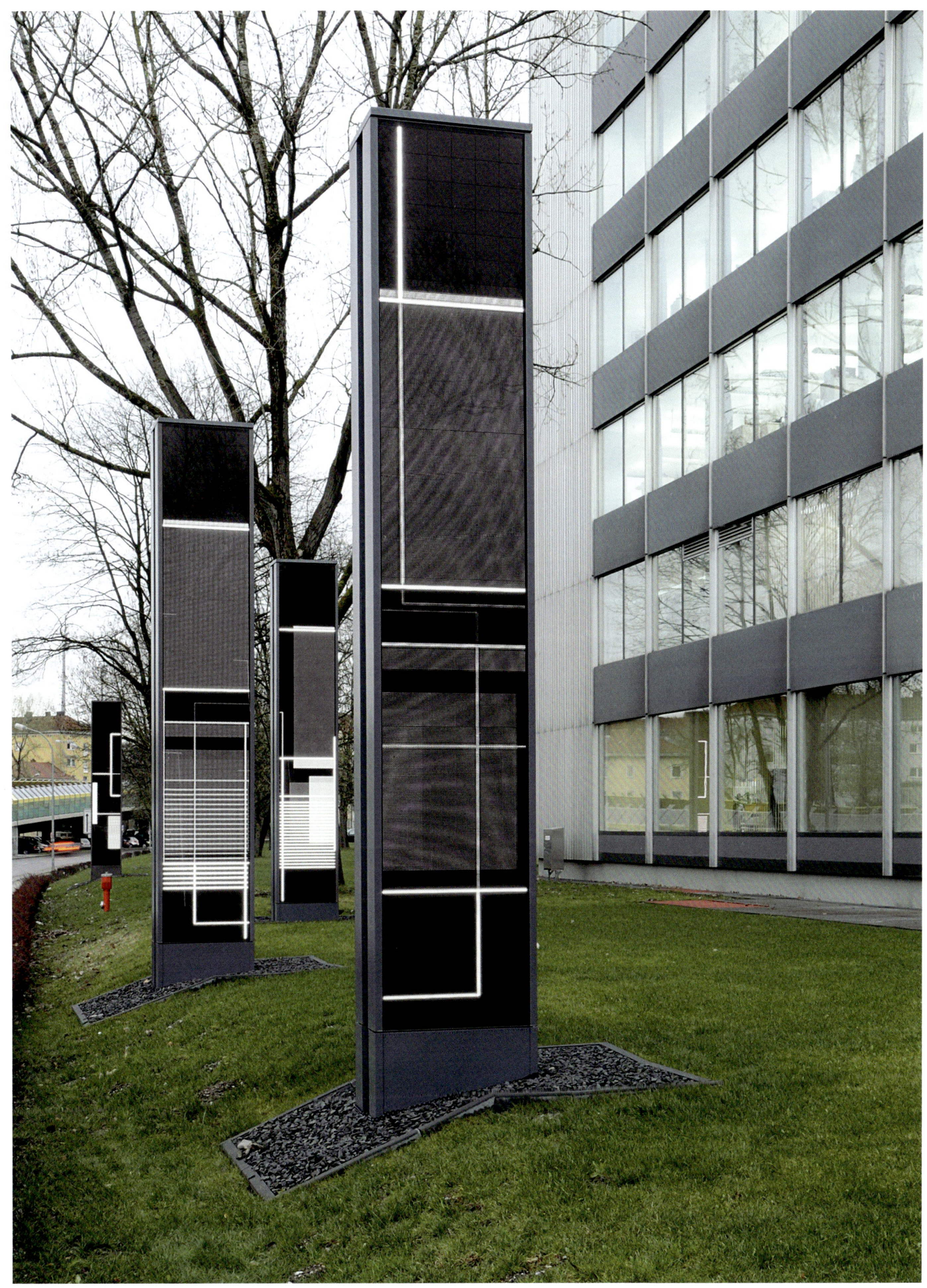

Anouk De Clercq
Motion for Newton
2008

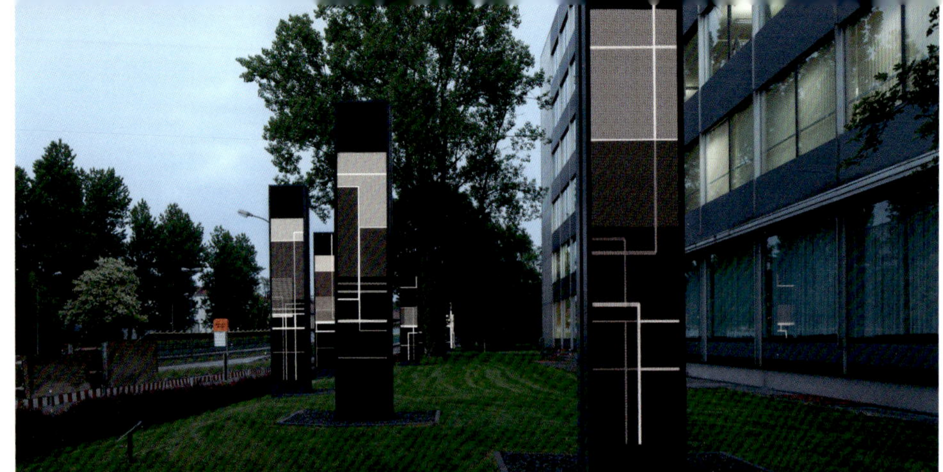

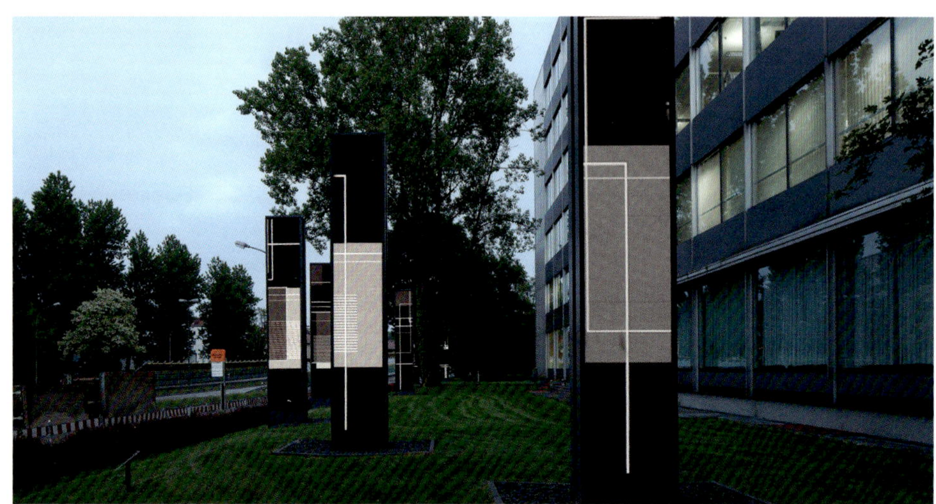

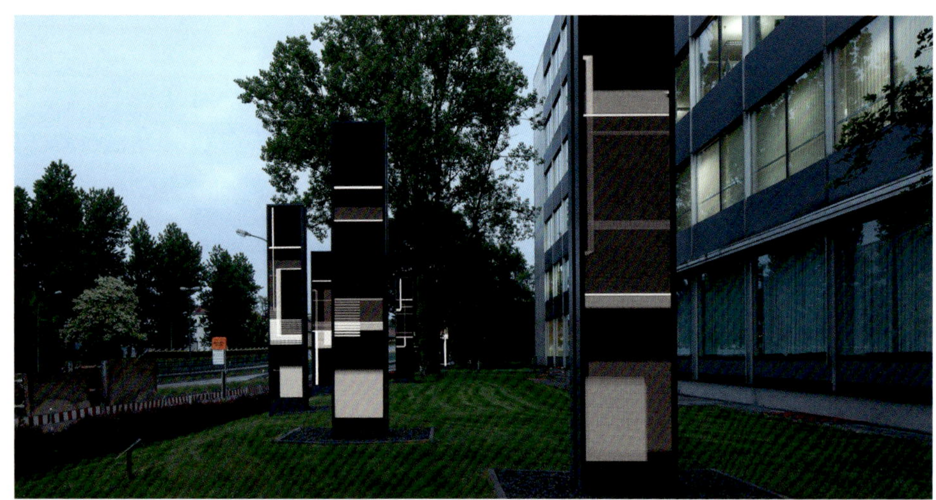

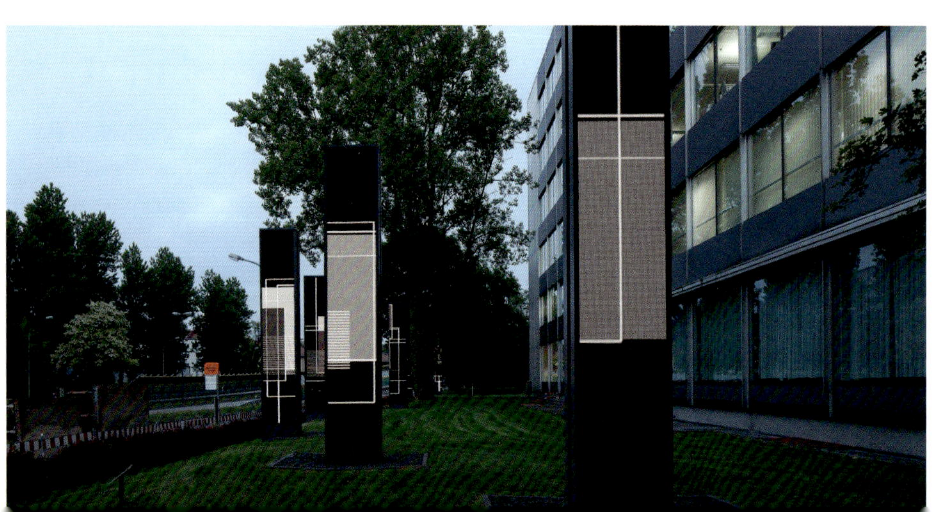

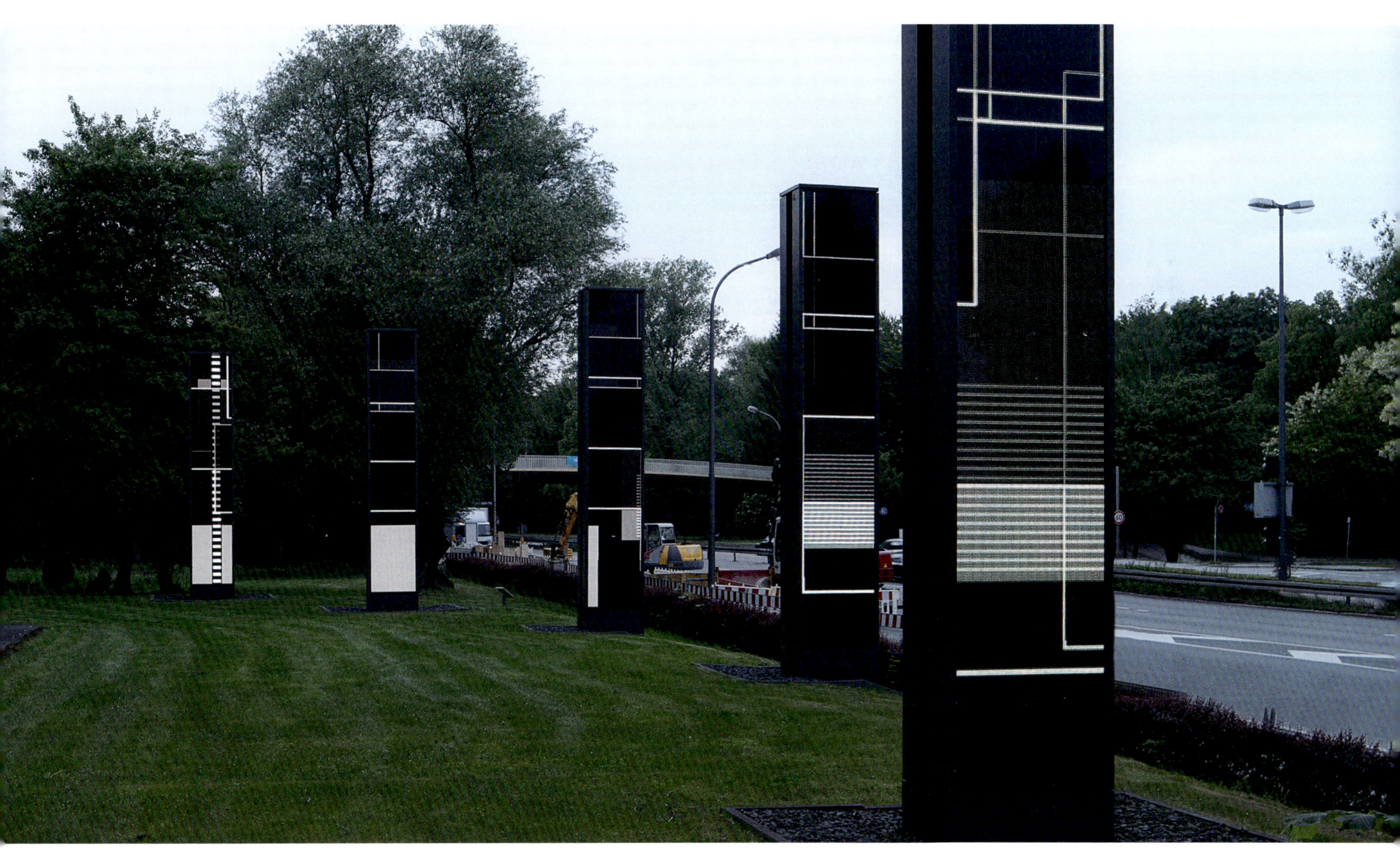

Swinging Architecture
Anouk De Clercq im Gespräch mit Christian Schoen

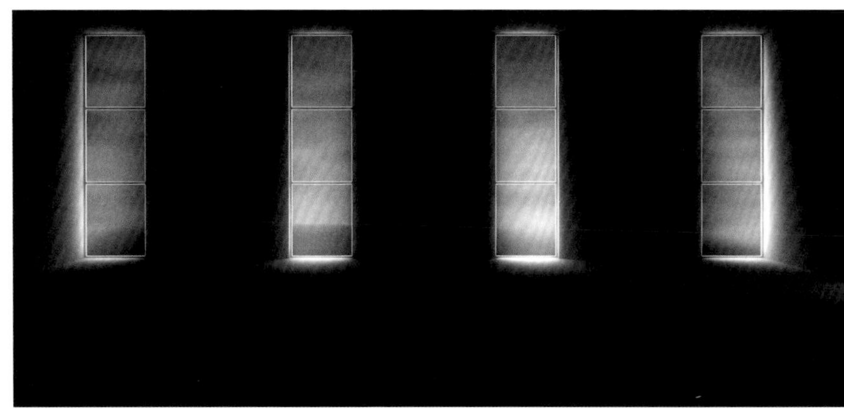

Anouk De Clercq
Echo
2008

Deine Arbeit ist sehr atmosphärisch und emotional. Sie berührt die Sinne und spricht mehrere kreative Bereiche parallel an. Wie würdest Du das Verhältnis von Musik, Architektur und bildender Kunst in Deiner Arbeit beschreiben?

Meine größte Inspirationsquelle ist die Architektur. Aus meiner Sicht lassen sich hieraus heute viele neue, vor allem aber die radikalsten Ideen ziehen. Ich glaube, es war Goethe, der einmal sagte, dass Architektur wie gefrorene Musik ist. Mir gefällt die Idee, etwas aus der Zeit, der Bewegung und dem Rhythmus zu nehmen und in einem Moment zusammenzuführen, einem ganz konkreten Moment. In meiner Arbeit leitet mich die Idee des Raums. Ich arbeite mit 3-D-Animationen, weil diese es nach ihrer ureigenen Definition erfordern, mit dem Nichts zu beginnen: eine weiße Fläche in einem leeren Raum, der dazu einlädt, etwas »zu bauen«. Auf diese Weise konstruiere ich Umgebungen, geformt von Bildern und Klängen, die mein Computer erzeugt.

Deine Videos werden häufig durch minimalistische Formen und Strukturen und die Abwesenheit von Farbe dominiert. Sie verzichten gänzlich auf Dramatik oder das Hervorrufen von Emotionen. Eine »Überbetonung der Leere«

ist ein für Dein Werk typischer Spezialeffekt.[1] Woher kommt das?

Ich habe Musik studiert und spiele Klavier. Vielleicht habe ich zu lange auf die schwarzen und weißen Tasten gestarrt, mit denen sich wundervolle, farbenprächtige Symphonien erschaffen lassen. Dies könnte der Grund dafür sein, weshalb ich gern mit Schwarz-Weiß arbeite. Auch wenn meine Videos dunkel wirken, ist doch Licht vorhanden: Mein Interesse richtet sich auf das intensive Spiel aus Hell und Dunkel, genauer gesagt aus Schwarz und Weiß, und die komplexen Energien, die darin freigesetzt werden (übrigens auch das, was im Kino passiert: Der Raum ist dunkel, sodass ein Lichtstrahl ihn durchqueren, ihn beleben kann und sich eine völlig neue Welt auf einer zweidimensionalen weißen Leinwand ausbreitet).

Die »Leere«, von der Du sprichst, hat mit der Art meiner Arbeit zu tun: die digitale Animation – für die ein gewisses Maß an Abstraktion unvermeidlich ist. Ich schaffe virtuelle Räume aus dem Nichts – es sind also auch immer leere Räume, die am Anfang stehen. Die digitalen

1 Vgl. Edwin Carels, »Digital Analogies«, in: *Oops Wrong Planet,* Ausst.-Kat. MER. Paper, Kunsthalle Gent 2009, S. 37.

Swinging Architecture

Anouk De Clercq in Conversation with Christian Schoen

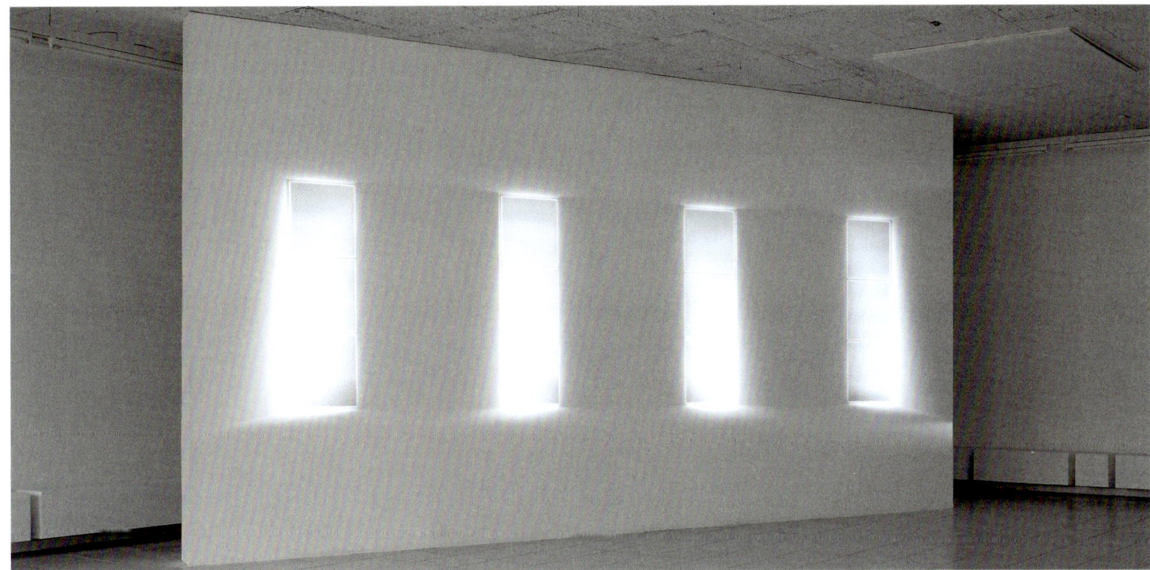

Anouk De Clercq
Echo
2008

Your work is very atmospheric and emotional. It touches the senses while it involves various creative fields. How would you describe the relation of music, architecture, and image in your work?

I get most of my inspiration from architecture. From my point of view, this is where the most radical or new ideas currently are. I think it was Goethe who said that architecture is like frozen music, and I like this idea of grasping something all about time, movement, and rhythm to turn that into one moment—a concrete moment. The idea of space guides me in my work. I work with 3-D animation because, by its very definition, it requires starting from scratch—the blank slate of an empty space that invites us "to build" something. In this way, I construct environments formed by images and sounds generated by my computer.

Your videos are often dominated by minimalist forms and structures and the absence of color. They lack dramatic or induced emotion, and an "over-accentuation of emptiness" is your signature special effect.[1] Where does that come from?

1 *Cf. Edwin Carels, "Digital Analogies," in* Oops Wrong Planet, *exh. cat. MER. Paper Kunsthalle (Ghent, 2009), p. 37.*

Well, I studied music and played the piano. I probably stared too long at the black and white keys of the keyboard, with which you can create beautiful, colorful symphonies. That might be a reason why I love to work in black and white. Although dark, light is not wholly absent in any of my videos: my interest is directed toward the intense play of light and dark, more precisely put black and white, and the complex energies that are released in it (which, by the way, is also what takes place in a movie theater: the room is darkened so that a beam of light can travel across it, enliven it, unfold an entirely new world on a two-dimensional white screen).
The "emptiness" you refer to has to do with the nature of my work, which is digital animation—and that inevitably implies a measure of abstraction. I create virtual spaces out of nothing—so they are always also empty spaces to start with. The digital spaces in my work function like projection screens: you can imagine walking around in them, but you can also project all kinds of ideas and thoughts onto them. That, however, requires their idealized emptiness—you can't have other people walking around in them and obstructing your view, so to speak.

In your work you create spaces, visual and acoustic environments. How are they related

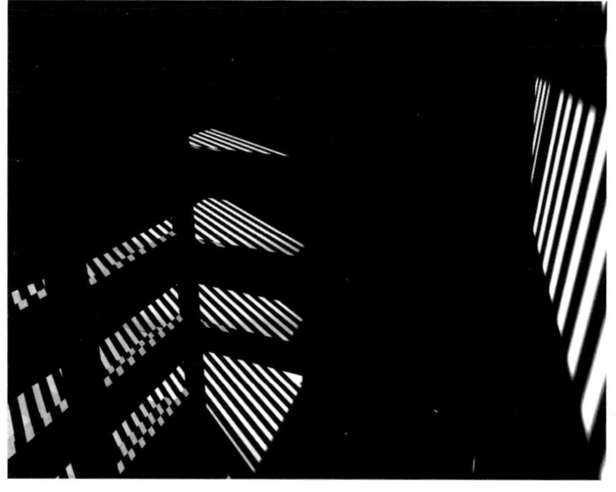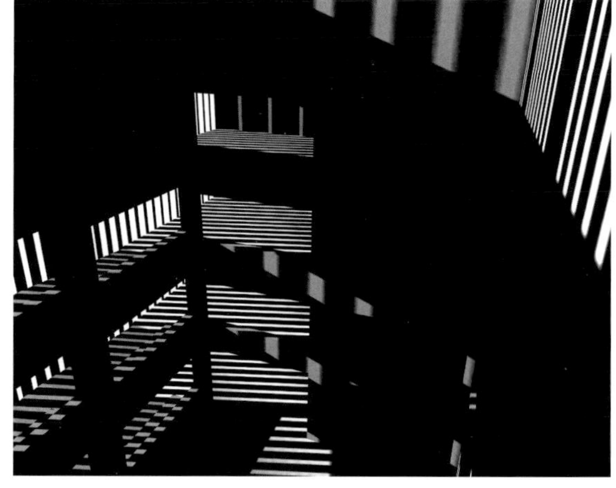

Anouk De Clercq
Building
2003

Räume in meiner Arbeit funktionieren wie Projektionsflächen: Man kann sich vorstellen, darin herumzugehen, aber auch alle möglichen Arten von Ideen und Gedanken auf sie zu projizieren. Dies setzt jedoch ihre idealisierte Leere voraus: Es dürfen keine anderen Menschen darin sein und sozusagen den Blick versperren.

In Deiner Arbeit erschaffst Du Räume, visuelle und akustische Umgebungen. In welchem Verhältnis stehen diese zu den wirklichen Gegebenheiten einer Galerie und der Wahrnehmung durch das Publikum?

Die Beziehung zwischen Video, Architektur und Musik ist in meiner Arbeit immer präsent. Zusätzlich zu einem Werk selbst – seinem Inhalt – ist seine Präsentation in einer Galerie auch für mich ein wichtiges Thema. Es besteht ein konstanter Dialog zwischen dem projizierten Raum auf dem Monitor und dem umgebenden Raum, eine konstante Herausforderung, das Gleichgewicht zwischen Publikum und projiziertem Bild zu erhalten.
Alles begann vor einigen Jahren, als ich ein Video mit dem Titel *Building* machte, bei dem ich mich von einem neuen Konzerthaus in Brügge inspirieren ließ. Die Idee dazu entwickelte sich vor allem aus den Gesprächen mit den Architekten Robbrecht & Daem, bis Paul Robbrecht eines Tages von seiner Schlaflosigkeit erzählte. Er beschrieb, wie er, wenn er nicht einschlafen konnte, auf dem Boden lag und Videos an die Decke projizierte. Und ich fragte mich, wie er wohl, wenn er schließlich einschlief, von seinem eigenen Gebäude träumte. Das war der Ausgangspunkt für mein Video: Wie ein konstruktivistisches audiovisuelles Mobile präsentiert sich das Gebäude selbst und wird wie im Traum des Architekten dokumentiert. Es ist das Licht, das uns durch die Dunkelheit leitet, durch das Gebäude, Licht, das durch die Fenster fällt und die Öffnungen des Gebäudes. Und tatsächlich ist es ein charakteristisches Merkmal dieser speziellen Architektur, dass Fenster und Öffnungen sich am Sonnenlicht orientieren. In gewissem Sinne ist meine Arbeit also auch eine Hommage an die Architekten, da sie einige der Schlüsselelemente der Architektur ins Video übersetzt.
Eine weitere neuere Arbeit, die eng mit der Architektur verknüpft ist, ist *Echo,* mehr Installation und Raum als Video. Als ich vom Museum Dhondt-Dhaenens für eine Soloausstellung eingeladen wurde, war ich von den klaren architektonischen Linien des Museums sehr beeindruckt. Ich durchstreifte es zusammen mit einem Akustiker, weil ich den Raum hören, die Architektur durch den Klang entdecken wollte – mit dem Ziel, der Architektur mit einer Klangumgebung zu begegnen. Ich schrieb also eine Klanglandschaft für den Raum. Das zugehörige Video war eine Reflexion über einen Teil dieses Raumes, aber in 3-D und leicht verändert. Zusammengenommen entstand daraus eine neue Wirklichkeit, eine neue Art, sich selbst in einer Architekturumgebung zu erleben.
Wenn man also von der Leere in meinen Arbeiten spricht, ignoriert man völlig die Töne. Man missachtet dann auch die Umgebung. Denn schließlich sitzt der Betrachter vor dem Bildschirm auch immer im Innern. Es sind Räume, die etwas aufnehmen, Räume, die man teilt, Räume, die in einen eindringen. Es ist Leere, aber eine Leere, die sehr gut gefüllt ist, wie die akustischen Räume von John Cage. Ich nenne es eine »konzentrierte Präsenz von sehr wenig«.

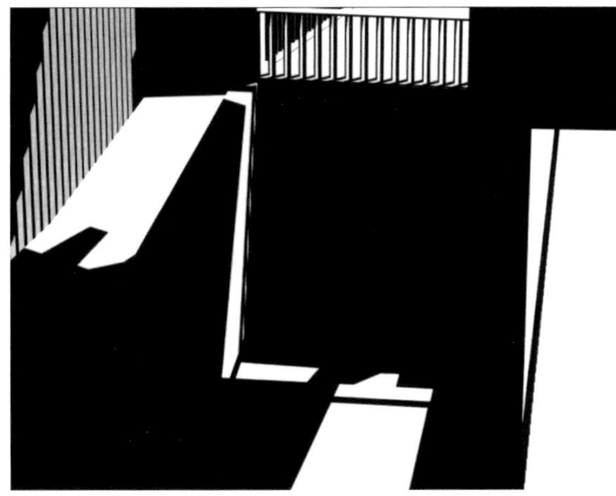 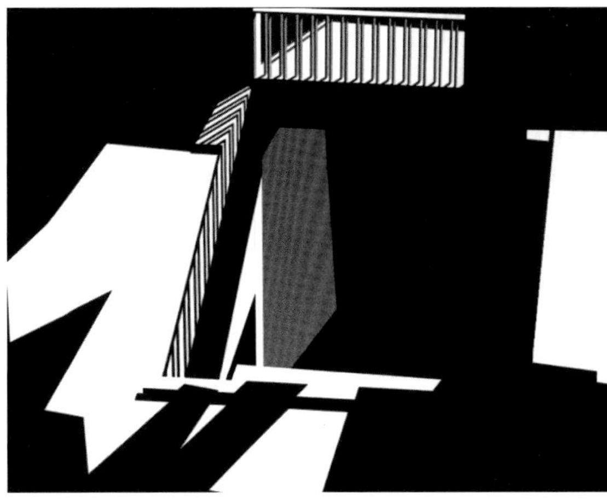

Anouk De Clercq
Building
2003

to the real setting of a gallery space and the perception of the audience?

The relation between video, architecture, and music is always there in my work. In addition to the work itself—its content—the way of presenting it in a gallery space is an important issue for me as well. There is a constant dialogue between the projected space on the screen and the space around it; a constant challenge to keep the balance between the audience and the projected image.
It all started a couple of years ago when I made a video called Building, *which was inspired by the new concert hall in Bruges. The idea for it developed in particular in conversations I had with the architects Robbrecht&Daem, and at one point Paul Robbrecht talked about his insomnia. He described how he couldn't fall asleep, how he would lie on the floor and project videos onto the ceiling. And I was asking myself how— when he finally did fall asleep—he would dream of his own building. And that was the point of departure for my video: like a Constructivist audiovisual mobile, the building reveals itself and is being documented as in an architect's dream. It is the light that guides us through the dark, through the building; light that falls through the windows and the openings of the building. And in fact it is characteristic of this particular architecture that windows and openings are oriented toward the sunlight. So in some sense my work is also a tribute to the architects, as it translates some key elements of the architecture into video.*
Another more recent work which is closely related to architecture is Echo, *which is more an installation and environment than a video. When the Museum Dhondt-Dhaenens invited me to prepare a solo show, I was very intrigued by the clear architectural lines of the museum building. I walked around with an acoustic engineer because I wanted to listen to the space; I wanted to discover the architecture by sound with the aim of responding to the architecture with a sound environment. So I wrote a soundscape for that space. The video connected to it was a reflection of a part of that space, but in 3-D and a bit altered. Altogether it created a new reality, a new way of experiencing yourself within an architectural environment.*
So talking about emptiness in relation to my works means to disregard sound. It is not taking account of the environment either, because the viewer in front of the screen is always sitting inside it. They are spaces that absorb, spaces that are shared, immersive spaces. This is emptiness, but an emptiness that is very well filled, like John Cage's acoustic spaces. I call it "a concentrated presence of very little."

Motion for Newton

Bewegung ist die Veränderung des Ortes eines Objekts mit der Zeit. Und: Die Beschreibung der Bewegung eines Objekts hängt vom Beobachter ab. Diese zwei Kernsätze zur physikalischen Erklärung des Phänomens der Bewegung stehen aus gutem Grund am Beginn der Annäherung an *Motion for Newton,* jener Arbeit, die die belgische Künstlerin Anouk De Clercq für die SEVEN SCREENS entwickelt hat. Es handelt sich dabei um einen digital animierten Videoloop, der sich in seiner grafischen Reduziertheit auf die sieben Flächen der Lichtstelen ausdehnt, und der auf deren Rückseite gespiegelt wiedergegeben wird. Es ist ein assoziatives Spiel von Licht und Schatten, von sich ständig wandelnder, konkreter Form und abstrakter Geometrie. Der sich bewegende Körper im Verhältnis zu seiner Umgebung ist Hauptthema der Arbeit. So werden die Lichtstelen zu »motion sculptures« und zu einer Hommage an Isaac Newton, der in der *Philosophiae naturalis principia mathematica* (1687) das Gesetz der Schwerkraft und die Bewegungsgesetze formuliert und damit den Grundstein zur klassischen Mechanik gelegt hat.

Mit *Motion for Newton* hat Anouk De Clercq im Gegensatz zu vorangegangenen Arbeiten keine räumliche Umgebung oder Architektur virtuell gestaltet. Vielmehr leitet sie von der vorhandenen Architektur des OSRAM-Hauses Formen und Proportionen ab. Da sich auch die Lichtstelen selbst in Form und Farbigkeit auf die Fassadenstruktur des von Walter Henn im Stil Ludwig Mies van der Rohes konzipierten Gebäudes beziehen,[1] entwickelt sich ein interessantes Beziehungsgeflecht zwischen den einzelnen Elementen, die durch den kontinuierlichen Fluss von De Clercqs Animationen in einen offenen Dialog eintreten.

Die Künstlerin selbst bezeichnet *Motion for Newton* als »konstruktivistisches Mobile«, das sowohl von den senkrechten Formen der SEVEN SCREENS und von der Fassadenrhythmik des OSRAM-Hauses als auch von Hochhäusern im Allgemeinen inspiriert ist. In unablässiger Bewegung kreisen die Formen wie visualisierte sphärische Klänge umeinander. Weiße Linien unterteilen die Flächen, rahmen sie ein und rhythmisieren die fließenden Bilder. Das Thema der Bewegung lässt sich vor Ort aus verschiedenen Perspektiven untersuchen. So ist der vor den Lichtstelen stehende Betrachter mit den sich kontinuierlich wandelnden, grafischen Formen konfrontiert, die in formalem

---

1 Vgl. hierzu Steffen Krämer, »Gläserne Transparenz. Das Verwaltungsgebäude der OSRAM GmbH in München«, in: Christian Schoen (Hrsg.), *Galerie aktueller Kunst im OSRAM-Haus,* München 2006, S. 16–19.

Movement is an object's change in location over time. And: the description of an object's movement depends on the observer. These two key phrases describing movement as a physical phenomenon are crucial for approaching Motion for Newton, *the work developed by the Belgian artist Anouk De Clercq for the SEVEN SCREENS. The work is a digitally animated video loop that, in its graphic reduction, expands onto the seven surfaces of the light steles and is reproduced as a reflection on their back sides. It is an associative game of light and shadows, of continually changing concrete forms and abstract geometry. The work's principal theme is the body moving in relation to its environment. The light steles are thus transformed into "motion sculptures," a tribute to Isaac Newton, who, as the author of* Philosophiæ Naturalis Principia Mathematica *(1687), described the law of gravitation and the laws of motion, thereby laying the foundation of classical mechanics.*

In contrast to her earlier works, Anouk De Clercq did not design a spatial environment or structure on a virtual level, but rather based Motion for Newton *on the existing forms and proportions of the OSRAM building. Because the form and color of the light steles themselves reflect the façade of the building designed by Walter Henn in the style of Ludwig Mies van der Rohe,[1] an intriguing network of relationships between the individual elements is created that then enters into an open dialogue between the steles and the building, thanks to De Clercq's animations.*

The artist describes Motion for Newton *as a "Constructivist mobile," which is inspired by the vertical forms of the SEVEN SCREENS, the rhythm of the OSRAM building's facing structure, as well as by high-rises in general. The forms circle one another in constant motion like visualized spherical tones. White lines divide the surfaces, framing them, and lend rhythm to the images. The subject of the movement can be examined on site from various perspectives. In this way the observer standing in front of the light steles is confronted with the continuously changing graphic forms, which also have a formal relationship to the static architectural elements. At the same time, the video's movement corresponds with the unabating flow of passing traffic. The drivers, by contrast, perceive the static environment outside their automobiles as an*

---

1 Cf. Steffen Krämer, "Gläserne Transparenz: Das Verwaltungsgebäude der OSRAM GmbH in München," in Christian Schoen, ed., Galerie aktueller Kunst im OSRAM-Haus *(Munich, 2006), pp. 16–19.*

Bezug zu den statischen architektonischen Elementen stehen. Gleichzeitig korrespondiert die Bewegung des Videos mit dem steten Fluss des vorbeiziehenden Verkehrs. Der Autofahrer hingegen nimmt die statische Umwelt jenseits seines Wagens als bewegte wahr. Er synchronisiert sich jedoch nicht mit dem Video. Die Bewegung der Bilder tritt stattdessen in Dialog mit dem ebenfalls in Bewegung erscheinenden Umfeld. So präsentiert sich dem Betrachter im Vorbeifahren ein vielschichtiges Beziehungsgeflecht.

Als ausgebildete Musikerin sucht Anouk De Clercq das Zusammenspiel unterschiedlicher Kunstgattungen. Sie entwickelt ihre Projekte stets gemeinsam mit Schriftstellern, Musikern, Choreografen, Architekten und Programmierern. Dabei sind es vor allem ihre Videoarbeiten, die ihr international einen Namen verschafft haben.

Ihre computergenerierten Videos konzentrieren sich meistens auf räumliche Kontexte: Sie isoliert Landschaften und Gebäude aus ihrem Zusammenhang und beschreibt die geografische Situation in schwarz-weißen Abstraktionen. Das Wechselspiel von Licht und Schatten erschafft Räume in einer atmosphärischen, virtuellen Realität. De Clercq formt »kontemplative Räume«.[2] So weist *Motion for Newton* eine Verwandtschaft mit dem Video *Building* (2003) auf. Dort schält sich aus einem abstrakten Formenspiel nach und nach die spezifische Architektur eines Gebäudes heraus. Mit optischen Bausteinen erschafft sie hier Baustile und suggeriert deren räumliche Erfahrbarkeit durch Bewegung und Perspektive. Perspektivische Ein- oder Ausblicke wichen in der Arbeit für OSRAM einer Form-Fläche-Wirkung, was das Augenmerk auf die abstrakten Proportionsverhältnisse lenkt. Das harmonische Zusammenspiel der bewegten Formen mit dem formalen Rahmen der Lichtstelen sowie der Architektur des Hauses zeugt von der musikalischen Annäherung De Clercqs an das Thema. Wie auch bei anderen Werken, die zumeist Musik integrieren, spürt man hier die Musikalität ihrer visuellen Kompositionen. Sie kann sich dabei auf die Beziehung von Musik und Architektur stützen, die in der europäischen Kulturgeschichte eine lange Tradition hat. So verstand bereits Pythagoras die Intervallproportionen als Ausdruck einer kosmischen Harmonie. Für Johann Wolfgang von Goethe, Arthur Schopenhauer oder auch Friedrich Wilhelm Schelling war Architektur gefrorene beziehungsweise erstarrte Musik. Vor diesem Hintergrund lässt sich De Clercqs Arbeit als Transponierung der erstarrten architektonischen Klangformen in visualisierte Musik verstehen. *Motion for Newton* ist eine feinfühlige Intervention im urbanen Raum, die dem Tempo des Alltags eine entschleunigte Bildrealität entgegenstellt und zur Kontemplation über die Beziehung von Mensch und Architektur einlädt.

Christian Schoen

2 Maaike Lauwaert: »>I Can't Just Be a Machine. On the Work of Anouk De Clercq«, in: *A Prior Magazine,* 16, 2008, S. 34.

animated one, which, however, is not synchronized with the video. The movement of the images enters instead into a dialogue with the surroundings, which also appear to be moving. The observer is thus presented with a complex network of relationships.

As a trained musician, Anouk De Clercq seeks the interaction of diverse art forms. She always develops her projects in collaboration with other artists, including writers, musicians, choreographers, architects, and programmers, although she has earned herself an international reputation primarily with her video works.

Her computer-generated videos usually focus on spatial contexts: the artist isolates landscapes and surroundings and describes the geographical situation in black-and-white abstractions. The interplay of light and shadow creates spaces in an atmospheric virtual reality, producing "contemplative spaces."[2] In this respect, Motion for Newton *displays an affinity with the video* Building *from 2003. The specific architecture of a building gradually emerges out of an interplay of forms. Using visual building blocks De Clercq creates building styles and implies their ability to be experienced spatially by means of motion and perspective. In the artist's work for OSRAM, perspective views, both inward and outward, yield to a form-surface effect that turns the viewer's attention to the abstract relationship of proportions. The harmonic interaction of the moving forms and the formal framework of the light steles, as well as the building's architecture, testify to De Clercq's musical approach to the theme. As with her other works, which usually integrate music, the musicality of her visual compositions is perceptible in this work as well. She can make reference here to the relationship between music and architecture that enjoys a long tradition in European art history. The Greek philosopher and mathematician Pythagoras, for example, understood the proportions of intervals to be an expression of cosmic harmony. For Johann Wolfgang Goethe, Arthur Schopenhauer, and Friedrich Wilhelm Schelling, architecture was frozen, static music. In light of this thought, De Clercq's work can be understood as a transposition of the frozen, architectural tonal forms into visual music.* Motion for Newton *is a delicate intervention into urban space that counters the speed of everyday life with a decelerated image reality and invites viewers to contemplate the relationship between people and architecture.*

Christian Schoen

2 Maaike Lauwaert, "I Cant Just Be a Machine: On the Work of Anouk De Clercq," A Prior Magazine 16 (2008), p. 34

Bjørn Melhus

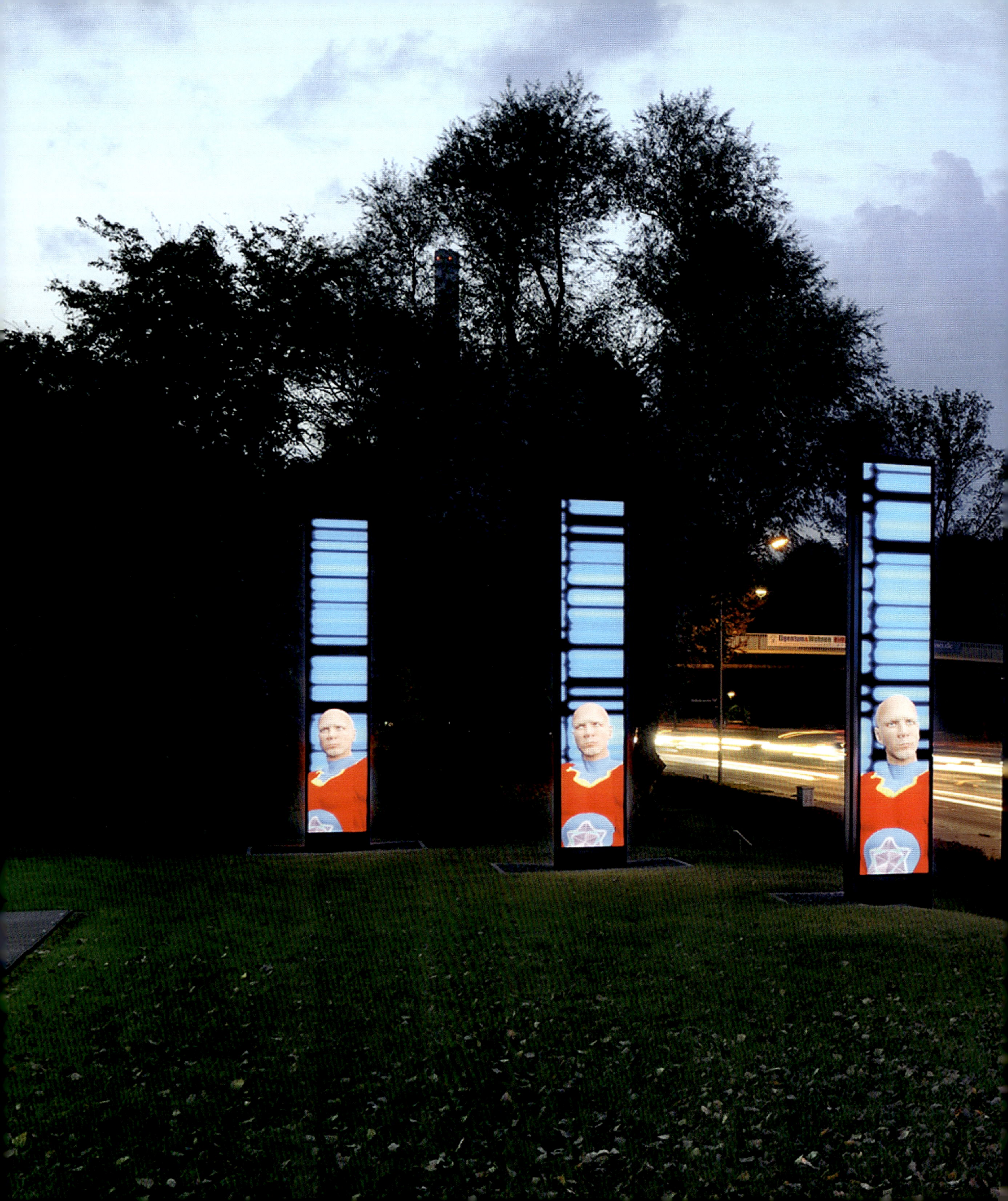

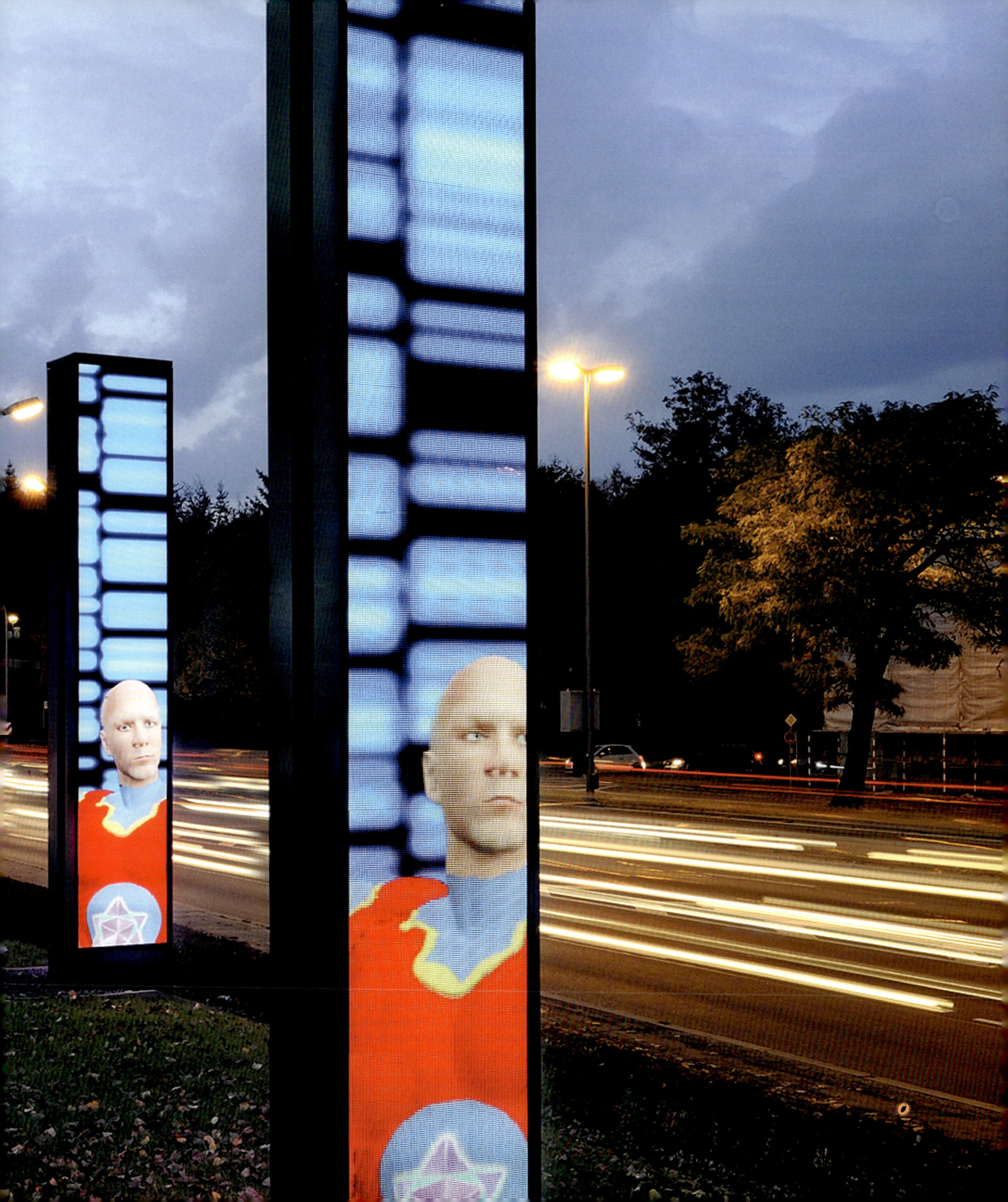

 Bjørn Melhus
Screensavers
2008

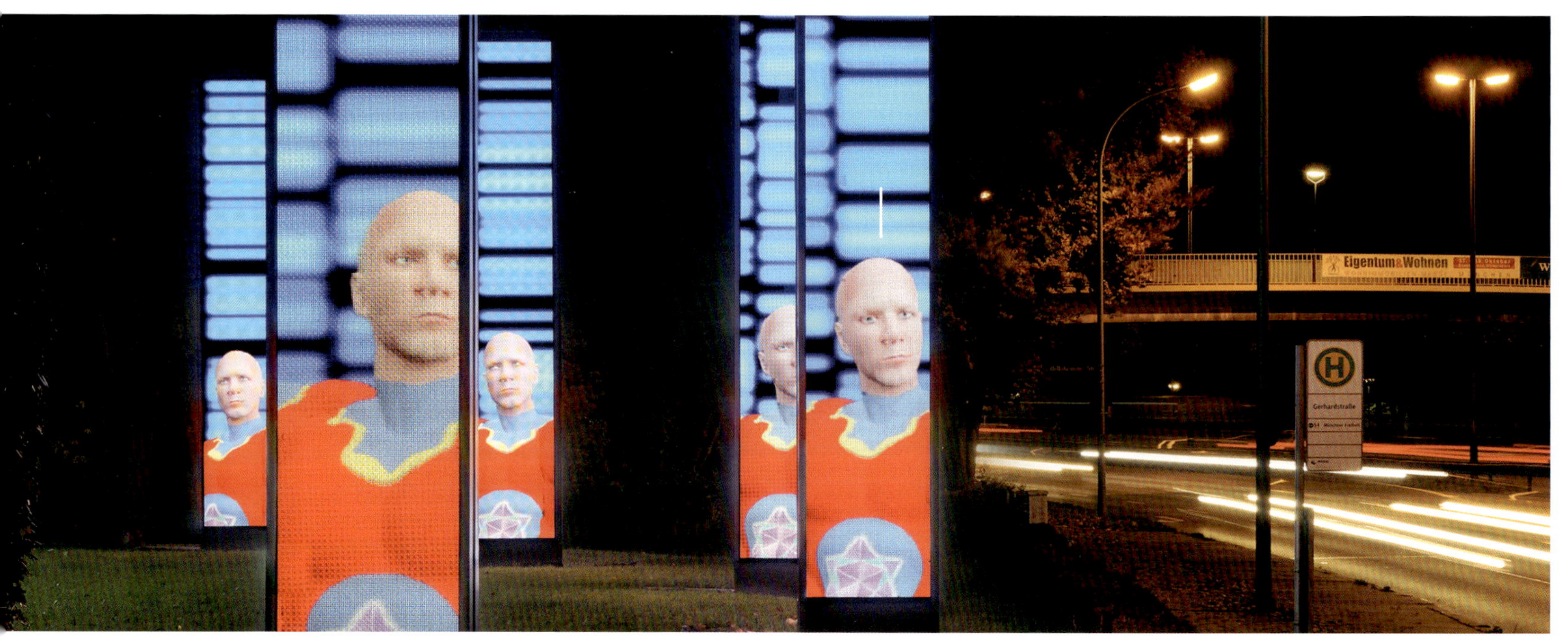

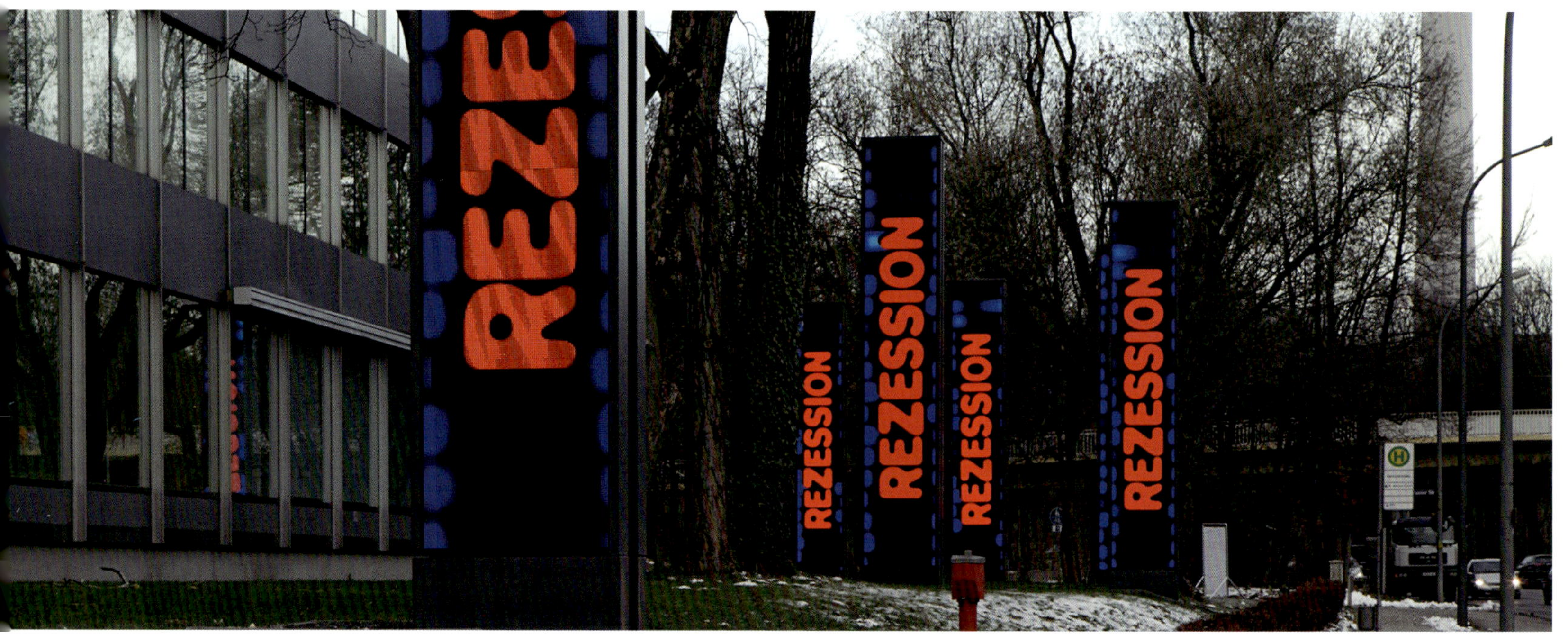

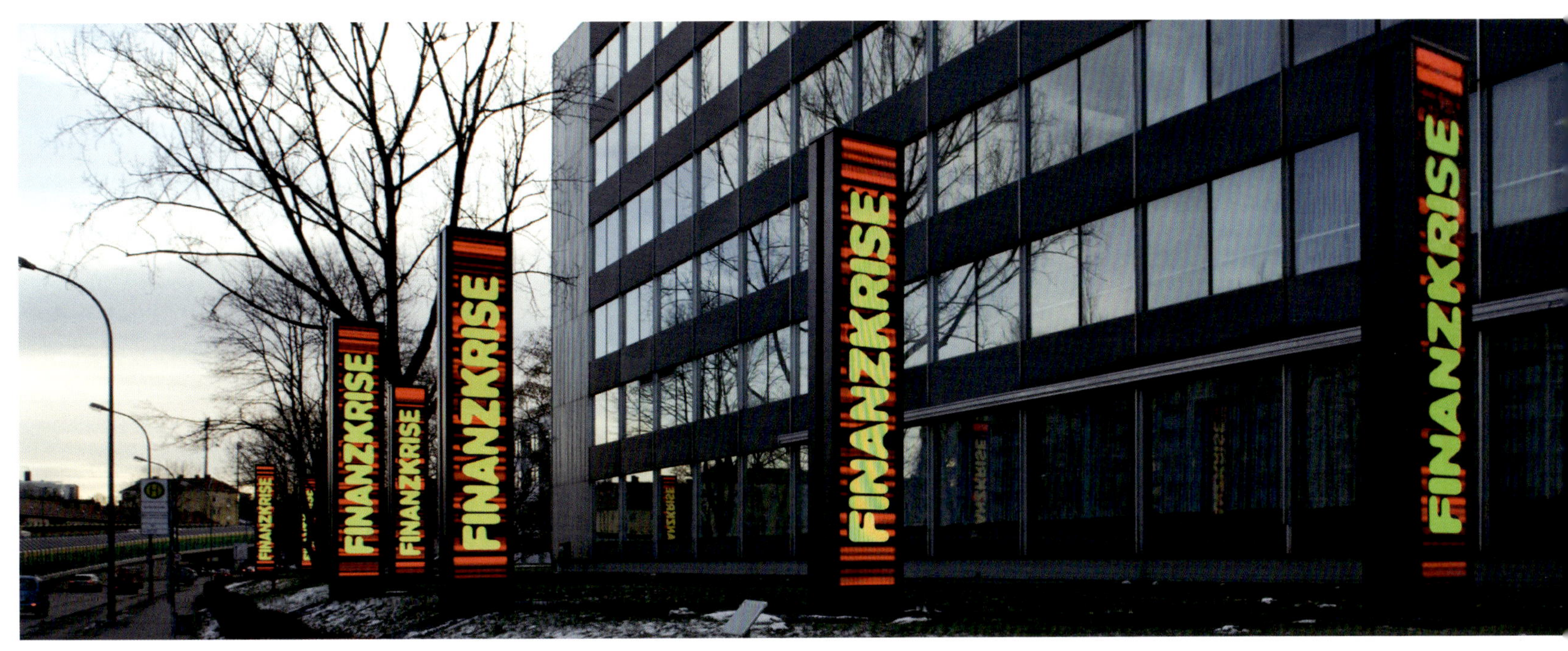

FINANZKRISE
FINANZKRISE
FINANZKRISE
FINANZKRISE
FINANZKRISE
FINANZKRISE

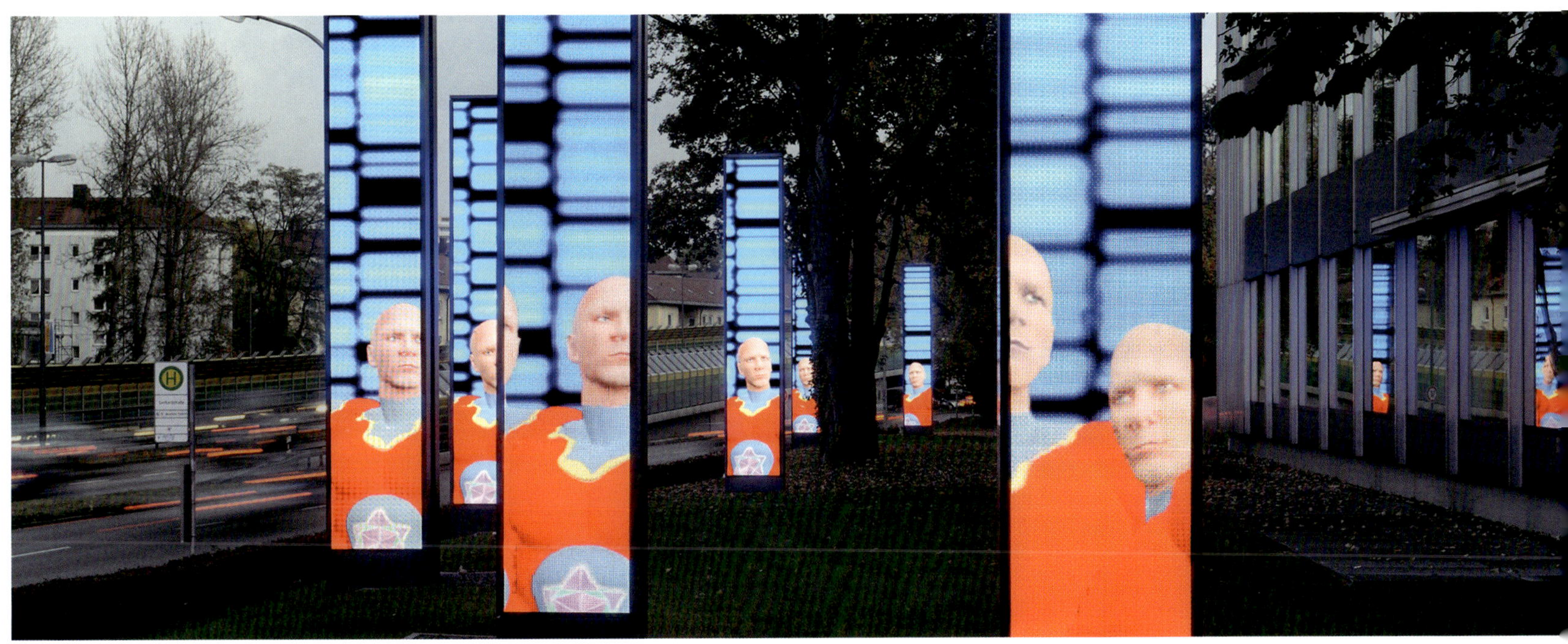

Screensavers oder »There is an ongoing situation«
Bjørn Melhus im Gespräch mit Christian Schoen

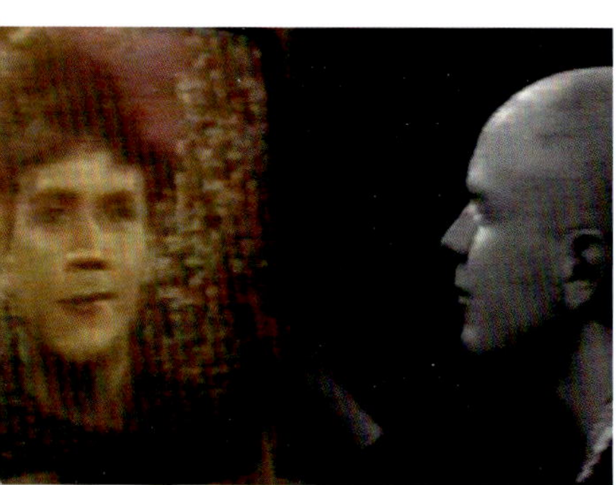

Bjørn Melhus
Das Zauberglas / The Magic Glass
1991

Als Analytiker, als Akteur und natürlich auch als Konsument, lebt Bjørn Melhus sehr bewusst in unserer mediatisierten Kultur. Wie kein zweiter Künstler befasst er sich in seinen Arbeiten mit der Bestandsaufnahme medienkultureller Erzeugnisse wie Film und Fernsehen und hinterfragt dabei die wechselseitigen Beziehungen zwischen dem Individuum, der Masse und dem Medium. Gleich einem Archäologen hebt Melhus Fundstücke aus der Medien- und Kulturgeschichte des 20. und 21. Jahrhunderts, um anhand dieser die Frage nach der menschlichen Identität im Kontext der vom medialen Rauschen geprägten westlichen Kultur zu stellen. Seit zwei Jahrzehnten seziert und dekonstruiert er vor allem die US-amerikanische Film- und Medienwelt und ihre globale Wirkung. In Videoarbeiten wie *The Oral Thing* oder Installationen wie *Primetime* (beide 2001) widmete er sich der pseudoreligiösen Funktion von Talkshows, in denen sich Menschen der Fernsehöffentlichkeit offenbaren. Originale Tonspuren, die den Ausgangspunkt für Melhus' Arbeit markieren, werden durch Repetitionen und suggestiv eingesetzte Jingle-Einspielungen zu semantischen und emotionalen Mustern collagiert und rhythmisiert. In der Mehrkanal-Videoinstallation *Deadly Storms* (2008)[1] tritt uns der barhäuptige Künstler entgegen, der lippensynchron die Phrasen der Fox-News-Nachrichten wiederholt. »There is an ongoing situation« ist einer der wiederkehrenden Sätze, der die Unmittelbarkeit der Nachrichtenmeldungen suggeriert und zugleich dramatisiert. Die Arbeit zielt auf die medial inszenierte Bedrohung unserer Realität, worin sie mit der Arbeit für die SEVEN SCREENS verwandt ist. Ein bedeutsames Motiv in Melhus' Arbeiten ist der Doppelgänger, das reproduzierte Individuum, das stets vom Künstler selbst verkörpert wird. Auch in *Screensavers* hat das zweite Ich seinen Auftritt, hier jedoch ausnahmsweise als digitale Animation eines Superhelden, der medialen Erlösungsfigur. Das Motiv der Doppelung der eigenen Person tritt erstmals in der Videoarbeit *Das Zauberglas* (1991) auf. *Das Zauberglas,* hier ein Synonym für das Fernsehen, zeigt den

Dialog eines Mannes mit seinem weiblichen Alter Ego, das aus dem rauschenden Bild des Fernsehers erscheint und darin auch wieder verschwindet. Mit seiner metaphorischen Überhöhung der engen Verschränkungen von Realität und Virtualität ist *Das Zauberglas* eine wegweisende Arbeit.

Das Zauberglas, eine Deiner ersten programmatischen Arbeiten, ist mittlerweile zwanzig Jahre alt. Wie hat sich, dank der digitalen Revolution, die Wechselbeziehung zwischen Mensch, Masse und Medium verändert?

Die Welt ist eine andere geworden, und ich bin ganz froh, dass ich diesen Übergang miterleben durfte. Vielleicht habe ich mit dem *Zauberglas* 1991 schon etwas angedeutet, was sich heute massenweise auf Onlineplattformen wie YouTube oder Facebook vollzieht. Jahre vor der Etablierung des Internets wurde in diesem noch sehr analogen Video die leuchtende Bildfläche zum Interface eines ausweglosen Dialogs mit dem DU, das eigentlich ein ICH ist – oder zumindest ein projizierter Teil davon. *Das Zauberglas* hinterfragt dabei sowohl Geschlechtsidentität und Persönlichkeitsspaltung wie auch die Konstruktion von Kommunikation zwischen verschiedenen medialen Räumen.
Unsere gegenwärtige massenmediale Kultur ist wechselseitiger geworden. Wo es früher noch eine eindeutige Zuordnung von Sender und Empfänger gab, hat sich dies mit dem Internet weitgehend aufgelöst. Doch die heutige, vervielfachte Kommunikation verliert sich häufig im luftleeren Raum. Das Wesentliche bleibt dabei oft unangetastet, die meisten unserer Dialogpartner sind nicht greifbar, und wir haben jederzeit die Möglichkeit, uns in den Zustand der Abwesenheit zu entziehen, um im weißen Rauschen zu entschwinden.

Mit Screensavers *bist Du erstmals offensiv in den öffentlichen Raum gegangen. Was war für Dich dabei die Herausforderung?*

Nach den *Baumhäusern,* bei denen ich naturfremde und aggressive Fernsehtöne assoziativ mit abstrakten Lichtsequenzen kombiniert habe,

---

1 Die Arbeit existiert als Drei- beziehungsweise Neunkanal-Videoinstallation.

Screensavers, *or "There is an ongoing situation"*
Bjørn Melhus in Conversation with Christian Schoen

As an analyst, a protagonist, and of course as a consumer, Bjørn Melhus is conscious of the fact that he lives in a mediatized culture. Like no other, he takes stock of media-cultural products such as film and television in his works and questions the reciprocal relationships between the individual, the masses, and the medium. Like an archeologist, he digs up finds from the media and cultural history of the twentieth and twenty-first centuries so that he can put the question regarding human identity in the context of a Western society in the grip of a constant media buzz. For two decades, Melhus has been engaged in the dissection and deconstruction of the film and media worlds and their global impact, primarily focusing on American media. In videos such as The Oral Thing *or installations like* Primetime *(both 2001), he turns his attention to the pseudo-religious function of talk shows in which people bare their souls to the viewing public. Original soundtracks mark the starting point for Melhus's work; these are forged into a collage and given their own rhythm to form semantic and emotional patterns by means of repetition and the suggestive use of jingles. In the multichannel video installation* Deadly Storms *(2008),[1] we are confronted with the shaven-headed artist repeatedly miming to the clichés put out in Fox News. "There is an ongoing situation" is one of the recurring phrases that suggest the immediacy of the news stories while dramatizing them at the same time. The work addresses the threat to our reality as staged by the media, an aspect in which it is related with the SEVEN SCREENS work.*

An important theme in Melhus's works is the doppelganger, a reproduction of an individual always embodied by the artist himself. His second Self also makes an appearance in Screensavers, *but here, for a change, as a digital animation of a superhero, a media-based savior. The theme of duplicating oneself first appeared in the video* Das Zauberglas *(The Magic Glass) in 1991. Das Zauberglas, here a synonym for television, features a dialogue between a man and his female alter ego, which appears to him out of the white noise of the television and then disappears back from where it came. Its metaphorical exaggeration of the close entanglement of reality and the virtual world makes* Das Zauberglas *a pioneering piece of work.*

Das Zauberglas, one of your first programmatic works, will soon turn twenty. How has the reciprocal relationship between the individual, the masses, and the media changed thanks to the digital revolution?

The world has changed, and I'm glad that I've been allowed to experience this transition. In 1991, I may have already indicated what would take place on online platforms such as YouTube or Facebook. Years before the establishment of the Internet, the glaring screen in this still very analog video became the interface of a hopeless dialogue with the YOU, which is actually an I—or at least a projected part of it. At the same time, Das Zauberglas *scrutinizes both gender identity and the idea of a split personality as well as the establishment of communication between various media spaces.*
Our current mass-media culture has become more reciprocal. Whereas in the past there was still an explicit classification of transmitter and receiver, this has largely been done away with thanks to the Internet. Yet today's vast volumes of communication often get lost in empty space. The most important pieces of information often remain untouched, most of our interlocutors are inaccessible, and we are in a position at all times to withdraw into a state of absence and disappear into white noise.

With *Screensavers* you went into public space offensively for the first time. What was the challenge for you here?

After the Baumhäuser *(Tree Houses), in which I associatively combined unnatural and aggressive television sounds with abstract light sequences,* Screensavers *is my first work in public space that uses light as the carrier medium for text and image in the sense of an urban screen. The location of the SEVEN SCREENS encounters*

---

1 There are three- and nine-channel versions of the work.

sind die *Screensavers* meine erste Arbeit im öffentlichen Raum gewesen, die Licht als Trägermedium für Text und Bild im Sinne eines urbanen Bildschirms nutzt. Dabei trifft der öffentliche Standort der SEVEN SCREENS auf den öffentlichen Raum des Rundfunks als Teil der Öffentlichkeit schlechthin. Beide Räume haben unterschiedliche Ausdrucksformen, in denen sich die Gegenwart mit all ihren Erscheinungen und kollektiven Ängsten verbal oder ikonografisch widerspiegelt. Als 2007 erstmals die Klimakatastrophe in den öffentlichen Raum gelangte, geschah dies – dank der mediatisierten Popikone Knut[2] – bildlich in Form von Eisbären, die plötzlich als eine Art rituelles Gegengift zum Klimawandel alle Plakatwände, Schaufenster und Bahnhöfe bevölkerten. Seitdem ist eine verstärkte Wiederkehr der Superhelden zu beobachten. So gab es im Sommer 2008 gleich mehrere Kinofilme dieses Genres, und plötzlich waren die himmlischen Retter überall zu sehen. Gleichzeitig ging die Welt durch die schwerste Finanzkrise seit Langem, die für viele zur existenziellen Bedrohung wurde.
Die *Screensavers* sind also ein Verbindungsstück zwischen dem öffentlichen, urbanen Raum und dem akustisch-öffentlichen Raum des Radios. Sie schlagen eine Brücke zu den aktuellen Tagesnachrichten, die immer aufs Neue, in Echtzeit, eine Bestandsaufnahme der gegenwärtigen Welt liefern.

Meistens gehst Du bei Deinen Videoarbeiten vom vorgefundenen Ton – sei es aus Spielfilmen oder Talkshows – aus, den Du zu Kommunikationscollagen verarbeitest. Bei den SEVEN SCREENS reagierst Du visuell auf das Radio, ohne dass dabei der Ton für die Rezeption notwendig ist.

Die Lichtstelen befinden sich am Mittleren Ring, auf dem jeden Tag bis zu 30 000 Autoinsassen, meist Radio hörend, vorbeifahren. Wenn es ein Publikum gibt, dann ist es dieses – auch wenn es nur für Sekunden ist. Also lag es nahe, diese Möglichkeit zu nutzen. Das visuelle Programm auf den SEVEN SCREENS wird in Echtzeit erzeugt und stellt unter anderem über ein Spracherkennungsprogramm die in dem Informationsradio von Bayern 5 aktuell gesprochenen Nachrichten als Schlagworte dar. Dabei möchte ich das gehörte Öffentliche im Innenraum des Autos mit dem gesehenen Text im Außenraum konfrontieren, wobei das System nicht fehlerfrei arbeitet und wie unser Gehör manche Worte falsch ver-

steht, vergleichbar mit dem Spiel »Stille Post«, bei dem man sich eine Information so lange zuflüstert, bis ein absurdes Gerücht entsteht. Und aus den Schlagworten, die zu Schlagzeilen werden, kann dann sehr schnell ein neues Gerücht entstehen, zum Beispiel von Frau Ypsilon und Herrn Eckstein.[3] Die Worte auf den Stelen verblassen wie die Erinnerung, die wir in Echtzeit aufnehmen. Und gerade diese Echtzeit hat mich fasziniert. Dabei gibt es auch noch bestimmte Schlüsselwörter, die durch ihre vielfache Wiederholung im öffentlichen Äther zu Hülsen werden. Das System reagiert auf diese Wörter und löst bei ihrer Nennung eine Art visuellen Alarm aus. Während die zu Schlagzeilen transformierten Schlagwörter mit einer leichten Verzögerung erscheinen, wird der Ton selbst in Form sich bewegender, abstrakter News-Hintergründe in absoluter Echtzeit dargestellt, um den akustischen Innenraum des Autos mit dem visuellen Außenraum zu synchronisieren.

»Screensavers« ist in seiner englischen Form doppeldeutiger als der deutsche Begriff »Bildschirmschoner«. Wer sind die Retter der Bildschirme, und vor wem oder was müssen sie geschützt werden?

Im Begriff des Schonens ist eigentlich die Rettung enthalten. Heute nennt man das auch manchmal »Nachhaltigkeit«. Ein Screensaver setzt im Computer bei Informationsstopp ein, und so tun es auch meine *Screensavers*. Die kommen immer dann, wenn keine Wörter mehr erkannt werden und es somit auch keine Schlagzeilen gibt. Superhelden sind immer in permanenter Alarmbereitschaft, denn bei ihrer Erfindung im 20. Jahrhundert traten Krisen, Katastrophen und Bedrohungen unvorhergesehener auf als je zuvor. Ihr Terrain ist der urbane Außenraum, den sie meistens, allen Naturgesetzen wie zum Beispiel der Schwerkraft enthoben, spielerisch überwinden. Ihre Körper können springen, sich dehnen oder gar in Luft auflösen. Die auf den SEVEN SCREENS erscheinenden, computergenerierten *Screensavers* sind digitale Klone meiner selbst und haben wie die meisten Superhelden einen extrem muskulösen Körper. Denn ein hypermuskulärer Körper kommuniziert schon ohne Akt. Er ist die Sache selbst. Meine *Screensavers* sind ein fiktionales Gegengift zu den dargestellten Schlagworten des gegenwärtigen Informationsspektakels.

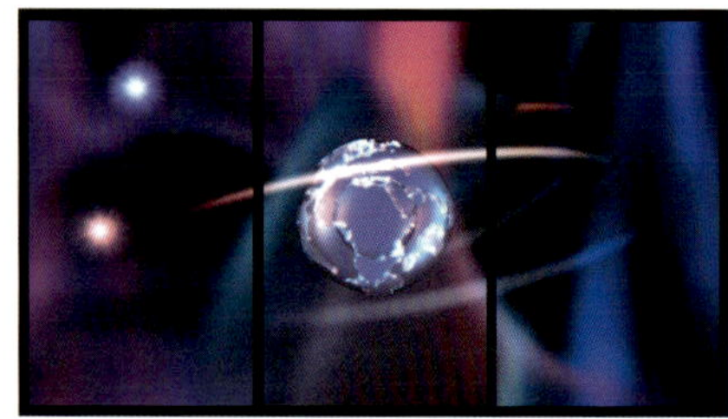

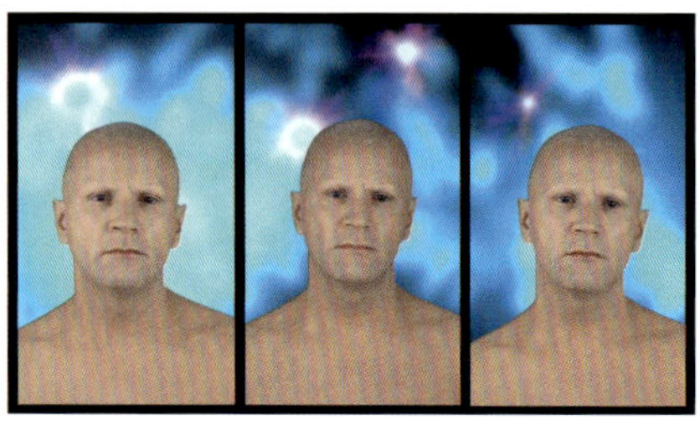

Bjørn Melhus
Deadly Storms 333
2008

---

2 Bei Knut handelt es sich um den am 5. Dezember 2006 im Zoologischen Garten in Berlin geborenen Eisbären, der von seiner Mutter verstoßen und unter großer internationaler Aufmerksamkeit von einem Tierpfleger aufgezogen wurde.

3 Gemeint sind hier die Politikerin Andrea Ypsilanti, die 2008 als potenzielle Ministerpräsidentin Hessens die deutschen Nachrichten dominierte, sowie Günther Beckstein, der damalige bayerische Ministerpräsident.

the space of radio as an integral part of the public. Both spaces have different forms of expression in which the present is reflected verbally or iconographically with all of its phenomena and collective fears. When the disastrous extent of global warming became part of the public realm for the first time last year, it did so (thanks to the mediatized pop icon Knut[2]) visually in the form of polar bears, who suddenly populated all the billboards, store windows, and train stations as a kind of ritual antidote to climate change. This year has seen a perceptible return of the superheroes. In the summer of 2008, several movies of this genre were released simultaneously, and the divine saviors could suddenly be seen everywhere. At the same time, the world experienced the worst financial crisis in decades, which became an existential threat to many people. Screensavers is therefore a link between public, urban space and the acoustic-public space of radio. It acts as a bridge to the news that, permanently and in real time, takes stock of the world.

Most of your videos are based on a found soundtrack—be it from a movie or a talk show—which you then process into communication collages. For the SEVEN SCREENS you react visually to radio without sound being necessary for reception.

The light steles are situated at the Mittlerer Ring and are passed each day by nearly thirty thousand motorists and their passengers, most of whom are listening to the radio. If there is an audience for these screens, then it's these people—even if only for a few seconds. It therefore made sense to take advantage of this opportunity. The visual program on the SEVEN SCREENS is generated in real time and in part displays the spoken news, in the form of catchphrases, from the information radio station Bayern 5 aktuell by means of a speech recognition program. By doing this I want to confront members of the public inside their cars with texts in public space. The system, however, doesn't work flawlessly, like our ears understanding some words incorrectly, such as in the "telephone game," in which a message is whispered from one player to the other, usually resulting in an absurd rumor. And these catchphrases, which then become headlines,

can quickly give rise to new rumors, for example about Ms. Ypsilon and Mr. Eckstein.[3] The words on the steles fade like a memory that we absorb in real time. And it's precisely this real time that fascinated me. At the same time there are certain keywords that, because of their frequent repetition on public airwaves, become empty shells. The system reacts to these words and signals a kind of visual alarm when they're mentioned. While the headlines, transformed catchphrases, appear with a slight delay, the sound itself is represented in real time as moving, abstract background information about the news in order to synchronize the acoustic interior of the vehicles with the visual space outside.

Screensavers is a rather ambiguous word. Who are the saviors of the screens, and from whom or what do they have to be protected?

The term "save" contains the idea of salvation. Today it's sometimes called "sustainability." A screensaver appears on the computer when the flow of information stops, which is what my Screensavers also do. They always appear when there are no recognizable words and therefore no headlines. Superheroes are always on permanent alert, because, when they were invented in the twentieth century, crises, catastrophes, and threats occurred more frequently and unexpectedly than ever before. Their realm is public urban space, which they, released from all natural laws such as gravity, are able to conquer in a playful manner. Their bodies can leap, expand, and even disappear into thin air. The computer-generated Screensavers that appear on the SEVEN SCREENS are digital clones of my own generated figures and have, like most superheroes, an extremely muscular body. This is because a hyper-muscular body communicates strength even without doing a thing. It's the real thing. My Screensavers are fictional antidotes to the catchphrases of our current information spectacle.

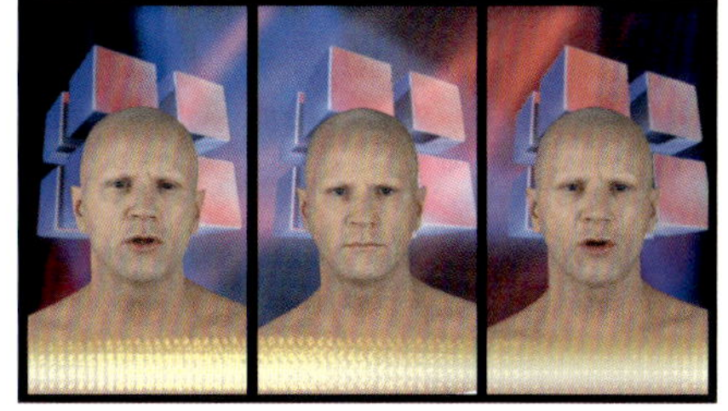

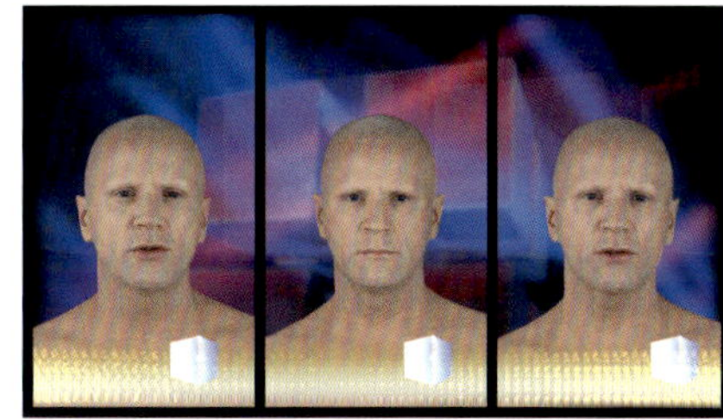

Bjørn Melhus
Deadly Storms 333
2008

---

2 Knut was a polar bear born in the Berlin Zoo on December 5, 2006, and rejected by his mother. The cub was reared by a zookeeper and attracted a great deal of attention around the world.

3 This is a reference to the politician Andrea Ypsilanti, who dominated German news in 2008 as the potential minister president of the state of Hesse, and to Günther Beckstein, at the time minister president of Bavaria.

Rúrí

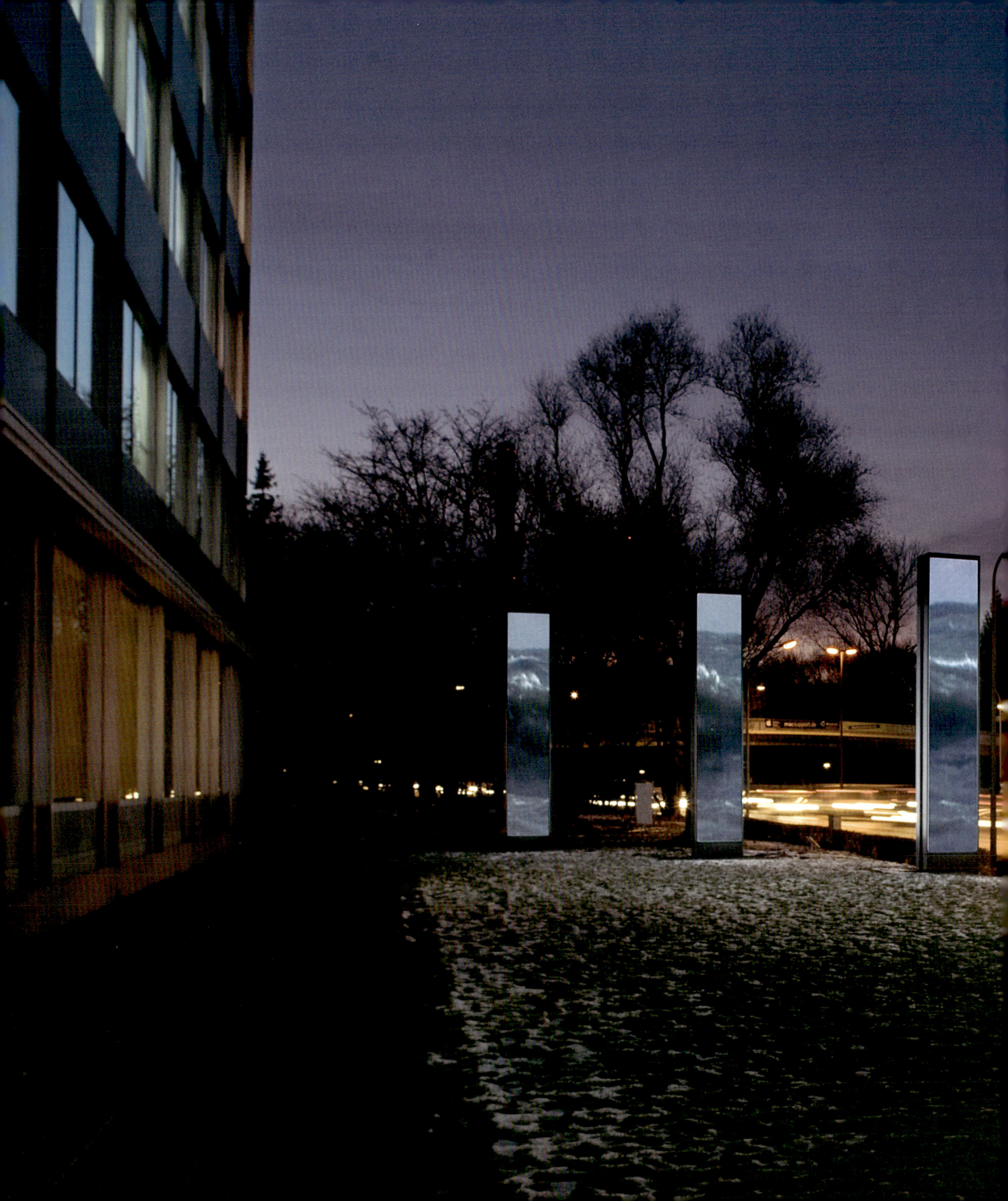

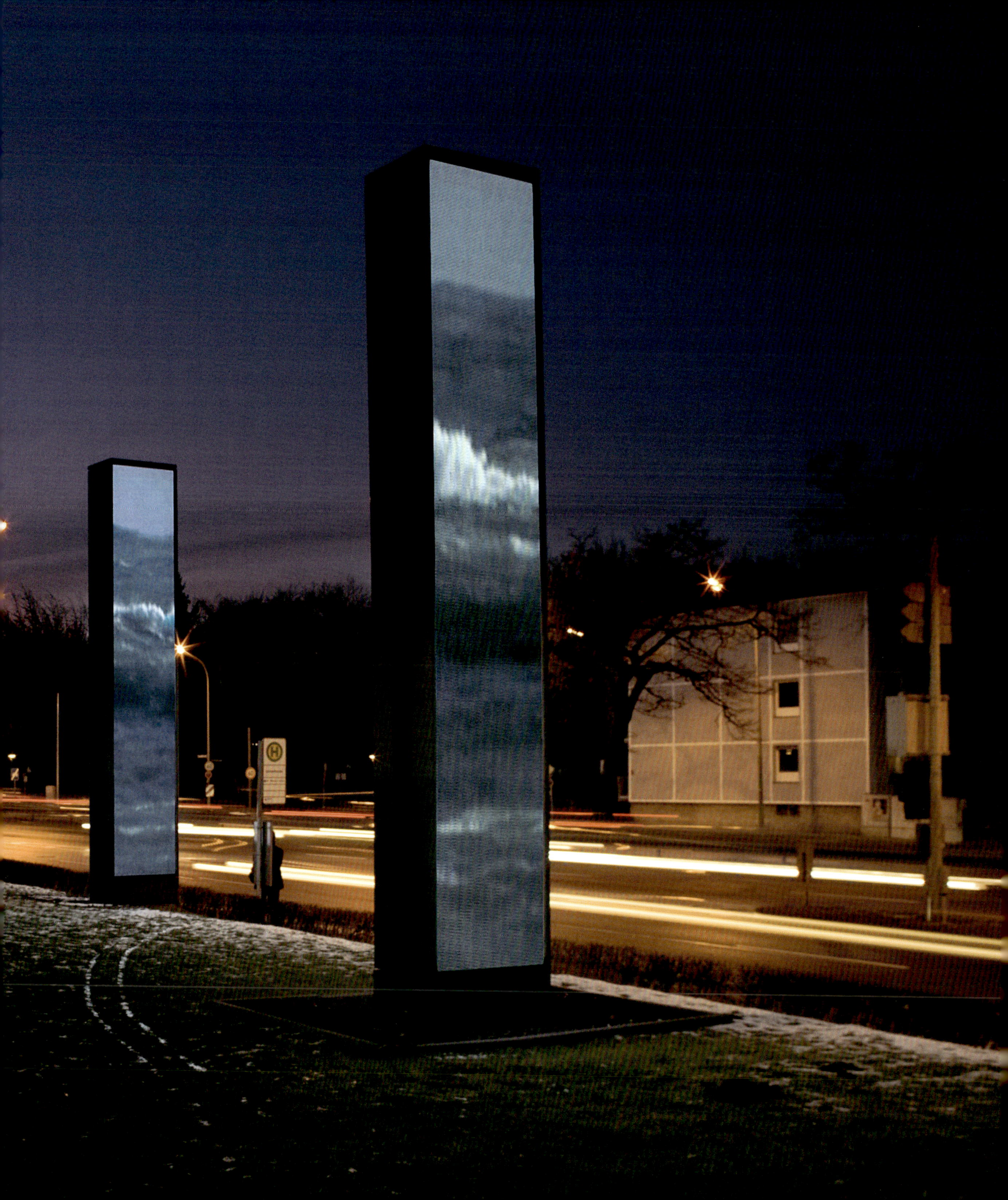

Rúrí
Aqua – Silence
2009

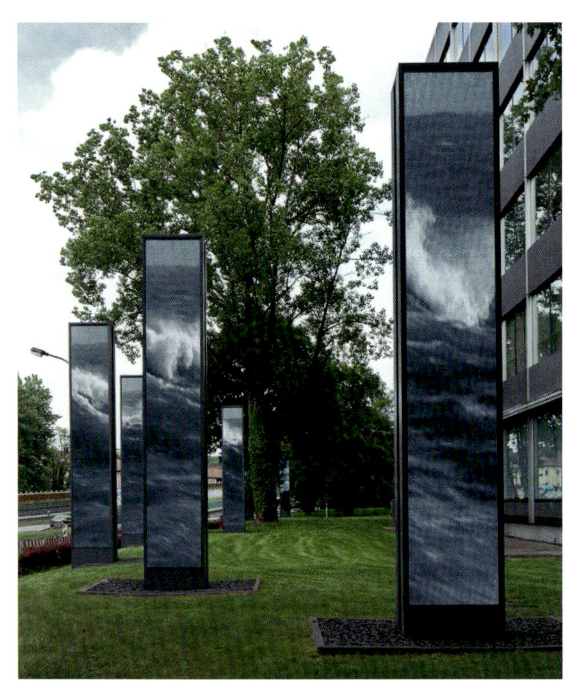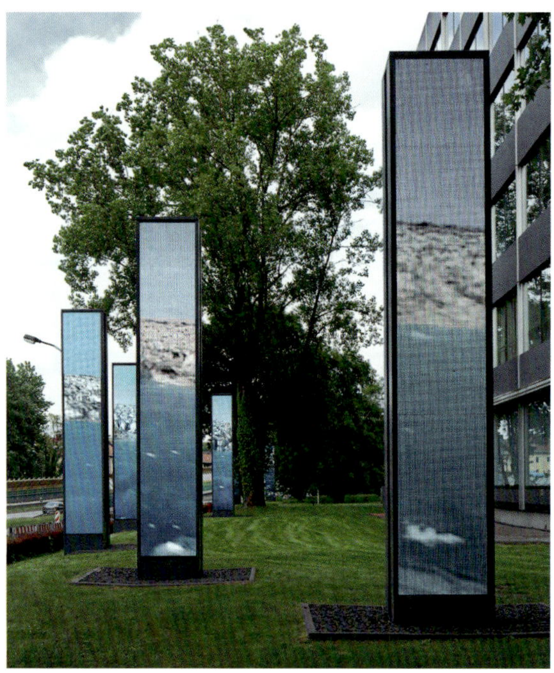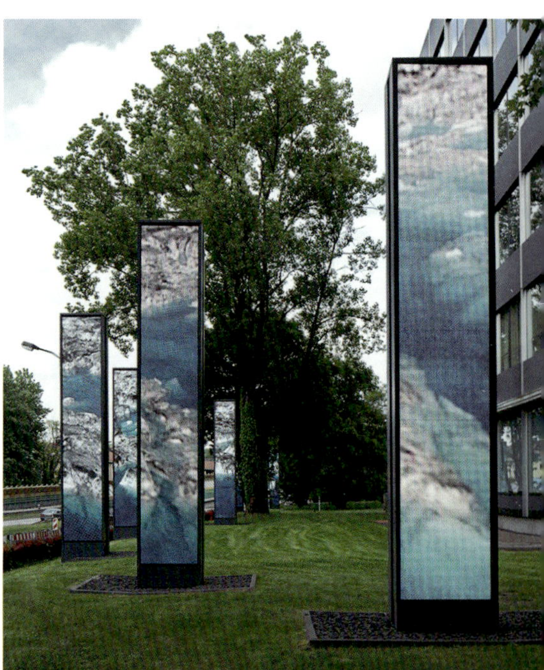

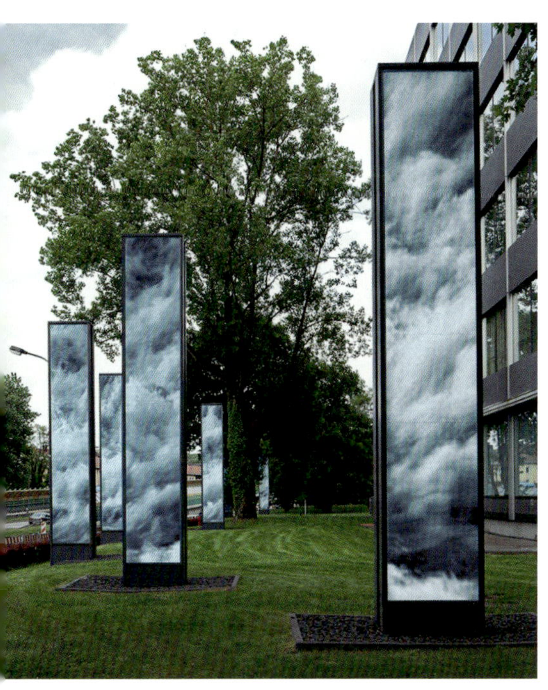
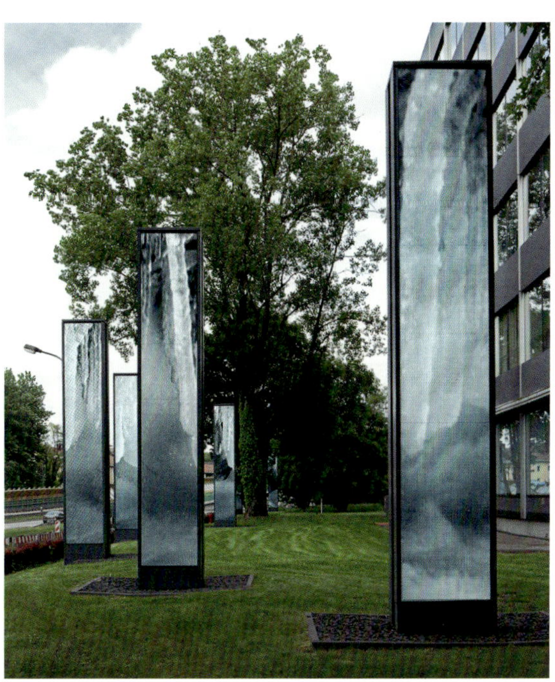
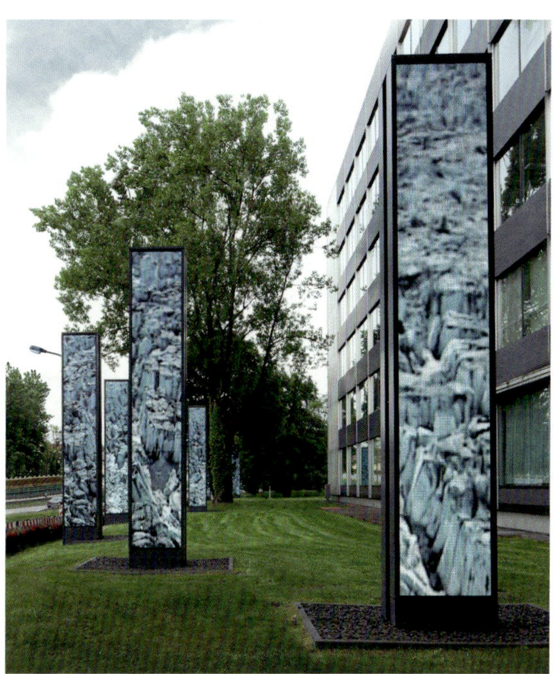

Über die Stimmen des Wassers und sein Verstummen
Rúrí im Gespräch mit Christian Schoen

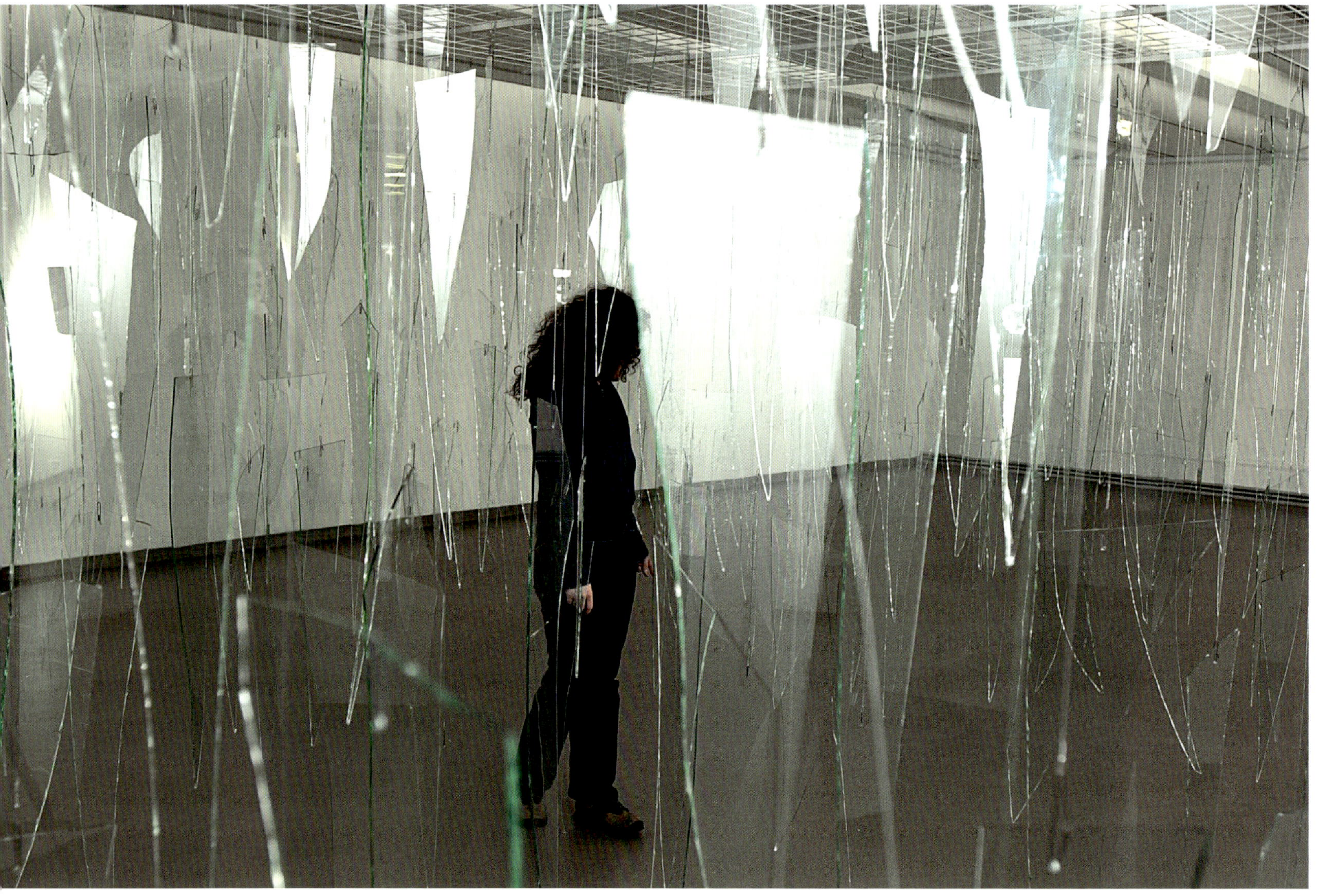

Rúrí
Glassrain
1984

Die isländische Künstlerin Rúrí zählt zu den bedeutendsten nordeuropäischen Künstlerinnen. Ihr frühes Werk spiegelt die Spannungen einer Gesellschaft im Umbruch wider. Es zeugt von dem starken Willen, sich in der von Männern dominierten Kunstwelt zu behaupten. Fragen der eigenen und der kulturellen Identität beschäftigten Rúrí in den 1980er-Jahren. Beeinflusst von Fluxus und Konzeptkunst, gehört sie zu den ersten Performancekünstlerinnen in den nordischen Ländern. Mit Aktionen und Performances, Projekten im öffentlichen Raum, aber auch mit poetischen Einzelobjekten orientierte sie sich später an allgemeinen ethischen Themen. Große internationale Aufmerksamkeit erlangte sie mit ihrem *Archive – Endangered Waters* auf der Biennale in Venedig 2003. Seither hat sie eine gewichtige Stimme im Kontext umweltpolitischer Themen. Der maß- und respektvolle Umgang mit unserem Lebensraum und natürlichen Ressourcen ist ihr ein wichtiges Anliegen. Für Rúrí ist Kunst in Form übersetzte Philosophie, und wie kaum eine zweite Künstlerin wirft sie zentrale Fragen des Lebens auf.[1]

Die meisten Deiner Arbeiten haben mit der Verletzlichkeit unserer Umwelt, der Abgrenzung des Menschen von der Natur und mit dem

1 Vgl. Christian Schoen (Hrsg.), *Rúrí*, Ostfildern 2011.

Rúrí in Conversation with Christian Schoen

Icelandic artist Rúrí is one of the most important artists in northern Europe. Her early work reflects the tensions of a society in turmoil, and it attests to the strong will required to assert oneself in a male-dominated art world. In the eighties, she dealt with questions about her own identity as well as cultural identity in general. Influenced by Fluxus and Conceptual Art, she was one of the first Nordic performance artists. Later themes of her actions, performances, public art projects, and poetic objects centered on ethnicity, and she drew worldwide attention with her Archive—Endangered Waters *at the 2003 Venice Biennale. She has since become an important voice in the context of environmental issues, the measured and respectful treatment of our habitat and natural resources her major concern. For Rúrí, art is philosophy translated into form, and she poses crucial questions about life unlike any other artist.*[1]

Most of your works deal with the fragility of our environment, the human dissociation from nature, and life in general. One very strong work that comes to mind is your installation *Glassrain* from 1984, where the spectator has to walk through a maze of razor-sharp pieces of glass hanging from the ceiling. Can art heal the world?

I'd certainly like to think so. Art can stimulate awareness, and awareness is the first step toward changing a situation, whether it's on a personal or a global level. If the world needs healing, awareness of the situation is the first step toward action. Artworks can touch not only the intellect but emotions and the subconscious as well. The subconscious— or rather the super-conscious—often harbors a hidden wisdom that our minds are not fully aware of. A work of art can function as the stimulus needed to extract this from within and as such become the ignition for

action. The Glassrain *installation you mentioned has on several occasions been reported to trigger such insight, which I can only be grateful for.*

You gained international recognition with *Archive—Endangered Waters* at the Venice Biennale in 2003. Several years prior to that you started dealing with the theme of water, especially waterfalls in your home country. What prompted your interest in water and waterfalls?

Although I've always been fascinated by water in its manifold manifestations, there came a time that I felt an urge to touch on the subject of water from another perspective than fascination. My awareness of how the clean waters of my childhood were becoming scarcer had become keener, with some even disappearing. At the same time, the supplies of clean water have been on the decline the world over, and millions of people suffer from a lack of drinkable water. Massive dam projects have diverted rivers from their natural riverbeds and disrupted the balance of groundwater on vast areas of land. The banks and adjoining slopes of dry riverbeds have started to crumble, causing the earth to become brittle. And in some cases this has resulted in landslides that have destroyed entire villages and caused numerous fatalities. In other cases, where the slopes above a dam have absorbed too much water, mudslides have occurred, with just as devastating consequences.
In Iceland during the nineties, the government was increasingly focusing on creating as much electricity as possible by damming up rivers in the highland wilderness and building electrical power plants. For instance, some one hundred waterfalls were earmarked to be altered or totally destroyed for the largest such project, the Kárahnjúkar power plant. An important grazing area for the wild reindeer during calving and important nesting places for the pink-footed goose (actually one of the most important breeding

---

1 Christian Schoen, ed., Rúrí *(Ostfildern, 2011).*

Leben allgemein zu tun. Ein sehr ausdrucksstarkes Werk, an das ich denke, ist Deine Installation Glassrain *von 1984, bei der der Betrachter durch ein Labyrinth rasiermesserscharfer Glasstücke gehen musste, die von der Decke herabhingen. Kann Kunst die Welt heilen?*

Ich möchte gern daran glauben. Kunst kann das Bewusstsein stimulieren, und Bewusstsein ist der erste Schritt, um eine Situation zu verändern, ob persönlich oder global. Wenn die Welt der Heilung bedarf, ist das Bewusstsein für die Situation der erste Schritt zum Handeln. Kunstwerke können nicht nur den Intellekt, sondern auch die Emotionen und das Unterbewusstsein berühren. Das Unter- oder, besser gesagt, das Überbewusste enthält häufig eine verborgene Weisheit, die sich unserem Geist selten offenbart. Ein Kunstwerk kann als Auslöser dienen, um diese Weisheit herauszulocken und uns damit veranlassen zu handeln. Über den von Dir angesprochenen *Glassrain* wurde mehrfach berichtet, dass er solche Erkenntnisse auslöste, wofür ich nur dankbar sein kann.

Mit Archive – Endangered Waters *hast Du 2003 auf der Biennale in Venedig internationale Anerkennung erlangt. Bereits einige Jahre zuvor hattest Du damit begonnen, Dich mit dem Thema Wasser zu beschäftigen, insbesondere mit den Wasserfällen Deiner Heimat. Was hat Dein Interesse an Wasser und Wasserfällen ausgelöst?*

Ich war schon immer vom Wasser und seinen mannigfaltigen Erscheinungsformen fasziniert. Aber irgendwann kam die Zeit, als ich fühlte, dass ich das Thema Wasser aus einer neuen Perspektive betrachten muss, nicht mehr nur aus meiner Faszination heraus. Mir wurde immer bewusster, wie die sauberen Gewässer, die ich aus meiner Kindheit kannte, weniger wurden und manche in meinem Land sogar ganz verschwanden. Gleichzeitig gehen die Quellen sauberen Wassers auf der ganzen Welt zurück, und Millionen Menschen leiden unter dem Trinkwassermangel. Massive Dammbauprojekte haben Flüsse ihrer natürlichen Läufe beraubt und die Grundwasserbestände in weiten Teilen aus dem Gleichgewicht gebracht. Die Ufer ausgetrockneter Flussbetten brechen ein, ebenso wie die benachbarten Hänge. Die Erde wird brüchig, Erdrutsche zerstören ganze Dörfer und for-

dern viele Menschenleben. Oder, in anderen Fällen, wenn die Hänge oberhalb eines Damms zu viel Wasser aufgenommen haben, kommt es zu Schlammlawinen, mit den gleichen verheerenden Folgen und Opfern.
In den 1990er-Jahren strebte die Regierung in Island nur danach, so viel Elektrizität wie möglich zu produzieren, indem sie die Flüsse im Hochland aufstaute und Kraftwerke errichtete. Für das größte dieser Projekte, das Kraftwerk Kárahnjúkar beispielsweise, mussten hundert Wasserfälle verändert oder vollständig zerstört werden. Wichtiges Weideland für das wilde Rentier während der Kalbungszeit und wichtige Nistplätze für die Kurzschnabelgans (eines ihrer wichtigsten Nistgebiete überhaupt) verschwanden unter den Wassern des Speichers. Flüsse wurden aus ihren natürlichen Läufen abgeleitet oder über Tunnel in andere Gebiete umgeleitet. Welche Auswirkungen dies auf das Grundwasser des gesamten Gebietes vom Gletscher bis zum Meer haben wird, ist nicht erforscht worden.
Das Thema hat mich so lange bedrückt, bis ich nicht mehr anders konnte, als mich aktiv damit zu befassen – ein so offensichtliches Problem, das doch so sehr vernachlässigt wurde. Dies gilt sowohl für die politische Situation in Island als auch auf globaler Ebene. Da für mich Kunst die Sprache oder das Werkzeug ist, mit dem ich mich am besten auskenne, übersetzte ich meine Beobachtungen in Kunst.

So kam es, dass Du die gefährdeten Wasserfälle visuell und akustisch porträtiert hast?

Ja. Auf der Biennale in Venedig 2003 präsentierte ich 52 Fototransparente (jeweils einen Quadratmeter groß) der gefährdeten Wasserfälle in einem großen Stahlschrank. Wenn die Transparente, die auf Schienen angeordnet sind, aus dem Schrank gezogen werden, hört man den Klang der Wasserfälle über ein Audiosystem. Für mich ist der Klang eines Wasserfalls seine Stimme. Man kann also die 52 unterschiedlichen Stimmen der Wasserfälle in dem Werk hören. Von diesen Wasserfällen sind seitdem mindestens 30 verschwunden – sie sind verstummt.

Welches Verhältnis hat Aqua – Silence *zu Deinen früheren Werken wie zum Beispiel* Archive – Endangered Waters?

grounds) would disappear under the waters of the reservoir. Rivers would be diverted from their natural riverbeds or transferred via tunnels to other locations. The impact this would have on the groundwater in the whole area, from the glacier and down to the ocean, was never investigated.
The issue kept pressing on my mind until I found myself forced to actively deal with it—a problem so obvious and yet so terribly neglected. This applies to the political situation both in Iceland and on a global level. As art is the language or tool I am most familiar with, I translated my observations into art.

So you portrayed the endangered waterfalls visually and acoustically?

Yes. At the Biennale I presented fifty-two photographic transparencies (each of which was one square meter) of endangered waterfalls in a large steel cabinet. When the transparencies, which are arranged on runners, *are pulled out from the cabinet, the sound of the same waterfall is heard over an audio system. I like to refer to the sound of each waterfall as its voice, meaning that one can listen to fifty-two different voices of waterfalls in the work. At least thirty of these waterfalls have disappeared since then—they have been silenced.*

How do you see *Aqua—Silence* in relation to your earlier works, such as Archive?

This work is mostly based on my experiences and observations from childhood to the present day. My childhood home was next to the harbor of Reykjavík, with a view over the ocean, and in summertime the family moved to the West Fjords region. We stayed in an isolated farmhouse on the banks of a river where it opens into the sea. When following the river to its headwaters, one passed a series of waterfalls plummeting some three hundred meters down the mountain slope

Rúrí
Archive – Endangered Waters
2003

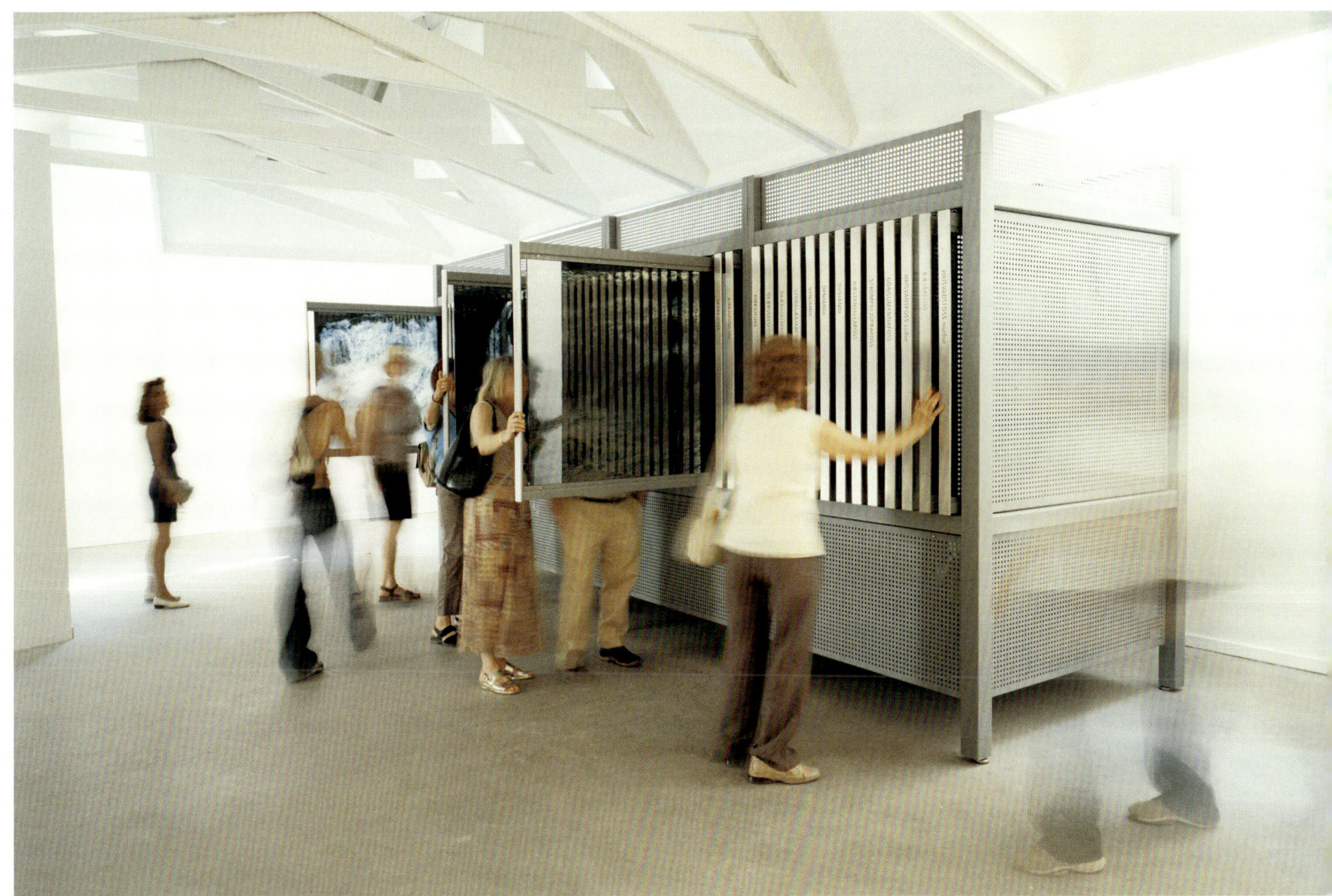

Dieses Werk stützt sich im Wesentlichen auf Erlebnisse und Beobachtungen, die ich in meiner Kindheit hatte und bis zum heutigen Tage habe. Das Haus meiner Kindheit lag direkt am Hafen von Reykjavík, mit Blick aufs Meer, und den Sommer verbrachte meine Familie an den Westfjorden Islands. Wir wohnten dort in einem abgelegenen Bauernhaus am Ufer eines Flusses, der sich an dieser Stelle zum Meer öffnete. Wenn man dem Fluss zu seiner Quelle folgte, kam man an einer Reihe von Wasserfällen vorbei, die wie glänzende Bänder fast 300 Meter aus den Bergen herabstürzten. An diesen Wundern konnte man sich nicht satt sehen. Später verbrachte ich zwei Jahre auf einer Insel an der Westküste, wo die sich ständig ändernden Reflexionen auf der Oberfläche des Meeres meine Aufmerksamkeit fesselten. Die donnernden Wellen sind einerseits faszinierend, andererseits auch bedrohlich. Und die Gletscher sind natürlich auch ein ewiges Wunder, gleichzeitig schön und schrecklich. Es ist erstaunlich, dass Wasser so widersprüchlich sein kann: Das gleiche Wasser, das zum Überleben unbedingt notwendig ist, kann durch Überschwemmungen, Tsunamis, Hagelstürme oder brechende Gletscher zur Lebensgefahr werden. Diese Eindrücke wollte ich – als Kombination aus subjektiver Erinnerung und allgemeiner Beobachtung – in das Werk *Aqua – Silence* übersetzen, wobei das Wunder des Wassers und seine facettenreichen, visuellen Erscheinungsformen im Mittelpunkt stehen sollten. Die visuelle Sprache für das ungewöhnliche Format und den Aufbau zu finden, war eine große Herausforderung. Und obwohl Wasser auch das Thema dieses Werkes ist, unterscheidet es sich doch von meinen vorherigen Installationen, in denen die aufgezeichneten »Stimmen« der Wasserfälle einen wichtigen Aspekt darstellten. *Aqua – Silence* verdankt seinen Titel zum Teil dem Format der SEVEN SCREENS, die nicht für Audiopräsentationen ausgelegt sind. Der andere, wesentlichere Aspekt ist Folgender: Damit Wasser in Stille fällt, darf es kein Fließen geben, keinen Regen, kein brechendes Eis, keine schlagenden Wellen.

Als ich zum ersten Mal den Hauptsitz von OSRAM besuchte, überraschte mich die Begegnung von Stadt und freier Natur an diesem Ort, mit dem gleichzeitig auch der Bogen zwischen den Hightech-Screens und dem nur einen Steinwurf entfernten Wald und der Isar geschlagen wird. Mir wurde klar, dass ich diese Begegnung und Vermischung unbedingt in mein Werk aufnehmen wollte. Die SEVEN SCREENS stehen für modernes Hightech, während das Werk zugleich die manchmal lyrische, manchmal gewaltige Natur aufgreift, wenn auch nur bildhaft.

like shining ribbons. One never tired of watching these wonders. Later I spent two years on an island off the west coast, where the constantly changing reflections on the surface of the ocean easily capture one's attention and fascination. The roaring waves, though fascinating, also pose a danger. And of course the glaciers are a constant wonder, beautiful and terrible at the same time. It's amazing how water can be so contradictory: the same water necessary for survival simultaneously poses an enormous threat due to flooding, tsunamis, hailstorms, or glacial bursts. I wanted to translate these impressions—as a combination of subjective memory and general observation—into the work Aqua—Silence, *putting the focus on the wonders of water itself and its multifaceted visual manifestations. And of course it was extremely challenging to develop the visual language for the unusual format of the screens and their setting. So, even though water is the theme, this work differs from my previous installations, in which the recorded "voices" of waterfalls are an important aspect.* Aqua—Silence *owes its title partly to the format of the SEVEN SCREENS, which are not designed for audio presentations. The other, graver aspect is that in order for waters to fall silent, there can't be any flow—no rain, no cracking ice, no lapping waves. When I visited the OSRAM headquarters for the first time, I was struck by the fact that the city and nature encounter each other at this site, simultaneously forming a bridge between the high-tech screens and the woods and the river Isar only a stone's throw away. And it became clear to me that I wanted to incorporate this encounter and mixture all into the artwork. The SEVEN SCREENS themselves stand for modern high technology, while the work takes up what is sometimes lyrical, sometimes powerful nature, if only visually.*

Harun Farocki

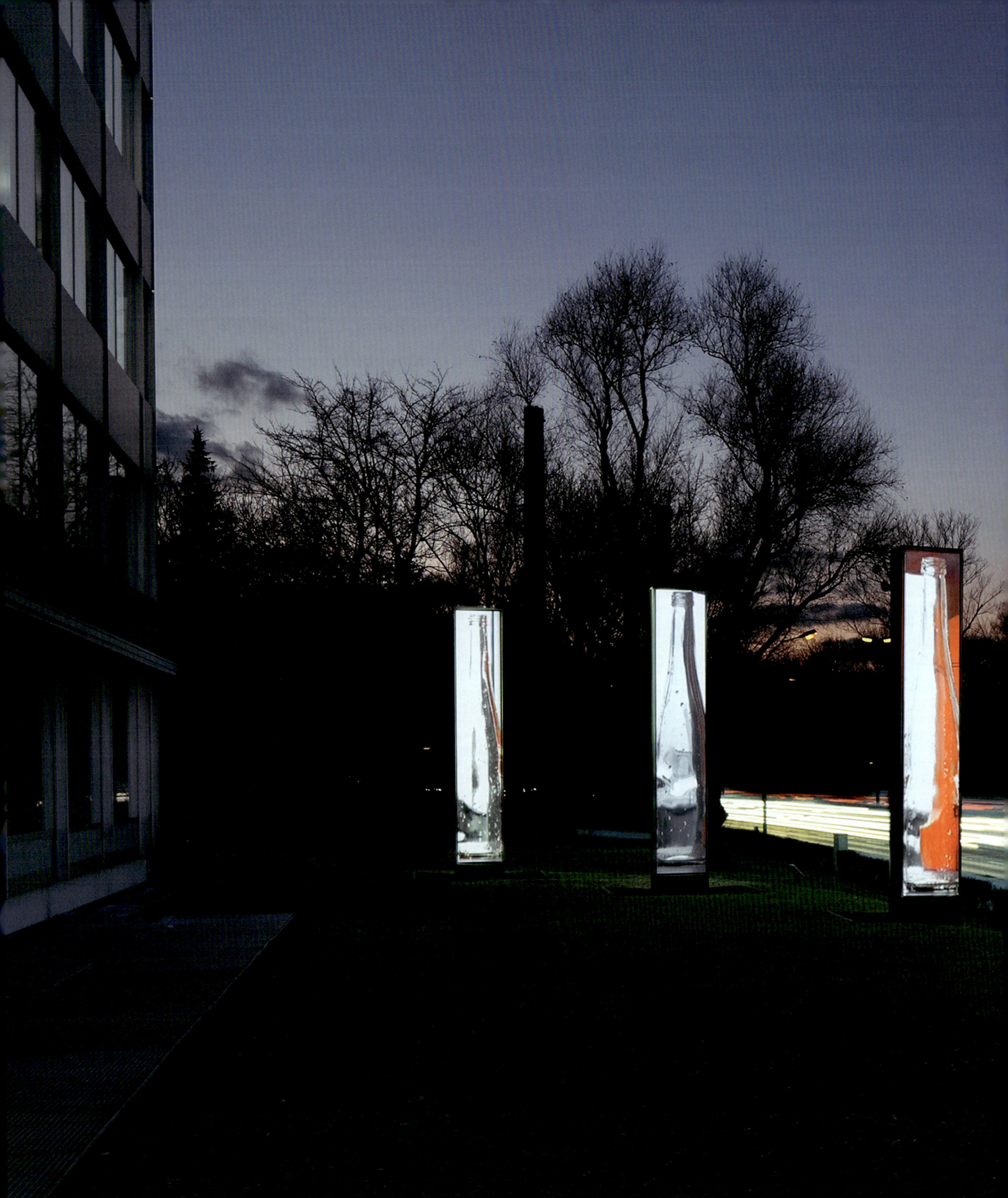

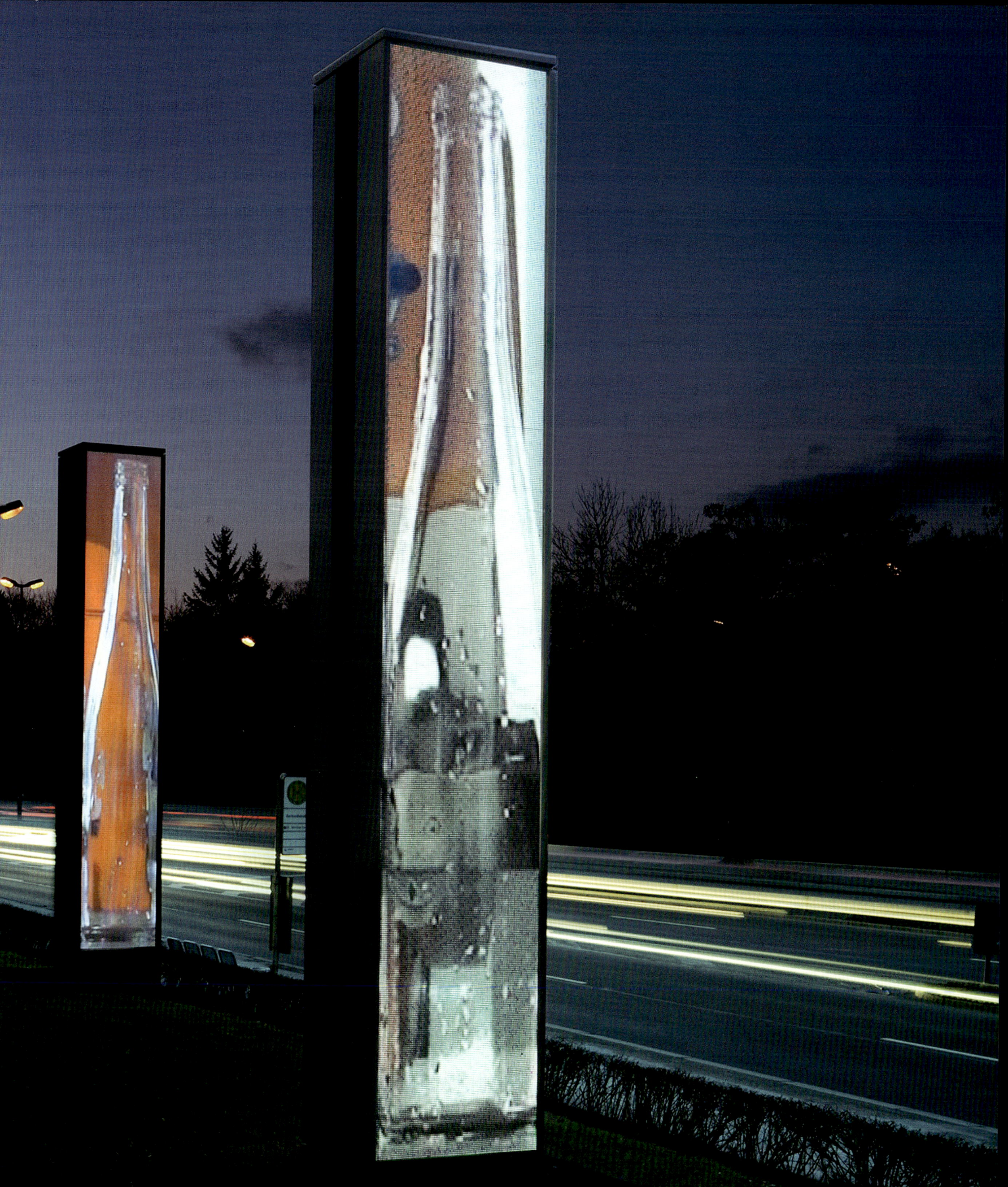

Harun Farocki
Umgießen / Re-pouring
2010

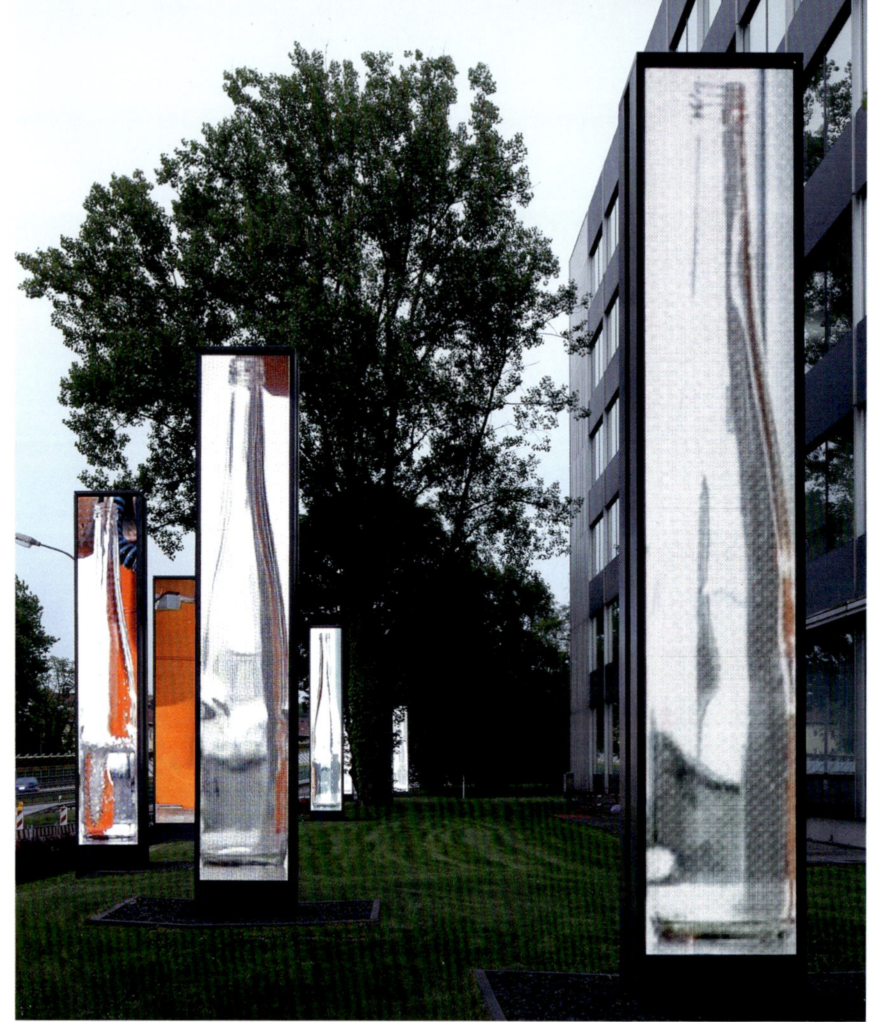

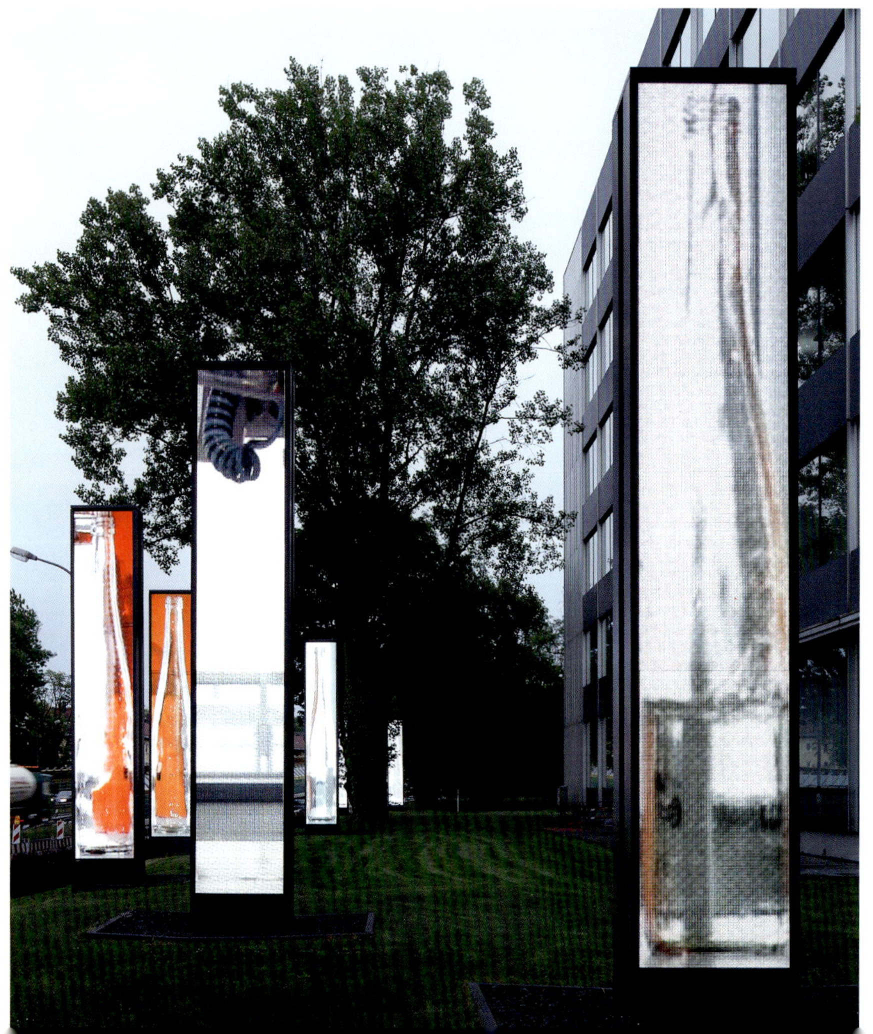

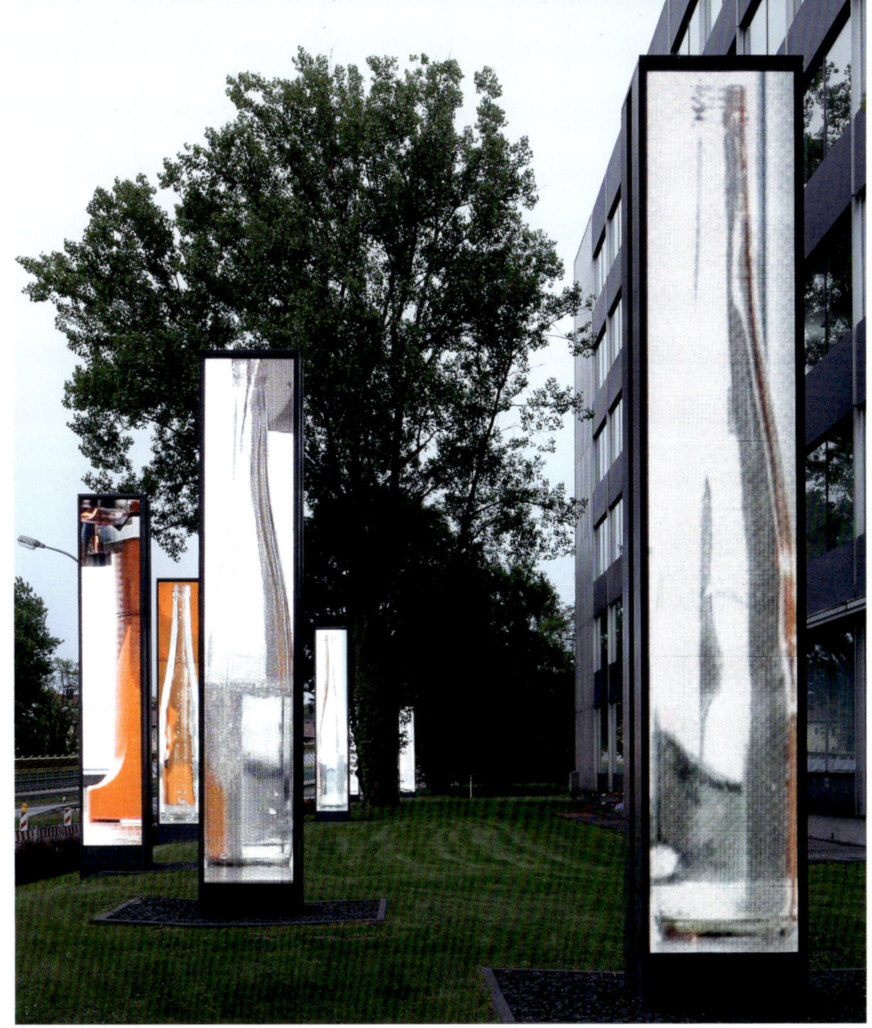

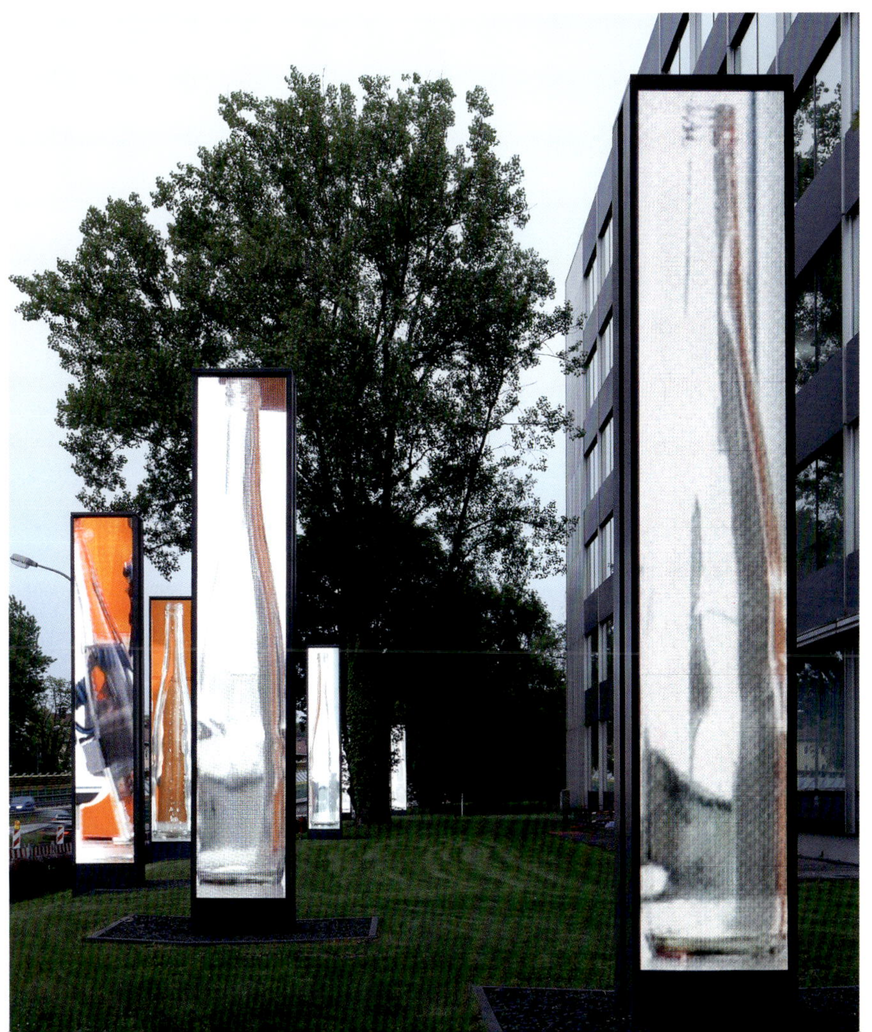

Über den Film und seine Kontexte
Harun Farocki im Gespräch mit Christian Schoen

Eine in sieben Streifen unterteilte und in den Raum gestaffelte Bildfläche stellt für einen Filmemacher eine besondere Herausforderung dar. So ließ sich Harun Farocki vor allem auch durch das ungewöhnliche Format der SEVEN SCREENS inspirieren. Die visuelle Analogie zu dem 1:6-Format der einzelnen Stelen fand er in der Flasche. Für *Umgießen*, sein Projekt auf den SEVEN SCREENS, zitiert Farocki eine Arbeit des Fluxuskünstlers Tomas Schmit aus dem Jahr 1962/63. Die Performance, die von Schmit als *Opus 1* in seine Werkliste aufgenommen wurde, nannte der Künstler *Zyklus für Wassereimer (oder Flaschen).* Er beschreibt die Aktion so: »der interpret steht in einem kreis von 10–30 wassereimern (oder flaschen). ein eimer (eine flasche) ist mit wasser gefüllt, die anderen sind leer. der interpret nimmt den gefüllten eimer (die gefüllte flasche), gießt dessen (deren) inhalt in den im uhrzeigersinn nächsten eimer (die nächste flasche) und setzt jenen (jene) wieder an seinen (ihren) platz. er nimmt den jetzt gefüllten zweiten eimer (die zweite flasche) und gießt ihn (sie) wieder in den nächsten (die nächste) aus etc [...] bis alles wasser verdunstet oder verspritzt ist.«[1] Die Performance stammt aus einer Zeit, in der sich gesellschaftliche und kulturelle Umbrüche anbahnten und in der Harun Farocki begann, sich für den Film zu interessieren.

Wie bist Du eigentlich zum Film gekommen, was hat Dich daran fasziniert?

Als ich das erste Mal von zuhause abhaute, war auf dem Titelbild des *Spiegels*[2] ein Bild von Juliette Mayniel, die in Claude Chabrols Film *Les cousins* die Hauptrolle gespielt hatte. Es war eine spannende Zeit. Der Filmbetrieb

änderte sich in diesen und den folgenden Jahren dramatisch: Die alten Produzenten gingen pleite, die Nouvelle Vague kam auf und auch Pier Paolo Pasolini. Das Kino intellektualisierte sich – so schien es zumindest. Als 1966 die Filmakademie in Berlin gegründet wurde, da war ich 22, und Alexander Kluge hatte mit *Abschied von gestern* einen großen Kinoerfolg. Da hatte ich schon dieses oder jenes probiert, und ich hätte auch versuchen können, ans Theater zu gehen oder zu schreiben. Wenn man sich für Kunst interessierte in den 1950er-Jahren und Tennessee Williams im Theater sah, so sah man natürlich auch Jean Cocteau im Kino oder auch die ersten Godards und Truffauts, aber eine besondere Nähe zum Kino hatte ich eigentlich nicht. Das Kino änderte sich so sehr, wie sich kurz zuvor der Musikbetrieb geändert hatte, und das zog mich an. Es lag auch in der Luft, dass das Fernsehen sich bald ändern müsste und nicht länger eine Art halbstaatliche Verlautbarungsstelle sein könnte.

Wie bedeutsam sind Kontexte für Dich und die Präsentation Deiner Arbeiten? Konkret: Gehst Du beim Machen eines Films von der Form beziehungsweise dem Format aus, oder spielt das nur eine sekundäre Rolle?

Es war schon früh eine Vorstellung von mir, quasi piratenhaft bestimmte Produktionsmöglichkeiten zu nutzen, ohne dass die Sachen vollends in diesem Kontext aufgehen. Dass beispielsweise für das Fernsehen Aktualität und Schnelligkeit eine Prämisse ist, fand ich ganz schön, aber ich versuchte immer zu vermeiden, dass eine Arbeit von mir nur für das Fernsehen taugt. Zumindest sollte sie auch für ein anderes Fernsehen taugen. Und als ich begann, für den Kunstapparat zu produzieren, merkte ich, dass ich im Gegensatz zu anderen Künstlern gar nicht so sehr auf den Ort Rücksicht nahm. *Immersion* etwa funktioniert auch als Kurzfilm, der auch schon oft in Kinos gezeigt wurde. Für die durchschnittliche Verweildauer in einem Museum oder in einer Galerie sind die meisten meiner

1 *Tomas Schmit. Katalog 1: Kommentiertes Werkverzeichnis der Arbeiten 1962–1978,* 2. Aufl., Berlin 2009, Nr. 1. Schmit schreibt weiter: »das erste stück das ich in meine opusliste aufgenommen hab ist immer noch eins der besten.«
2 *Der Spiegel,* 7, 1960.

On Film and Its Contexts

Harun Farocki in Conversation with Christian Schoen

A staggered screen divided into seven strips poses a particular challenge to filmmakers. But it was the unusual format of the SEVEN SCREENS from which Harun Farocki drew his inspiration. He found the visual analogy to the 1:6 format of the individual steles in the form of a bottle. For Re-pouring, *his project on the SEVEN SCREENS, Farocki cites a work by the Fluxus artist Tomas Schmit from 1962/63. Schmit called his performance Zyklus für Wassereimer (oder Flaschen) (Cycle for Buckets [or Bottles]) and included it in his list of works as Opus 1. He described the action thus: "The performer stands inside a circle of 10–30 buckets (or bottles). One bucket (one bottle) is filled with water, while the others are empty. The performer takes the filled bucket (the filled bottle), and, proceeding clockwise, pours its contents into the next bucket (the next bottle) and then replaces it. He takes the second bucket (the second bottle), now filled, and pours it into the next, and so on . . . until all the water has evaporated or been spilled."[1] The performance originates from a time when social and cultural upheaval was in the air and when Harun Farocki began to become interested in film.*

How did you get into film? What was it that fascinated you?

The first time I ran away from home, there was a picture of Juliette Mayniel on the cover of Spiegel *magazine;[2] she had just starred in Claude Chabrol's film* Les Cousins. *It was an exciting time. The film business was changing dramatically and continued to do so in the years that followed: the old producers went broke; the Nouvelle Vague emerged,*

as did Pasolini. Cinema underwent a process of intellectualization — or at least appeared to do so. When the Berlin Film Academy was founded in 1966, I was twenty-two, and Alexander Kluge's film Yesterday Girl *had been a big hit. I'd already tried out one thing and another, and I could have tried to get into theater or writing. If you were interested in art in the fifties and saw anything by Tennessee Williams on stage, then, of course, you also saw Cocteau in the cinema or the first movies by Godard and Truffault. But I had no particular affinity with the cinema. Then it underwent a huge transformation, just as the music business had shortly before, and that's what attracted me. It was only a matter a time before television would have to change and could no longer masquerade as a kind of semigovernmental public announcement medium.*

How meaningful are contexts and the presentation of your work to you? In other words: when you make a film, do you start off with the form or format, or does that only play a secondary role?

It was an early idea of mine to make use of certain production possibilities more or less like a pirate, without letting things become completely immersed in the context. For example, I liked the idea of a fast and up-to-date reaction being a prerequisite for television, but I always tried to avoid any of my works being only suitable for this medium. It should also lend itself to at least one other kind of televiewing. And when I began to produce for the art system, I noticed that unlike other artists I didn't pay that much attention to the location. Immersion, for example, works as a short film and has often been shown in cinemas. Most of my works are too long for the average stay in a museum or gallery and, to put it positively: they lead away from the location where they are shown.
So most of my works don't lend themselves particularly to installations, but I do try to do

---

1 *Tomas Schmit,* Katalog 1. Kommentiertes Werkverzeichnis der Arbeiten 1962–1978, *2nd ed. (Berlin, 2009), no. 1. He goes on: "The first piece on my opus list is still one of the best."*
2 Der Spiegel *7, 1960.*

Arbeiten auch zu lang, und, um es positiv auszudrücken, sie führen von dem Ort weg, an dem sie gezeigt werden.

Die meisten meiner Arbeiten sind also nicht besonders installativ, aber ich versuche doch, für die Kunstorte etwas anderes zu machen. Im Kunstbetrieb gibt es weniger Geld zum Produzieren – jedenfalls für mich –, aber doch mehr Freiheit, weniger Formatvorschriften. Und ich muss eine Sache nicht herleiten, ich kann mittendrin anfangen.

Der Kunstkontext bietet ja aber auch für Dich ganz andere Möglichkeiten, etwa räumlich installativ zu arbeiten, wie zum Beispiel in Deiner Documenta-Arbeit Deep Play. *Die Herangehensweise an ein solches Format unterscheidet sich sicherlich von der zu einem Film. Oder ist so etwas wie diese Zwölfkanal-Installation eine Übersetzung Deiner filmischen Montagetechnik in den Raum?*

Ja, das kann man so sagen. Es ist eine Montage auf der Basis der Gleichzeitigkeit mit unterschiedlichen Bildern, die man dechiffrieren kann, und man weiß, sie handeln vom gleichen Ereignis – eben dem Endspiel der Fußball-WM 2006. Die Arbeit lebt vom Zusammenspiel der Bilder dieses Moments, dieses Nebeneinander erzeugt sehr viele Kombinationsmöglichkeiten, aber auf der Basis einer großen Einfachheit: Alles geht auf ein bestimmtes Spiel zurück und auf die Bilder, mit denen es gezeigt wurde und die zwischen einer und zwei Milliarden Menschen gesehen haben. Das umzusetzen war mir jedoch nur im Kunstkontext möglich.

Einen ganz anderen Kontext fandest Du bei den SEVEN SCREENS vor. Mit Umgießen *beziehst Du Dich auf* Opus 1 *– eine Performance des Fluxuskünstlers Tomas Schmit aus dem Jahr 1962/63. Wie kam es dazu?*

Aus irgendwelchen Gründen erinnerte ich mich an die Performance, als es darum ging, die Stelen im Format von 1:6 – dieses merkwürdige Bildformat – zu füllen. Ich wollte es vermeiden, ins Dekorative abzugleiten und suchte daher nach einem Motiv, das dieses Format aufgreift. Und so kam ich auf die Flasche, und so fiel mir dann auch diese alte Performance von Schmit wieder ein. Tomas Schmit war ein interessierter Geist, der sich mit vielem beschäftigte, der Konzeptkunst machte und es dabei immer vermied,

dass es zu klamaukhaft semantisch wurde, und darum hat er mir gefallen. Ich habe ihn nicht gut gekannt, aber in der Zeit als Pop-Art und Fluxus mit den Happenings und Performances eine Rolle zu spielen begannen, fiel mir diese Arbeit als besonders interessant auf, weil sie mit einer so besonderen Einfachheit – fast wie ein Beckett-Stück – Bedeutung erzeugte, aber gleichzeitig auch nicht leicht interpretierbar war. Also man konnte nicht sagen, das bedeutet »Kreislauf des Lebens« oder so, die Bedeutung hob sich gleich wieder auf. Und dann diese unglaubliche Einfachheit, die aber gleichzeitig so eine formale Geschlossenheit hatte, so eine Suggestivität, was aber sicherlich auch mit der Handlung an sich zu tun hat: Ein Gefäß zu entleeren, das hat in sich schon so eine Erzähllogik, ähnlich wie der erste Film der Filmgeschichte, *Arbeiter verlassen eine Fabrik*[3]: Das Bild ist voll, alle gehen raus. Der Film war deshalb so rund – obwohl sich damals kein Mensch um die Erzählung Gedanken gemacht hat – weil eben die Entleerung ein Vorgang für sich ist, vergleichbar damit, einen Fluss zu betrachten, sei es einen Verkehrsfluss oder ein fließendes Gewässer. Schmit ging es dabei jedoch um die eigene Präsenz, denn er hat die Flaschen von Hand umgegossen. Um die geht es mir gar nicht. Bei mir kann das auch ein Roboter machen.

Ein interessanter Aspekt Deiner Arbeit ist ja – wie Du gerade angedeutet hast –, dass jede Flasche einer Stele zugeordnet wird. Die einzelne Flasche füllt die jeweilige Bildfläche nahezu in Gänze aus, was dazu führt, dass der Zwischenraum zwischen den Stelen quasi Teil des Bildraums wird. Der Bildraum weitet sich auf den Realraum aus, was am allerdeutlichsten wird, wenn der Roboterarm die letzte Flasche greift, um schließlich über den gesamten Raum zu wandern und den verbliebenen Inhalt in die vorderste Flasche zu gießen.

Ja, in der Tat: Auch wenn es schwerfällt, von einer dramatischen Handlung zu sprechen, so stellt doch der von Dir gerade beschriebene Moment einen quasi ekstatischen Höhepunkt dar. Es ist eine Sequenz, in der sich eine Bewegung auf allen Bildschirmen ablesen lässt – ohne aber dabei spektakulär zu sein.

---

3 *La sortie de l'usine Lumière à Lyon* aus dem Jahr 1895 gilt als erster Film der Brüder Lumière.

something different for the art locations. In the art business there is less money for production—at least for me—yet more freedom, fewer format regulations. And no stipulations: I can jump right in.

The art context also offers you completely different possibilities, for example working with spatial installations such as in your work *Deep Play* for the Documenta. The way you approach such a format must differ from the approach to a film. Or is something like a twelve-channel installation a transferal of your cinematic montage technique into a spatial setting?

Yes, you could say that. It's a montage based on contemporaneity with various images that you can decipher if you're aware of the fact that they have to do with the same event— the 2006 FIFA World Cup final. The work lives from the interaction of the moment; this side-by-side format generates a large number of possible combinations, but on the basis of a great simplicity: everything goes back to a certain game and to the images with which it was portrayed and between one and two billion people watched. But I could only realize the work in an art context.

You came across a quite different context with SEVEN SCREENS. With *Re-pouring* you refer to *Opus 1*—a performance by the Fluxus artist Tomas Schmit from 1962/63. How did that come about?

For some reason or other, I remembered the performance when I was faced with the task of filling the steles in this strange 1:6 image format. To avoid doing something that could slip into the merely decorative, I searched for a theme that embraced the format. This made me think of a bottle, and then I recalled Schmitt's performance.
Tomas Schmit had a searching mind and turned his attention to a great many things. He created Conceptual Art, but he always managed to avoid letting it become too foolishly semantic, and that's why I liked it. I didn't know him very well, but at a time when Pop Art and Fluxus began to play a role with their happenings and performances, this work seemed particularly interesting to me, because it created meaning with such special simplicity—almost like a Beckett play—while at the same time not being easy to interpret.

You couldn't just say that something means "cycle of life" or anything like that; the meaning cancelled itself out straight away. And then this incredible simplicity that had such formal coherence, such suggestivity, which certainly had to do with the action per se: emptying a vessel in itself has such a narrative logic, as did the first film in the history of film: Workers Leaving the Lumière Factory:[3] *The picture is full, everyone leaves. The film is so rounded—although at the time not a soul gave a thought to the narrative— because emptying is an action in itself, comparable with observing something flowing, be it traffic or water. However, for Schmit it was all about his own presence, because he filled the bottles by hand. That's not what it's about for me. In my work, a robot can do the filling.*

An interesting aspect of your work is, as you just implied, that each bottle is assigned to a stele. The individual bottle almost entirely fills the respective screen, which virtually makes the spaces between the steles part of the image space. The image space extends into real space, which becomes most apparent when the robot arm grasps the last bottle and finally wanders across the whole space and pours the remaining contents into the front bottle.

Yes, that's right: even if it's difficult to speak of a dramatic act, the moment you have just described does represent a kind of ecstatic climax. It's a sequence in which one movement can be read from all the screens— but without being spectacular.

3 La sortie de l'usine Lumière à Lyon *from 1895 is believed to be the first film by the Lumière brothers.*

Harun Farockis nunmehr vier Jahrzehnte umfassendes Werk hat bereits einen festen Platz in der Geschichte des Films eingenommen. Seit 1995 entwickelt der Filmemacher zudem kinematografische Installationen für Ausstellungssituationen, die bereits ebenso eindrucksvoll in der Geschichte der bildenden Künste verankert sind. Viele dieser Installationen bedienen sich einer Technik, die als filmische Entsprechung zu den Collagetechniken der Moderne bezeichnet werden könnte. Aus dem unendlichen Archiv der Film- und Fernsehgeschichte bereitet Harun Farocki das Material mittels Montage zu einer neuen und anderen Erzählung auf. In diesem kompositorischen wie kombinatorischen Akt verwandelt sich das heterogene Material zu ikonografischen Kompendien des Films. Harun Farocki ist nicht nur der Regisseur dieser Atlanten, sondern auch der investigative Produzent, welcher die filmischen Spuren seiner Themen in ausgedehnter Recherche verfolgt, der etwas findet, wo niemand etwas vermutet, und der Bilder verarbeitet, die nicht für unsere Augen bestimmt waren. In *Gefängnisbilder* (2000) montiert er beispielsweise Filmsequenzen in der Form einer sich gegenseitig erhellenden Doppelprojektion. Diese Mehrfachprojektionen, welche für das installative Werk von Harun Farocki typisch sind, fordern eine aktive Betrachtung, die jenseits der Passivität von Beobachtung angesiedelt ist. Vergleichende Imagination und reflektierende Distanzierung sind das notwendige Instrumentarium der Rezeption. So argumentiert *Gefängnisbilder* entlang einer längeren Sequenz, die eine Überwachungskamera 1989 auf dem Hof des Gefängnisses im kalifornischen Corcoran aufgezeichnet hat und die immer wieder mit anderen filmischen Sequenzen konterkariert wird. Die Bilder zeigen die eskalierende Gewalt zwischen zwei Häftlingen, von denen einer durch das unsichtbare Wachpersonal erschossen wird. Im Verlauf der filmischen Erzählung wird aus dem »Zwischenfall« eine Parabel auf den Zustand des US-amerikanischen Rechtssystems. Der Zuschauer erfährt jedoch nicht nur etwas über Gefängnisse, über das System der Überwachung, Bestrafung und Disziplinierung, sondern auch etwas über das Wesen der Bilder selbst, über die Rhetorik des Zeigens, über die Herrschaftsverhältnisse, welche in der Perspektive der Kamera verborgen sind. Wir erkennen die implizierten Strategien der Darstellung, die nie unschuldig beobachtet, da jede Darstellung immer schon, bewusst oder unbewusst, im Dienste einer Ideologie steht. Harun Farocki ist die ideologische wie perspektivische Definition seiner Beobachtungen,

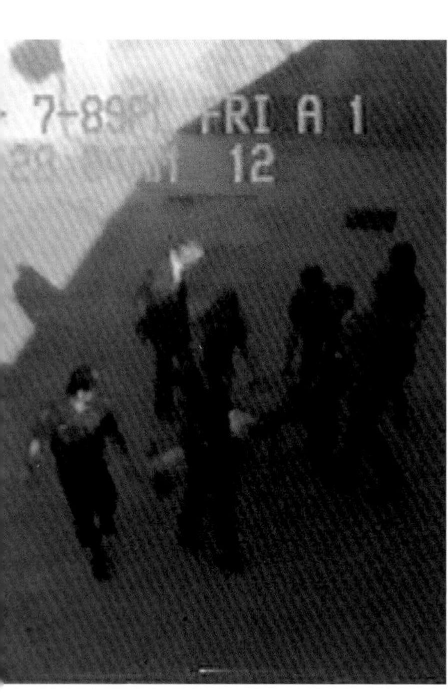

Harun Farocki
Gefängnisbilder / Prison Images
2000

The body of work Harun Farocki has produced over four decades has firmly established itself in the history of film. Since 1995, he has also been developing cinematographic installations for exhibitions, and these, too, have become firmly anchored in the history of visual arts. Many of these installations avail themselves of a technique that could be described as the cinematic equivalent of the collage. Taking material from the inexhaustible archive of film and television history, Farocki creates a montage that tells a new and different story. In this act of both composition and combination, the heterogeneous material is transformed into iconographic compendiums of film. He is not only the director of these atlases but also the investigative producer who follows the film-based trail of his themes in extensive research, who finds something where no one would expect it, and who edits images we were not meant to see. In Prison Images *from 2000 he creates montages of film sequences in the form of a mutually illuminating double projection. These multiple projections demand active viewing that goes beyond any passivity of observation. Comparative imagination and reflective distancing are the instruments required for reception. That is the argument* Prison Images *presents along a relatively long sequence recorded by a surveillance camera in the exercise yard of the California State Prison in Corcoran. This sequence is continually contradicted by other film sequences. The pictures show escalating violence between prisoners, one of whom is shot dead by an invisible guard. During the course of the cinematic narration, the "incident" becomes a parable for the state of the American legal system. However, the viewer not only learns something about prisons and the system of surveillance, punishment, and discipline, but also something about the nature of the images themselves, about the rhetoric of showing, about the power structure concealed in the camera perspective. We recognize the implicit strategies of the representation, which never observes innocently, as each representation has always served an ideology—whether consciously or unconsciously. Harun Farocki is concerned with the definition of his observations both in terms of ideology and perspective, with marking the interests in the insights of his images. Regardless of whether he is dealing with subjects as different as war, work, consumption, or sports, he is always driven by the question of power within these systems. And this is largely the question relating to the power structures that lie behind the images.* Prison Images *is thus more than just a discourse*

die Markierung der Erkenntnisinteressen seiner Bilder ein Anliegen. Unabhängig davon, ob er sich mit so unterschiedlichen Themen wie Krieg, Arbeit, Konsum oder Sport auseinandersetzt, immer treibt ihn die Frage nach der Herrschaft innerhalb dieser Systeme an. Nicht zuletzt ist dies die Frage nach den Machtverhältnissen, die sich hinter den Bildern verbergen. So ist auch *Gefängnisbilder* nicht nur eine Abhandlung über die filmischen Bilder, die zum Wesen des Gefängnisses im Laufe der Filmgeschichte produziert wurden. Das Untersuchungsgebiet ist der Film, das Thema ist die Repräsentationskritik.

In einer seiner jüngsten Arbeiten, der Serie *Ernste Spiele* (2010), wird die Frage nach dem Verhältnis von Wirklichkeit und Bild-Repräsentation noch radikaler gestellt. Für diese jeweils acht Minuten dauernden Videoinstallationen konnte Harun Farocki Filmmaterial in US-amerikanischen Militäreinrichtungen aufnehmen. Gezeigt werden Soldaten, die mittels Computersimulationen oder in einem Versuchsaufbau den »Ernstfall« trainieren. Im Ergebnis erscheinen die Simulationen des Trainings als abstrahierte Version einer fernen Realität, um doch gleichzeitig auf die brutale Realität des Krieges zu verweisen. Augenscheinlich wird dies, wenn die Technologie der Computersimulation auch nach dem realen Einsatz zur Anwendung kommt, wie ein anderer Teil der Serie *Ernste Spiele* dokumentiert. Die Doppelprojektion *Immersion* beschreibt die posttraumatische Verwendung desselben an Computerspiele erinnernden Programms. Bereits die dreiteilige Arbeit *Auge/Maschine* (2002) war dem Verhältnis von militärischen Bildtechnologien und deren Einfluss auf unser Verständnis vom realen Krieg auf der Spur. *Immersion* zeigt die Gemeinsamkeiten einer Ästhetik des Computerspiels mit dem Computerprogramm »Virtual Iraq«, welches im Auftrag des US-Verteidigungsministeriums sowohl zu Trainingszwecken als auch zur posttraumatischen Behandlung von Soldaten entwickelt wurde. In der Reinszenierung traumatischer Kriegsereignisse soll den Soldaten genau jene Technologie therapeutische Hilfe leisten, die sie zu Beginn auf die Realität vorbereiten sollte. So schließt sich der Kreis von der Simulation über die Realität zurück in die Simulation. Was bleibt, sind Menschen, deren Traumata, die sie in ihrer gelebten Realität erlitten haben, durch Bilder geheilt werden sollen. Das hierzu verwendete Programm führt in den Kern der Programmatik von Harun Farockis Arbeit. Denn seine filmischen Analysen gesellschaftspolitischer Themen sind niemals ohne die gleichzeitige kritische Reflexion der Produktions- und Rezeptionsbedingungen genau der Bilder denkbar, aus denen sie sich zusammensetzen. Und doch sind sie angetrieben von der Überzeugung, dass die Analyse der Bilder Heilung verspricht.

Matthias Mühling

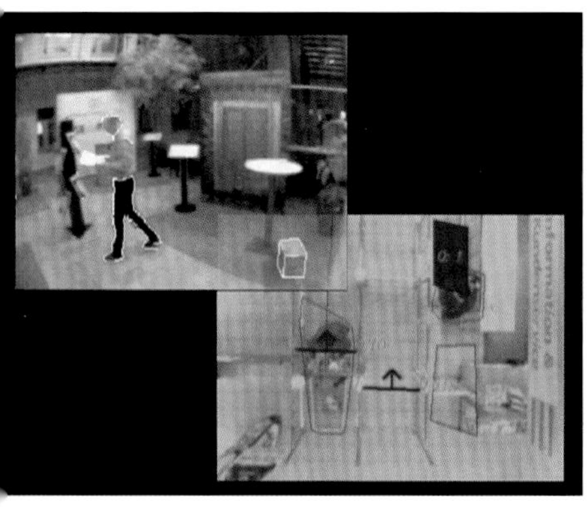

Harun Farocki
Auge/Maschine / Eye/Machine
2002

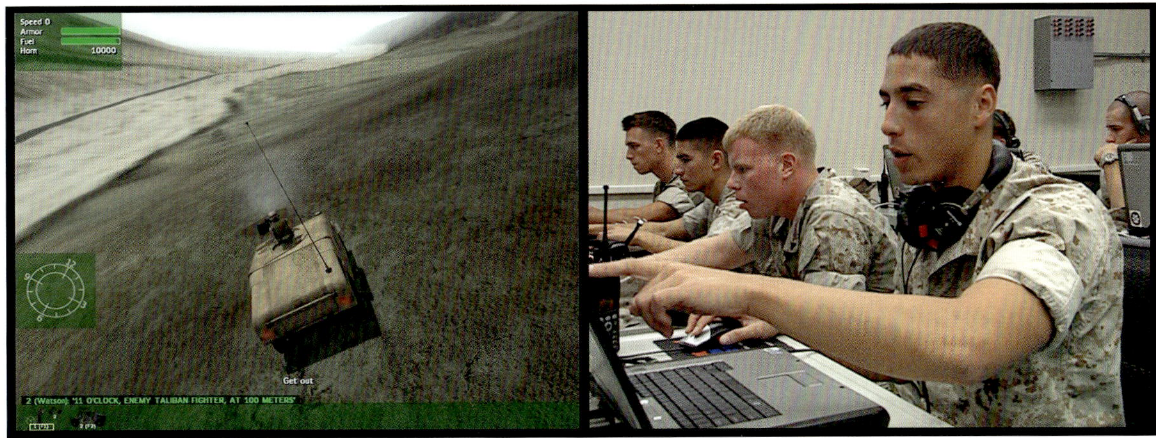

Harun Farocki
Serious Games 1, Watson Is Down
2010

about filmic images produced on the nature of prison over the period of film history. Film is the area of research; the topic is criticism of representation.

In one of his most recent works, the Serious Games *series from 2010, the question regarding the relationship between reality and image representation is placed even more radically. Harun Farocki was able to gather film material in US military facilities for each of these eight-minute video installations. They show soldiers training for the "real thing" using computer simulations or in experimental facilities. In effect, the training simulations appear as an abstracted version of a distant reality while nevertheless pointing out the brutal reality of war. This becomes apparent when the computer simulation technology is used even after the real mission, as another part of the* Serious Games *series documents. The double projection* Immersion *describes the post-traumatic application of the same program, which is reminiscent of computer games. An earlier, three-part work* Eye/Machine *(2002) already investigated the relationship between military imaging technologies and their effect on our understanding of real war.* Immersion *shows the common features of an aesthetic computer game and the Virtual Iraq computer program, which was developed for the Department of Defense both for training purposes as well as for the post-traumatic treatment of soldiers. By repeating traumatic events experienced in war, the very technology intended to prepare them for reality should now help them therapeutically. And so we come full circle from simulation to reality and back to simulation. What remains are people whose traumas resulting from the reality they lived through are supposed to be cured by images. A program that takes us to the core of the objectives of Harun Farocki's work. His cinematic analyses of sociopolitical issues are never conceivable without the simultaneous critical reflection on the production and reception conditions of precisely those images of which they are composed. And yet they are driven by the conviction that the analysis of the images promises healing.*

Matthias Mühling

Saskia Olde Wolbers

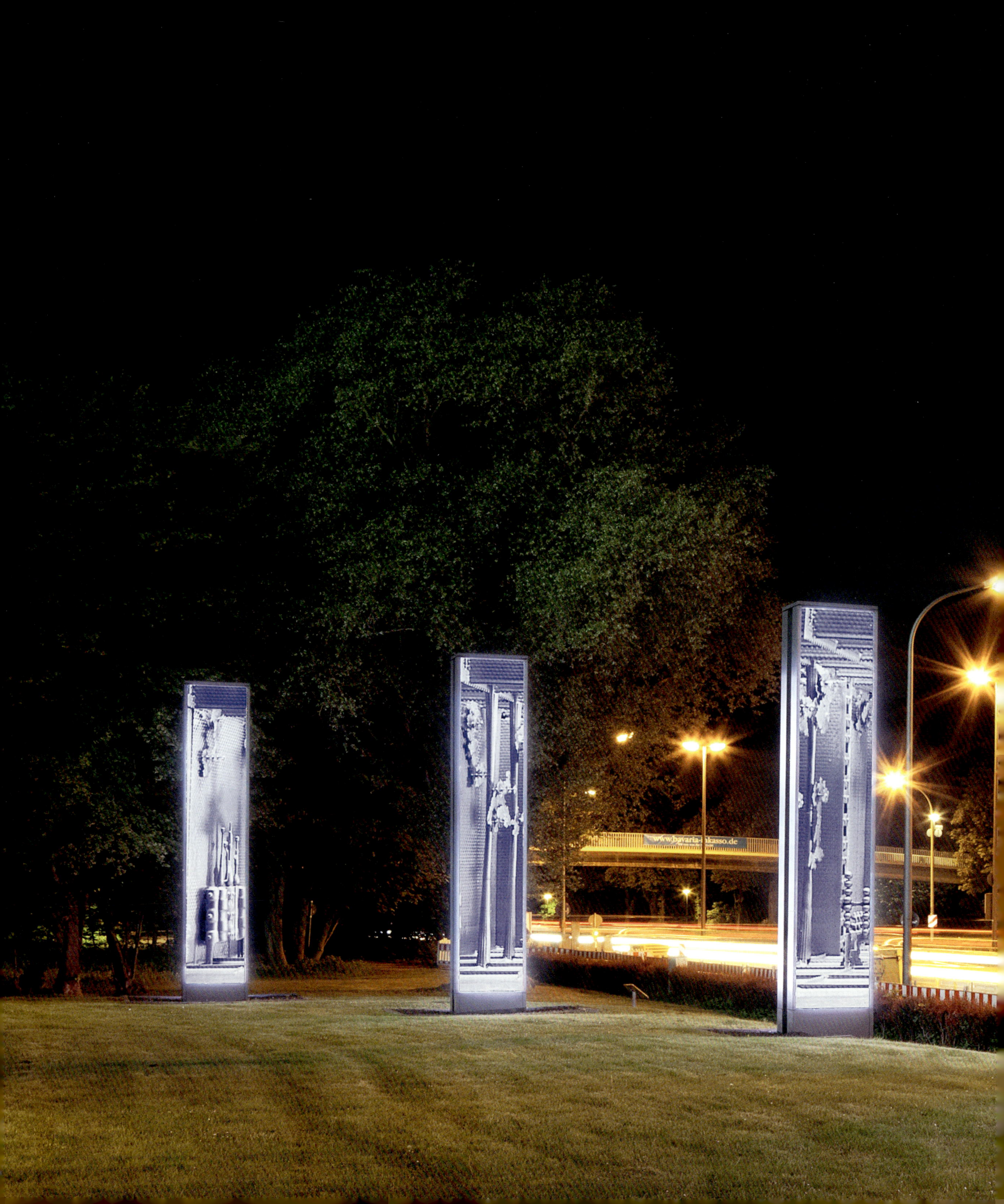

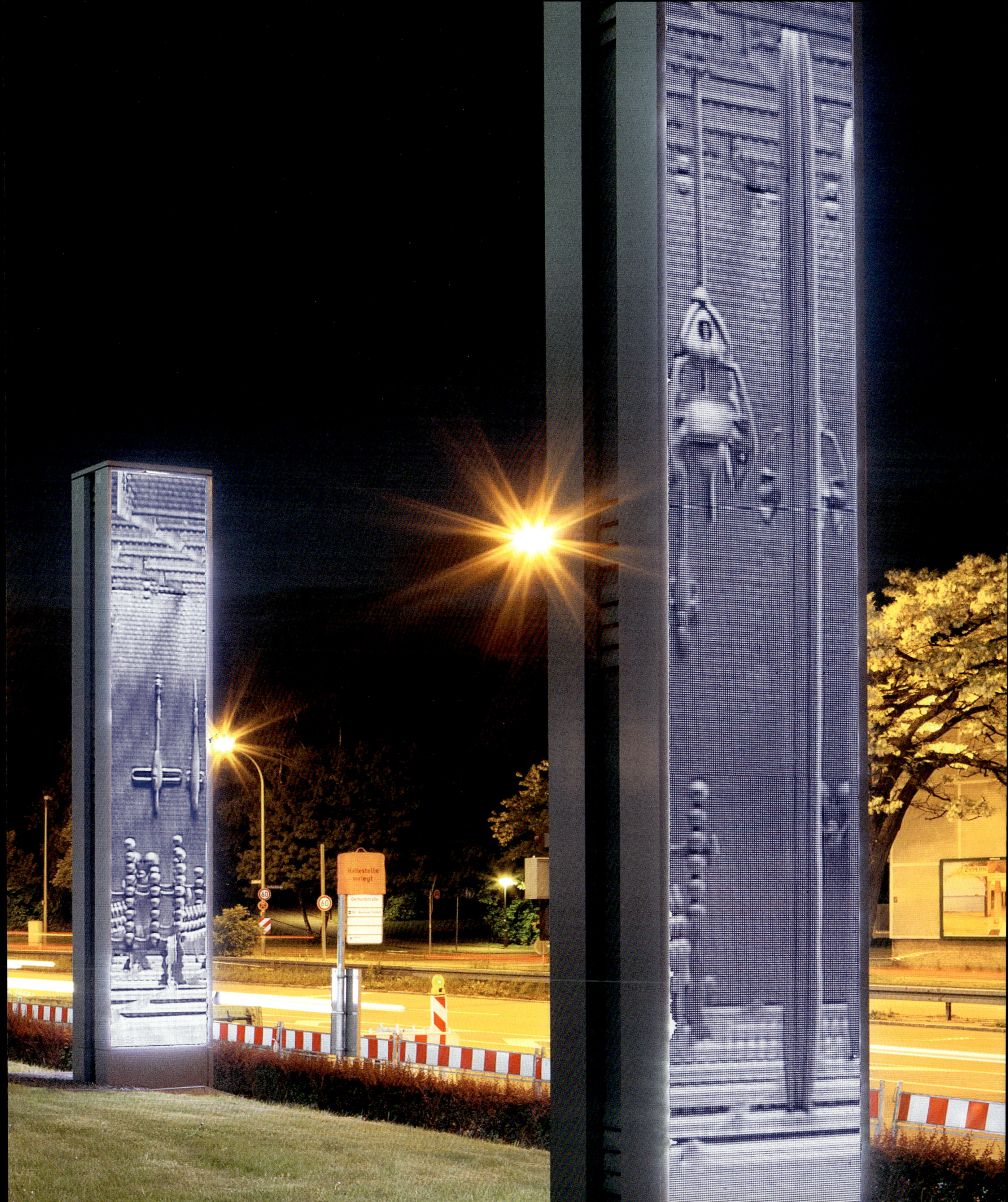

 Saskia Olde Wolbers
Cellule
2011

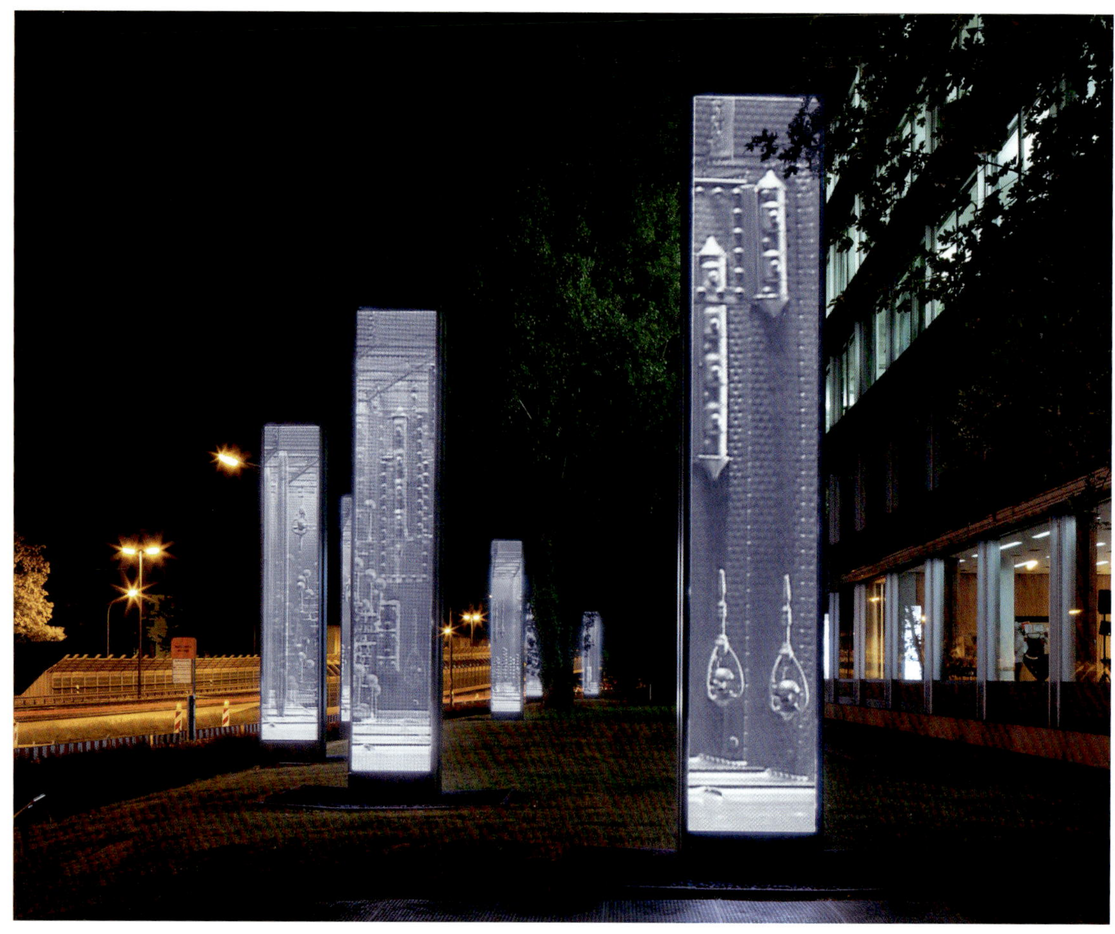

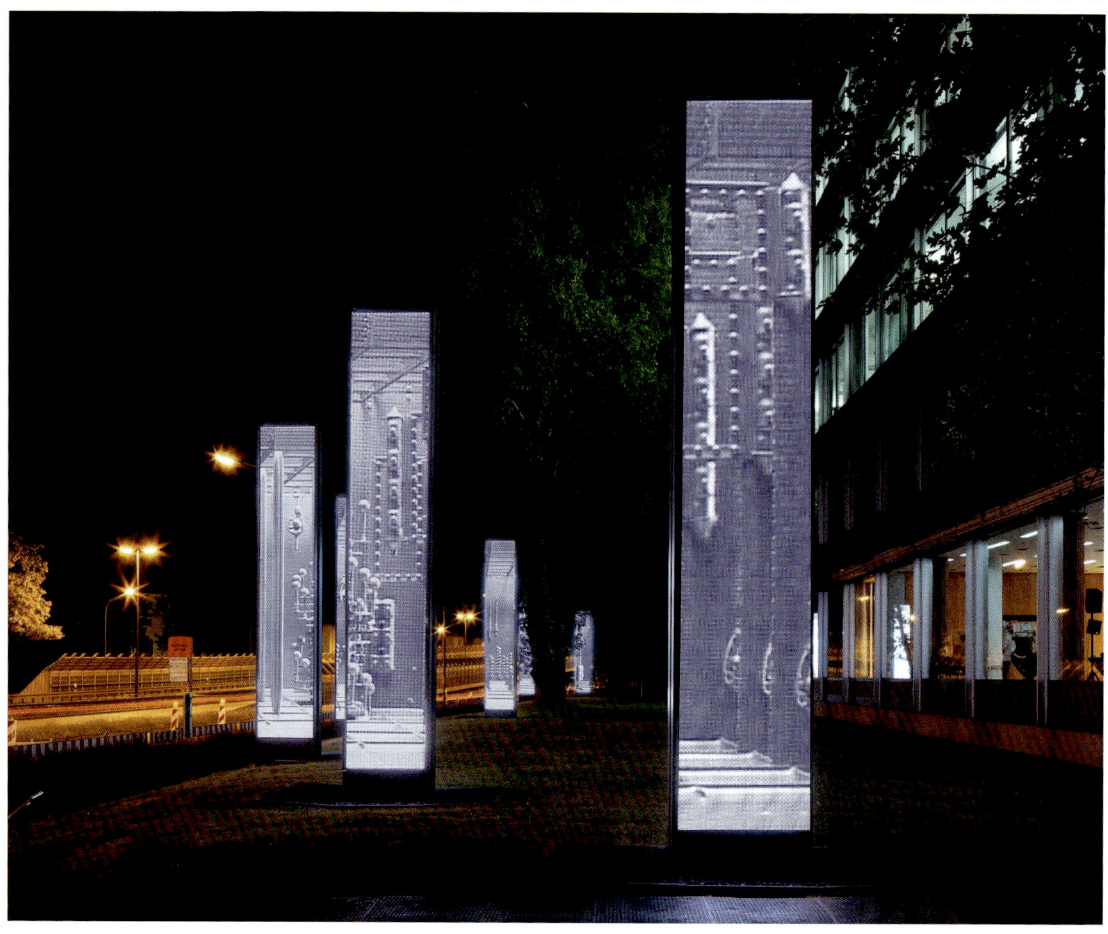

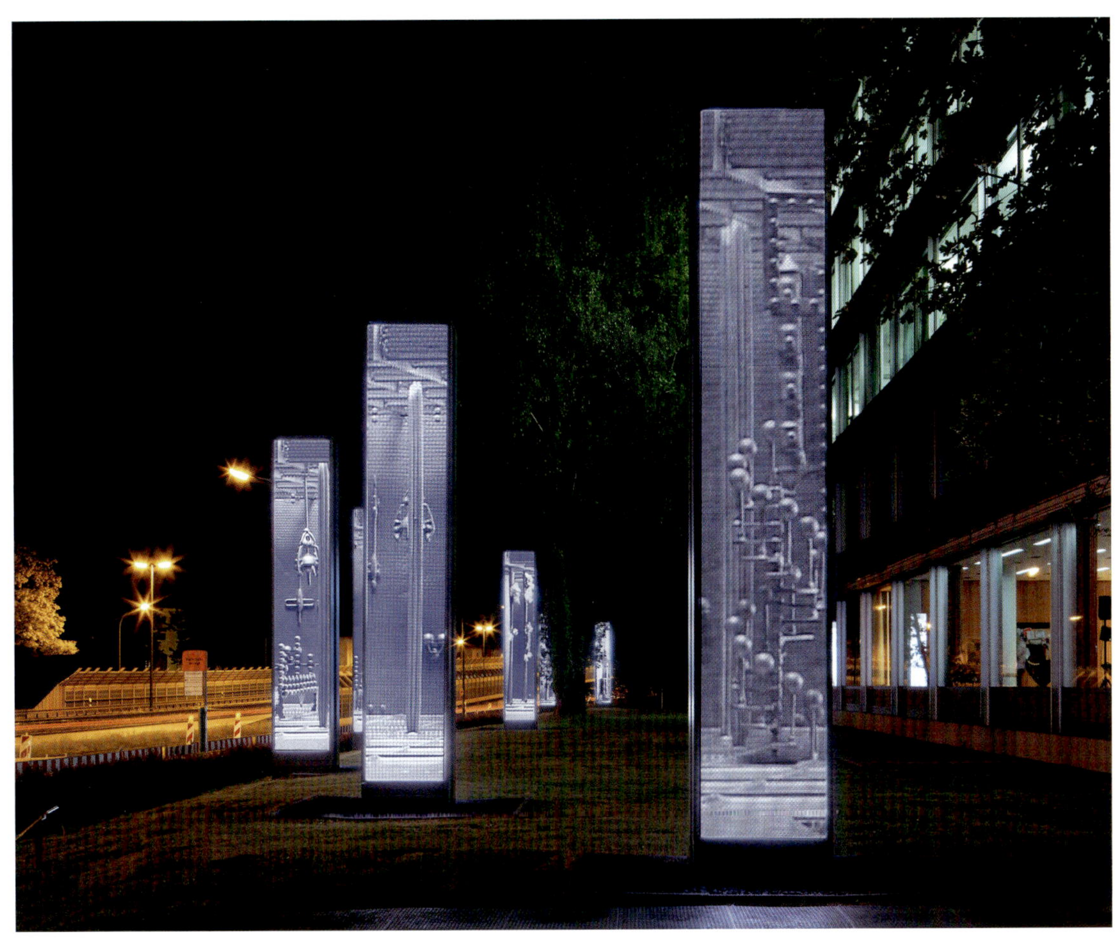

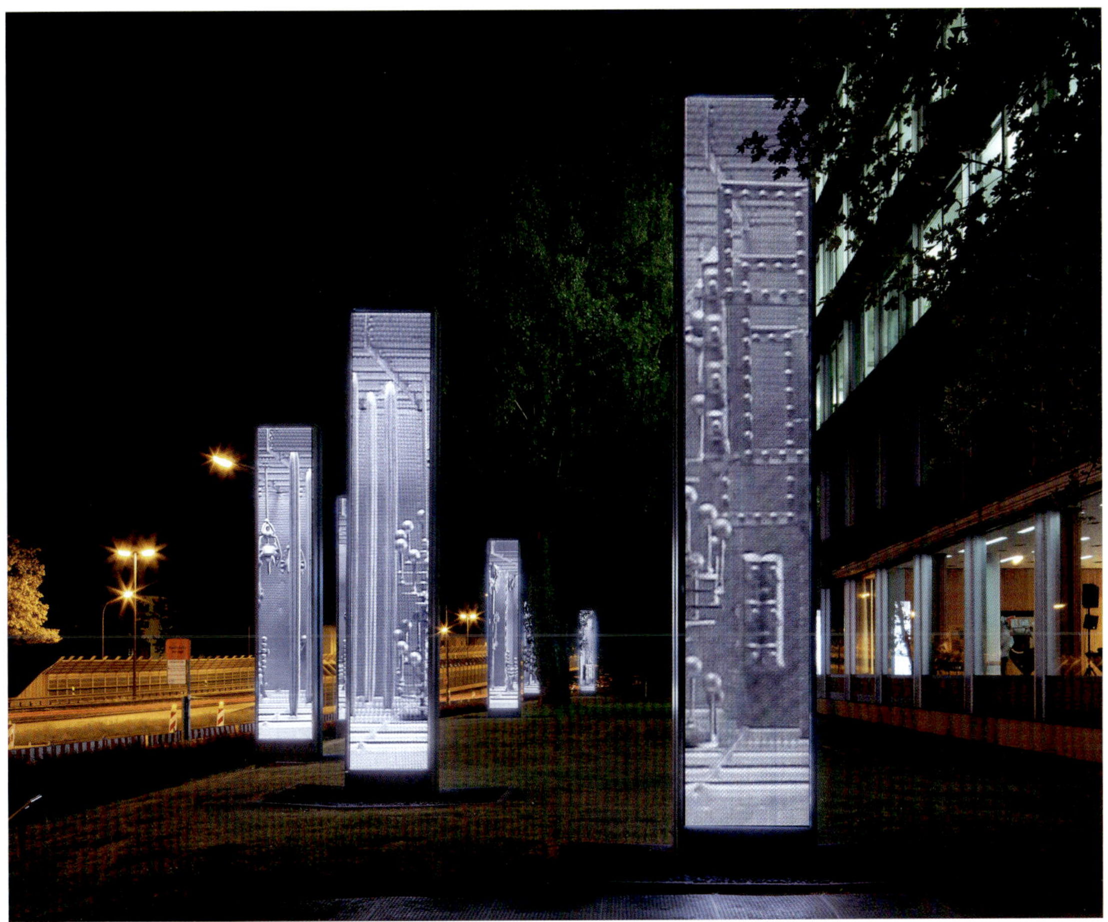

Die Imagination des Eremiten
Saskia Olde Wolbers im Gespräch mit Christian Schoen

Saskia Olde Wolbers' Arbeit operiert an der Grenze zwischen Realität und Imagination und kreiert eine surreale Welt voll suggestiver Schönheit. *Cellule* ist inspiriert von dem Roman *Gegen den Strich* des französischen Schriftstellers Joris-Karl Huysmans von 1884. Der Roman beschreibt, wie der adelige Protagonist sich in die Isolation seiner eigenen vier Wände und damit seiner eigenen Vorstellungswelt zurückzieht. Das Haus des kränklichen Jean Floressas Des Esseintes bildet das Setting für die Arbeit von Olde Wolbers. Wie für ihre vorangegangenen Videos baute die analog arbeitende Künstlerin für *Cellule* ein Modell des Hauses, das als modularer, beweglicher Raum funktioniert. Die Zelle des Herzogs – ein Zufluchtsort vor der Grobheit und Banalität des Alltags – war das zentrale Motiv der inneren Projektionen und wurde von Olde Wolbers in dramatischem Kontrast zur Umgebung der SEVEN SCREENS inszeniert.

Cellule ist ein rätselhaftes Werk. Wie in den meisten Deiner Arbeiten sind die visuelle Sprache und die ruhige Bewegung gleichzeitig kontemplativ und verstörend.

Meine Arbeit basiert auf dem, was ich mir beim Lesen des Buches von Huysmans vorgestellt habe, in dem er das Leben eines dekadenten Aristokraten beschreibt, der sich vom Leben zurückzieht und recht exzentrische Überlegungen zur Inneneinrichtung seines Hauses anstellt, die er perfektionieren möchte. Dabei erinnert er sich an Zeiten in seinem früheren Leben.

Wie verknüpfst Du diese Geschichte mit den SEVEN SCREENS?

Eigentlich war es mehr der Innenraum, die Vorstellung von einem mentalen und realen Raum, die diese Verknüpfung schuf. Die im Roman von Huysmans beschriebenen Räume voller Spiegel und Korridore erinnerten mich an ein kleines Modell eines Innenraums, das ich besitze. Es besteht aus flachem Papier, kann jedoch so gefaltet werden, dass Räume mit unterschiedlichen Abmessungen entstehen. Als ich dieses kleine Kästchen betrachtete, hatte ich den Eindruck, dass es einem architektonischen Raum sehr ähnelt. Das

war das Prinzip des Innenraums, den ich für die SEVEN SCREENS geschaffen habe. Ich vergrößerte die Maquette in Aluminium um circa 70 mal 50 cm. Alle Bereiche sind miteinander verknüpft, sodass sich die gesamte Anordnung bewegt, während die Kamera statisch bleibt. Ich platzierte einige unterschiedliche Innenelemente in diesen Räumen, bevor die Anordnung in einen mit Farbe gefüllten Tank abgesenkt wurde, sodass die Farbe die einzelnen Elemente umschloss und dieses silbrige, wachsartige Leuchten entstehen ließ, das dem Glanz einer alten Fotografie ähnelt. Da ich analog filme, ist das Resultat nicht vorhersehbar. Der Film wird nicht bearbeitet, damit er auf die Stelen passt, sondern er wird in sieben Abschnitte geteilt, die im Maßstab exakt dem Format der Screens entsprechen.

Der isolierte Innenraum scheint im Widerspruch zum Trubel des öffentlichen Raums zu stehen.

Also, ich sehe eine Ähnlichkeit zwischen dem Innenraum des Eremiten, wie er im Buch beschrieben wird, und dem des Autofahrers, weil man allein ist und nachdenken kann. Die Verbindung ist der Raum im Kopf. Wenn man an den Projektionsflächen vorbeifährt, sieht man nur einen Teil davon, was ich sehr wichtig finde, weil man mit einer Idee allein gelassen wird und es an einem selbst und der eigenen Vorstellungskraft liegt, daraus eine Geschichte zu machen. Aber da das Stück stumm ist, erzählt es keine Geschichte.

Du beziehst Dich auf einen Roman vom Ende des 19. Jahrhunderts. Gibt es darin eine Botschaft für uns, hier und heute?

Kunst sollte keine Botschaften vermitteln, zumindest meine Kunst nicht. Das Bedürfnis, sich entziehen zu wollen, ist zeitlos und universell. Wie Des Esseintes neigen die Personen in meinen Filmen normalerweise zu Eskapismus oder leben in einer Parallelwelt. Was mir in diesem Buch gefällt, ist dieses sehr exzentrische, dekadente Verhalten, sich gegen die Außenwelt abzuschließen. Das Stück handelt nicht vom Heute, wie auch meine anderen Werke nicht, weil Zeit ein großartiger Filter für die Vorstellungskraft ist, um Dinge durch sie hindurch zu betrachten.

The Hermit's Imagination
Saskia Olde Wolbers in Conversation with Christian Schoen

Saskia Olde Wolbers's piece operates on the borderline between reality and imagination, creating a surreal world of suggestive beauty. Cellule is inspired by À rebours (Against the Grain), a novel by Joris-Karl Huysmans from 1884. It describes how the noble protagonist retreats into the isolation of his own four walls and thus into his own imaginative world. The home of the ailing Jean Des Esseintes is the setting of Olde Wolbers's video. As in her previous videos, the artist, whose works are analog, built a model of the house for Cellule which functions as a modular, portable space. The duke's cell, a refuge from the coarseness and banality of everyday life, is the central motif of inner projections and is staged by Olde Wolbers in dramatic contrast to the surroundings of the SEVEN SCREENS.

Cellule is a mysterious piece. As in most of your works, its imagery and the tranquil movement are at once contemplative and disturbing.

My piece is based on what I imagined while reading the Huysmans book. He describes the life of a decadent aristocrat who retreats from life and ponders quite eccentrically over the interior he is trying to perfect while recalling past periods of his life.

How do you link this story with the SEVEN SCREENS?

Actually it was more the interior, the idea of mental and real space that forms this link. The rooms described in Huysmans's novel — rooms full of mirrors and corridors, patterns of crosses — reminded me of a small model of an interior I own which is flat paper yet can be folded in a way that it creates three-dimensional rooms with different dimensions. When I looked at this small cubicle I had the impression that it is very much like an architectural space. That was the principle of the larger interior that I created for the SEVEN SCREENS. I enlarged the maquette

in aluminum to approximately seventy by fifty centimeters. Each section is hinged, so the whole set moves while the camera is static. I placed several different interior elements in these rooms before the set was submerged into a tank filled with paint, so the paint wraps around the various elements, creating this silvery, waxy glow like the sheen of an old photograph. As I film analog, the outcome is unpredictable. The film is not edited to fit on the steles but is distributed over the seven screens by corresponding the set's scale exactly to their format.

The isolated interior seems to contradict the hustle and bustle of public space.

Well, I see a similarity between the hermit's interior as described in the book and the motorist's interior, because you're alone and you're thinking. The connection is the space in your head. When passing the screens you only see them in part, which I find very important, as you are kept alone with an idea and it is up to you and your imagination to tell a story. But because the piece is silent it's non-narrative.

You make reference to a novel from the late nineteenth century. Is there a message in it for us today?

Art shouldn't have a message, at least not my art. The need to escape is timeless and universal. Like Des Esseintes, the characters in my films are normally prone to escapism or living in a parallel world. What I think is nice in the book is this kind of very eccentric, decadent behavior of closing yourself off against the outside world. The piece is not set in the present, as none of my work is, because time is a great filter for the imagination to view things through.

Konzentrische Räume
Eine Einführung in das Werk von Saskia Olde Wolbers

In Saskia Olde Wolbers' komplex gestalteten Videos werden Welten innerhalb von Welten aufgedeckt und verhüllt, geöffnet und geschlossen. Persönliche Geschichten beleben ansonsten leblose, aber pulsierende Objekte, abstrakte Formen und halb virtuelle, halb reale leere Räume. In diese kann der Betrachter eintauchen und sich darin verlieren, indem er in ein entrückendes, audiovisuelles Erlebnis abgleitet und sich treiben lässt, die mehrdeutige, zufällige innere Logik von Erinnerung und Vorstellungskraft vermessend und umkreisend.

Seit 1996 macht die Künstlerin kurze Videofilme, die auf der Beziehung zwischen dem Jenseitigen und dem Bekannten, zwischen Wahrheit und Subjektivität fußen. Ihr komplett analoges visuelles Werk dreht, erweitert und verengt sich rund um dichte, üppig deskriptive mündliche Erzählungen, die sie aus realen Erlebnissen der Desorientierung ableitet. Auszüge aus Nachrichten dienen als Sprungbrett für einzigartige fiktionalisierte Dokumentationen, für in sich geschlossene Reisen in eine andere Welt. Olde Wolbers' eigener Ansatz der Berichterstattung, der sowohl an dramatische Selbstgespräche als auch an innere Monologe erinnert, bietet eine Ichperspektive und zeigt, wie sich Ereignisse filtern und in unterschiedlichen Versionen von Wirklichkeit rekonstruieren lassen.

Begleitet von gesprochenen Soundtracks im Hörbuchstil, filmt die Künstlerin in Echtzeit Miniatursets, die aus Tierkäfigen, Plastikflaschen und anderen gewöhnlichen Materialien gemacht sind und sich in unter Wasser gesetzten, oftmals von Farbe durchzogenen Tanks befinden. Ihre Videos zeigen seltsam animierte, halb figürliche Formen, aufbrechende Flächen, wogende Ströme und willkürlich steigende und fallende Blasen. Nur mit einer Andeutung der abstrakten Verbindung zum Erzählerischen, aber in einem ähnlich nach innen gerichteten Ton, setzen sie einen kognitiven Kontrapunkt zum Audioguide. Dabei konzentrieren sie sich auf die Struktur und lenken zugleich von der Bedeutung der Wörter ab, also von etwas, in dem sich Wiedererkennbares finden oder vorstellen ließe.

Olde Wolbers' Interesse an der Illusion, an der Beugung von Wahrheit und Fiktion und an der Beobachtung der perversen Natur der Wahrscheinlichkeit macht nicht nur ihre Bildsprache, sondern den Kern ihres Werkes aus. *Placebo* (2002) und *Interloper* (2003) sind an das Leben von Jean-Claude Romand angelehnt, einem Franzosen, der achtzehn Jahre lang vorgab, als Arzt

Concentric Spaces
An Introduction to Saskia Olde Wolbers' Work

In Saskia Olde Wolbers's intricately crafted videos, worlds within worlds are revealed and obscured, opened and closed. Personal storytelling enlivens otherwise lifeless but pulsating objects, abstract shapes, and half virtual, half real empty spaces. The viewer can become immersed and lost in these, drifting and adrift in a displacing audiovisual exploration charting and revolving around the ambiguous, chance-like internal logic of memory and the imagination.

Since 1996 the artist has been making short videos that hinge on the relationship between the otherworldly and the familiar, between truth and subjectivity. Her completely analog visual imagery coils, expands, and contracts around tight but lushly descriptive oral accounts she scripts out of real-life narratives of disorientation. News extracts serve as a springboard from which to create unique fictionalized documentaries, like ethereal self-contained journeys. Her own take on reporting, reminiscent both of dramatic soliloquies and of internal monologues, provides a first person point of view and addresses the way an event can be compulsively filtered and reconstructed into different, altered versions of reality.

Accompanying the oral, audio book-like soundtracks, Olde Wolbers films real-time footage in miniature sets made out of animal cages, plastic bottles, and other ordinary materials placed in underwater tanks often dipped in paint. Her visuals feature strangely animated semifigurative shapes and heaving surfaces, undulating streams, and randomly rising and falling bubbles. With only a hint of an abstracted connection to the narrative, but a similarly internal tone, they create an effervescent cognitive counterpoint to the audio guide, at once a structural focus and a distraction from the words' meaning, something in which to find or imagine something recognizable.

The artist's concern with illusion, with bending truth and fiction, and with observing the perverse nature of verisimilitude is at the very core of her subject matter, not just her visuals. Placebo *(2002) and* Interloper *(2003) are loosely based on the life of Jean-Claude Romand, a French man who for eighteen years pretended to be a doctor working for the World Health Organization and who killed his family in order to prevent his eventual exposure. The artist meditates on aspects of Romand's complex system of deceit and his pathological world-making as the backdrop to these two companion videos.*

für die Weltgesundheitsorganisation zu arbeiten und schließlich seine Familie tötete, um seiner Bloßstellung zuvorzukommen. Die Künstlerin greift als Hintergrund für diese beiden zusammengehörenden Videos einige Aspekte von Romands komplexem Täuschungsmechanismus und seiner pathologischen Erfindung einer eigenen Welt auf.

Placebo entfaltet aus der Perspektive einer Frau, die nach einem Autounfall ihr Bewusstsein zurückerlangt, eine mit heiserer Stimme vorgetragene Beichte. Im Bett neben ihr liegt ein Mann im Koma. Wir erfahren, dass er vorgegeben hatte, als Chirurg in eben diesem Krankenhaus zu arbeiten. Sie ist seine Geliebte. Da er von ihrem Verdacht wusste, lenkte er das Auto gegen einen Baum. Die Geschichte spielt mit den Klischees des Ehebetrugs, wobei hier die andere Frau ebenfalls von einem an Pseudologia phantastica Erkrankten belogen wird. Bei dieser Krankheit denkt sich der Betroffene ein zweites aus Lügen geschaffenes Leben aus, das er schließlich nicht mehr von der Wirklichkeit unterscheiden kann.

Die blassen, klinisch wirkenden Räume sind weiß und mit einem klebrigen, viskosen Material überzogen, aus dem sich Tropfen bilden, die langsam, aber auf unvorhersehbare Weise Blasen werfen, bis sie eine kritische Masse erreicht haben und sich wie in einer amniotisch blubbernden Lavalampe in gleichermaßen bekannte und irrwitzige Formen verwandeln. Der Titel des Werkes spielt mit der Vorstellung vom Wort als ultimativem Placebo, wobei die Bedeutung auf suggestive Weise auf das Visuelle und die Rolle, die Glauben bei der Wahrnehmung von Realität spielt, ausgedehnt wird. Heilung, so Bernard Lown in seinem Buch *Die verlorene Kunst des Heilens,* ist fünfzig Prozent Psychologie, basierend auf dem Glauben an die Wirksamkeit der Behandlung. »Seine Beschreibungen waren stets Ersatz für den Mangel an gemeinsamer Erfahrung«, sagt die Erzählerin; Wirklichkeit ist hier nur durch eine Art Glauben an das, was man hört und sieht, zugänglich.

Die Bilderwelt in *Placebo* fängt einen gewissen halluzinatorischen Symbolismus und eine ätherische, körperlose Spannung ein, als ob Raum und Zeit aufgehoben wären. Dabei wird zugleich die beunruhigende Voice-over-Story reflektiert. *Interloper* setzt die Erzählung fort, dieses Mal aus der Sicht des Liebhabers der Frau, der eine Nahtoderfahrung durchmacht, sich zweiteilt und von seinem Körper entfernt. Den Bericht liefert sein homunkulares Selbst, ein Begriff aus der Psychologie für das innere Bewusstsein, das unseren Realitätssinn leitet, der hier gespalten ist, zwischen den Identitäten, Erzählungen und Chronologien hin- und herschwingt, vom Tod zu Kindheit und Geburt. Während die Stimme weiter über seine klinische Erfahrung berichtet, werden uns sein Wahn und die subjektive, unmögliche Natur der Wahrheit immer deutlicher vor Augen geführt.

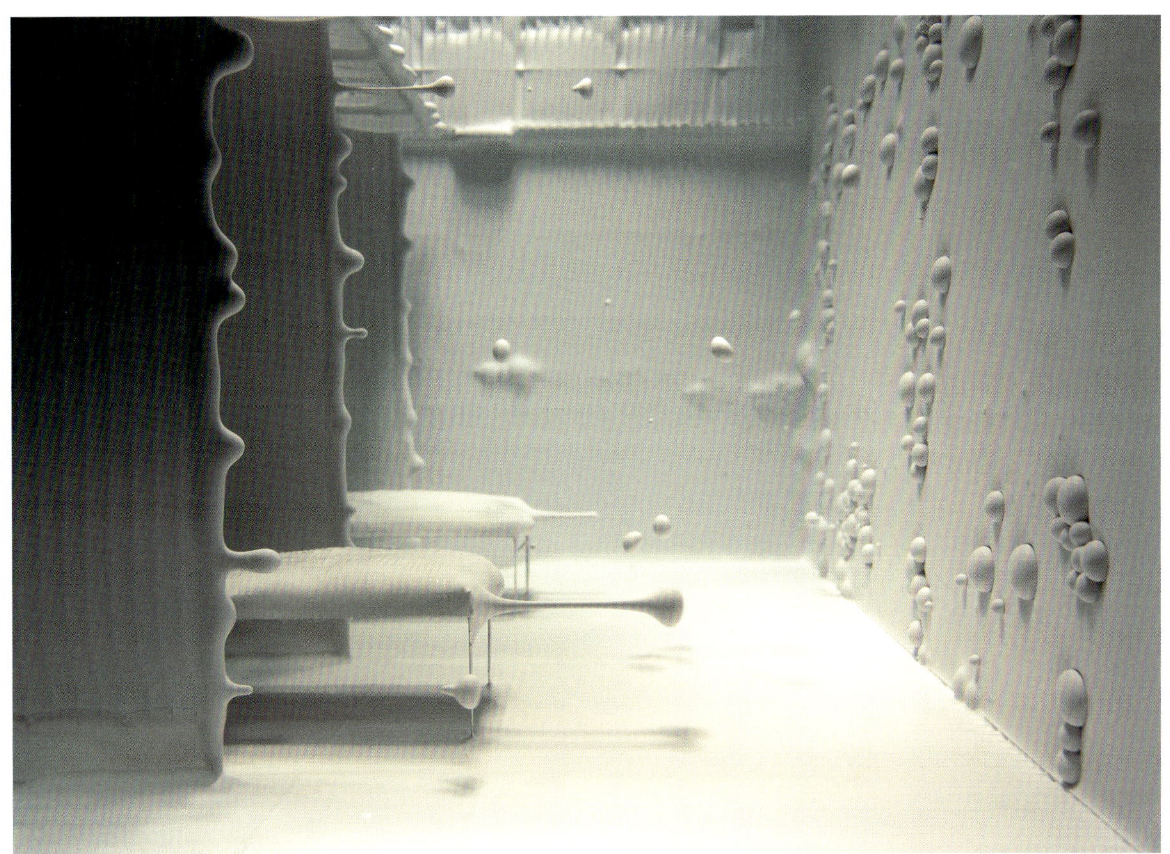

Saskia Olde Wolbers
Placebo
2002

Placebo *unfolds as a husky-voiced confessional told from the point of view of a woman in a hospital regaining consciousness after a car crash. A man in a coma lies in the bed next to hers. We learn he had claimed to be working as a surgeon in the very same institution; she is his mistress. Aware of her suspicion, he swerves the car into a tree. The story plays with clichés about infidelity; here the other woman is also being lied to by a sufferer of Pseudolica Phantastica, a condition in which the sufferer creates an alternate life out of lies which, ultimately, he cannot distinguish from the truth.*

The pale, clinical-looking chambers are white and coated with a gloppy, viscous material from which fluid forms into drops bubbling slowly but un- predictably until they reach critical mass and change, like an amiotically tinged lava lamp, familiar and begging belief at the same time. The title of the work plays with the idea of the word as the ultimate placebo, suggestively extending the notion to the visual and the role of belief in perceiving reality. Healing, as Bernard Lown claims in his book The Lost Art of Healing, *is fifty per cent psychological, based on believing in one's treatment. "His descrip- tions have always been substitutes for the absence of shared experience," the narrator says; reality here is accessed only by a kind of faith in what is heard and what is seen.*

The imagery in Placebo *encapsulates a certain hallucinatory symbolism and an ethereal, disembodied tension, as if space and time were in suspen- sion, somehow reflecting the anxious voiceover story.* Interloper *continues*

Das Interesse der Künstlerin an der placebohaften Natur von Wörtern und Bildern und der Unmöglichkeit einer Trennung von Realität und Imagination kommt auch in ihren jüngsten Arbeiten zum Ausdruck, zum Beispiel in *Deadline* (2007), einer Erzählung über Geheimnisse und Pilgerreisen, bei der die Künstlerin Erzählungen miteinander verwebt, die sie auf einer zweiwöchigen Reise in Gambia gehört hat. Die endlosen, schlangenartigen Muster formen den Klangboden und erinnern uns an das, was wir im Inneren unserer Augen sehen, wenn sie geschlossen sind – und die Geschichten bilden wie gewobene, mystisch destillierte körperlose Leben ein gleichermaßen subjektives und jenseitiges Mysterium. »Die Bilder im Film stehen im gleichen Verhältnis zur Geschichte wie Ruinen zu ihrer Vergangenheit. Sie dienen als Vehikel für die Vorstellungskraft«, so die Künstlerin. *Pareidolia* (2011) konzen-

Saskia Olde Wolbers
Pareidolia
2011

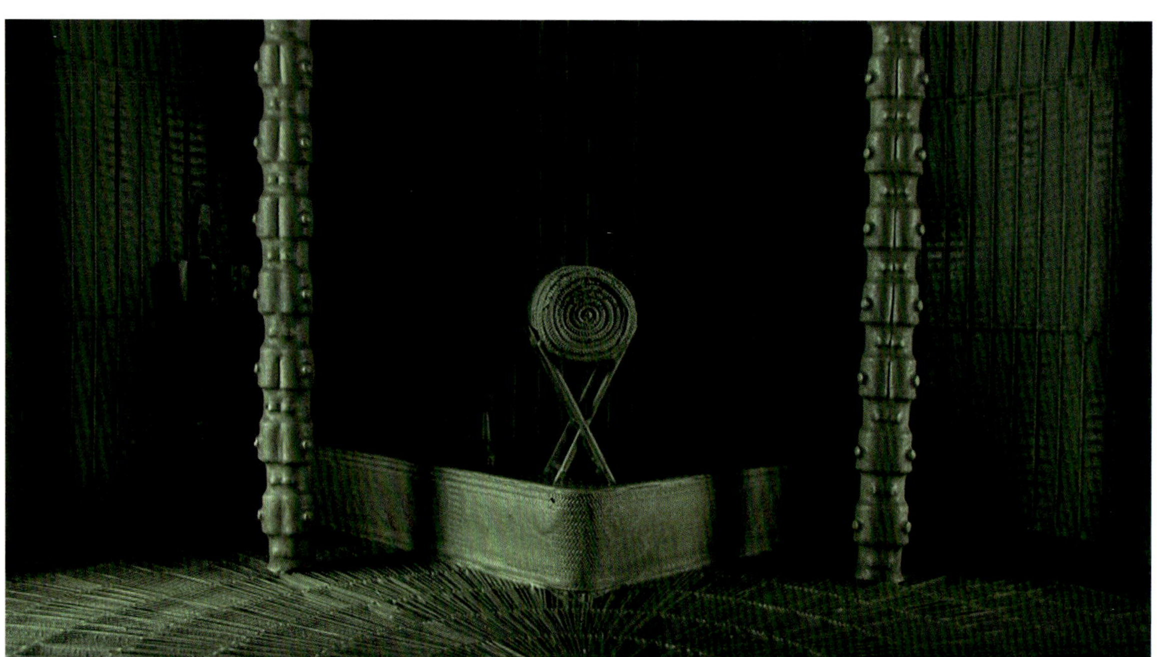

triert sich ebenfalls auf die Vorstellungen von Subjektivität, Erscheinungen und Glauben, indem es die fiktionalisierte Geschichte einer Fehlübersetzung des Buches *Zen in der Kunst des Bogenschießens* erzählt und dabei schlicht animierte Vögel und die Innenräume japanischer Universitäten als traumartigen, codierten visuellen Leitfaden nutzt.

Olde Wolbers' experimenteller literarisch-visueller Ansatz löst leichtes Unbehagen und Verwirrung aus und greift die Spannung zwischen Wort und Bild als nur einen Aspekt des facettenreichen sensorischen Prozesses auf. Ihre seltsam eidetischen Audio-Psycho-Fiktionen wechseln zwischen sinnlicher, medialer und narrativer Sprache und stellen dabei unsere Denk- und Sehweise und unseren Begriff von Erinnerung und Erzählung auf den Kopf.

Lupe Núñez-Fernández

the account, this time from the point of view of the woman's lover as he goes through a near-death experience, splitting into two and floating away from his body. His narrative is told from his homuncular self, a psychological term for internal consciousness guiding our sense of reality, here split, going back and forth between identities, narratives, and chronologies, from death to youth to birth. As the voice's descriptions of his clinical experience continue, we become more and more aware of his delusional condition and of the subjective, impossible nature of truth.

The artist's concern with the placebo-like nature of words and images, and with the impossibility of separating what is real from what is imaginary, is also expressed in recent works, such as Deadline *(2007), a narrative around themes of secrecy and pilgrimage amalgamating stories heard by the artist while on a two-week holiday in Gambia. The endless, snake-like patterns drifting over the soundtrack call to mind what we see inside our eyes when they are closed—and the stories, like woven, mythically distilled disembodied lives, an equally subjective, otherworldly mystery. "The visuals in the film relate to the story in the same way ruins relate to their past. They are used as a vehicle for the imagination," Olde Wolbers explains.* Pareidolia *(2011) also focuses on ideas of subjectivity, appearances, and belief as it tells the fictionalized tale of mistranslation around the book* Zen in the Art of Archery, *using lo-fi animatronic birds and Japanese university interiors as its oneiric, coded visual guide.*

Provoking a slight sense of unease and confusion, Olde Wolbers' experimental literary-visual approach suggests a tension between word and image as just one aspect of a multifaceted sensory process. Evoking slippages between senses, media, and narrative languages, her strangely eidetic audio pseudo-fictions both displace and reconfigure what we think, what we see, and how we understand memory and narrative can be constructed.

Lupe Núñez-Fernández

Herlinde Koelbl

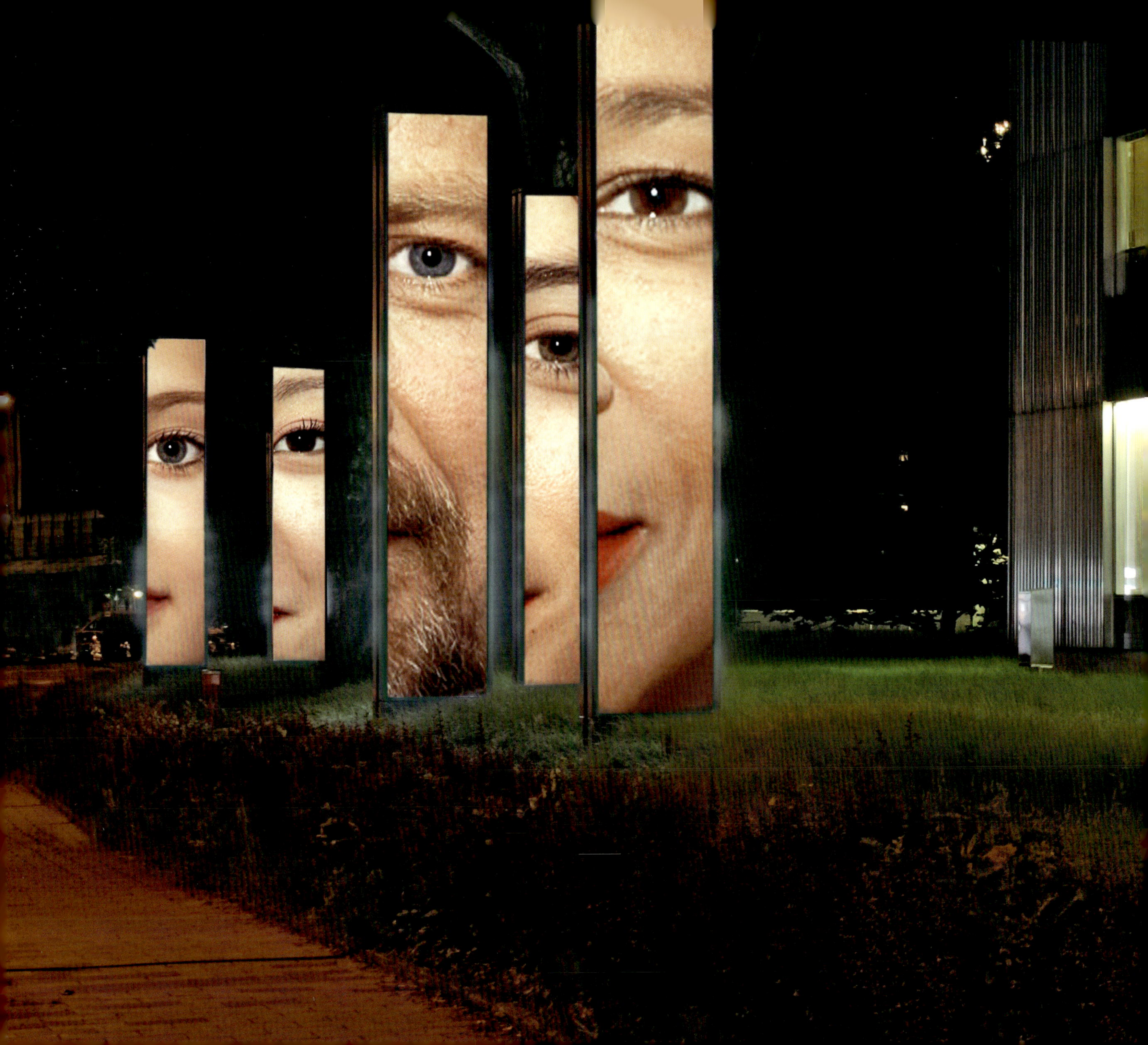

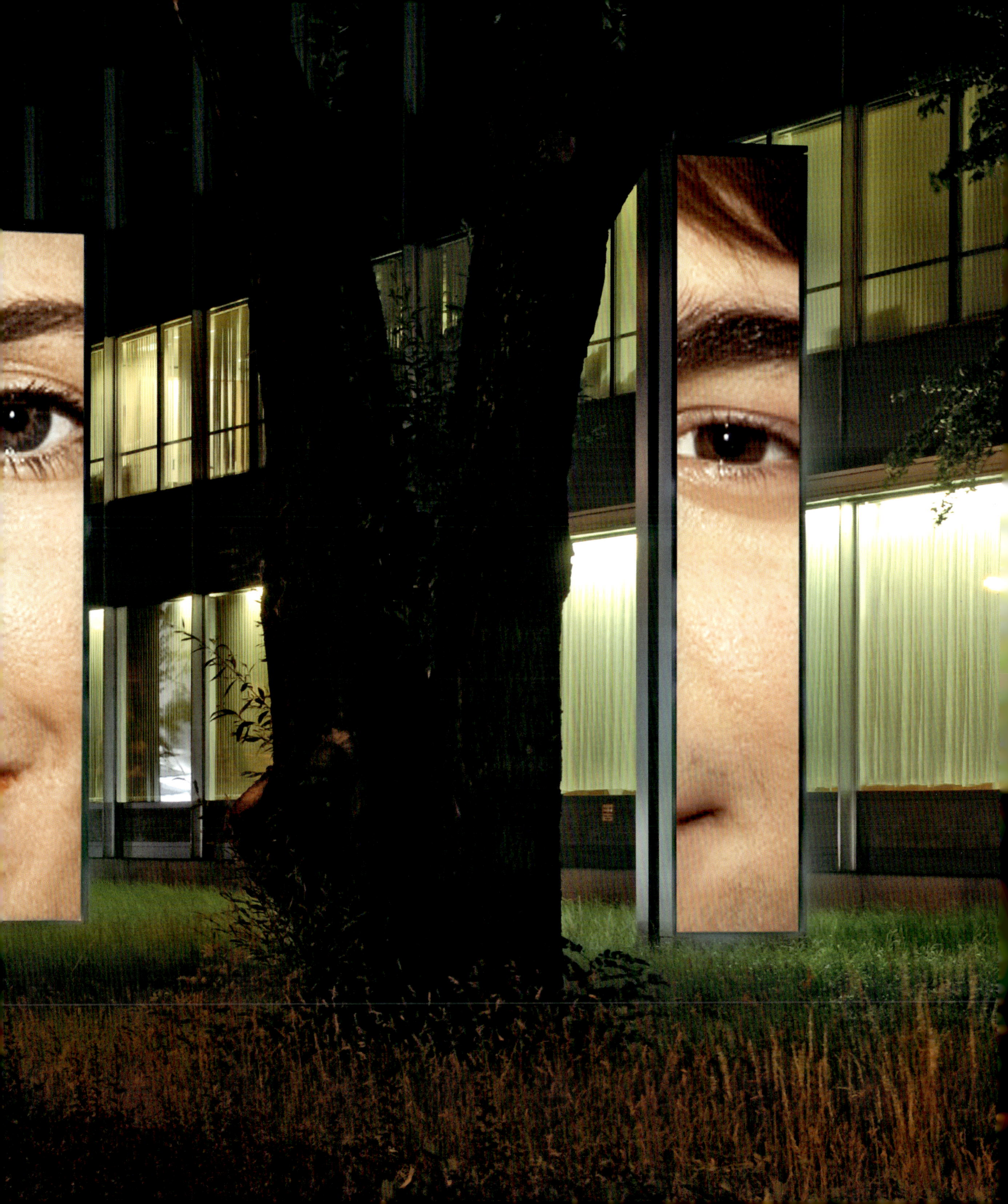

Herlinde Koelbl
Du hast mich verzaubert mit einem Blick deiner Augen /
You have taken away my heart, with one look you have taken it
2011

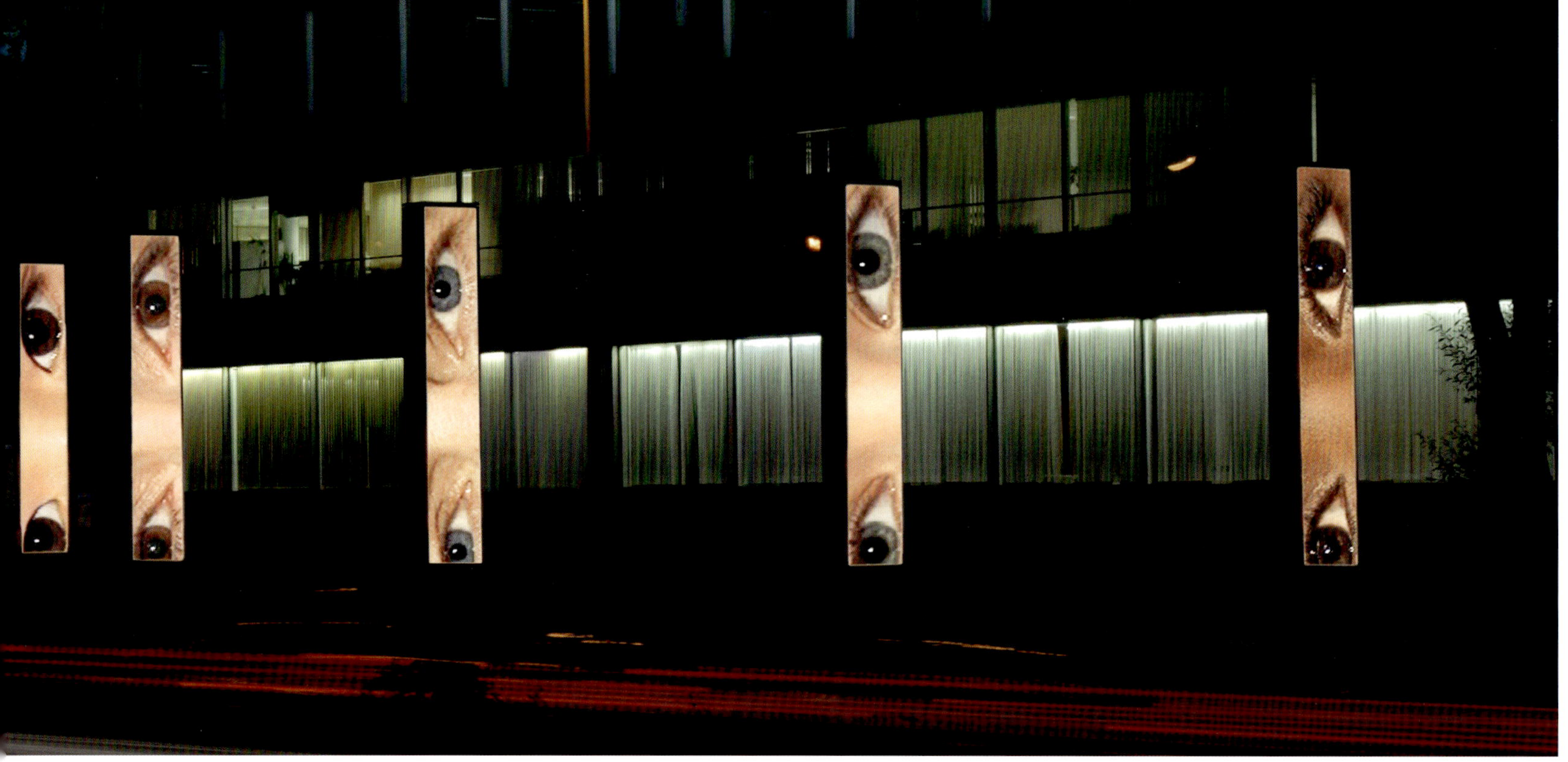

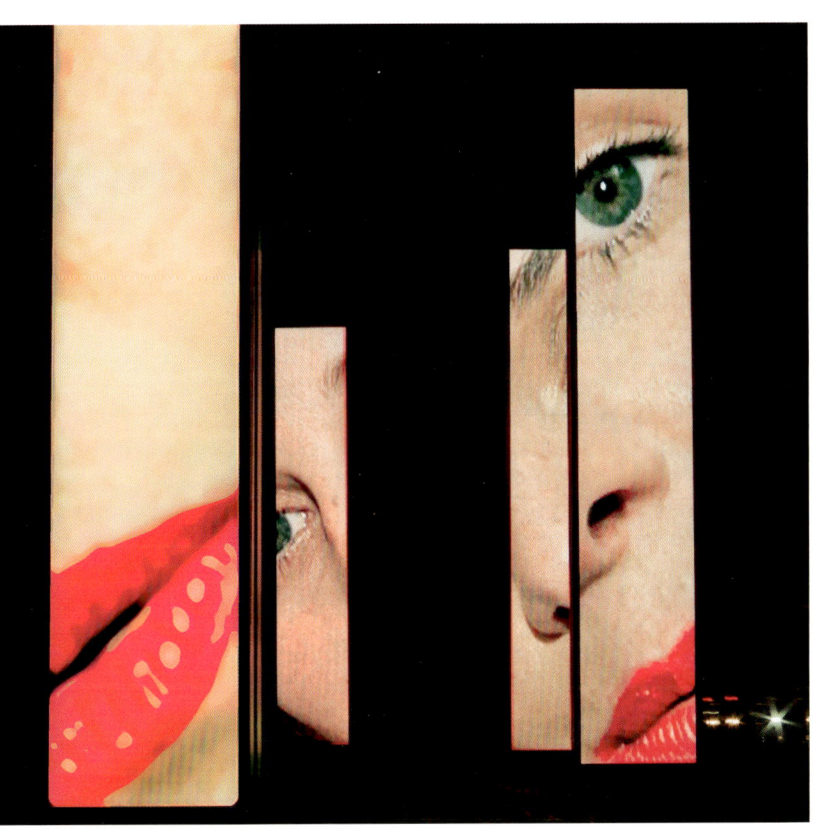

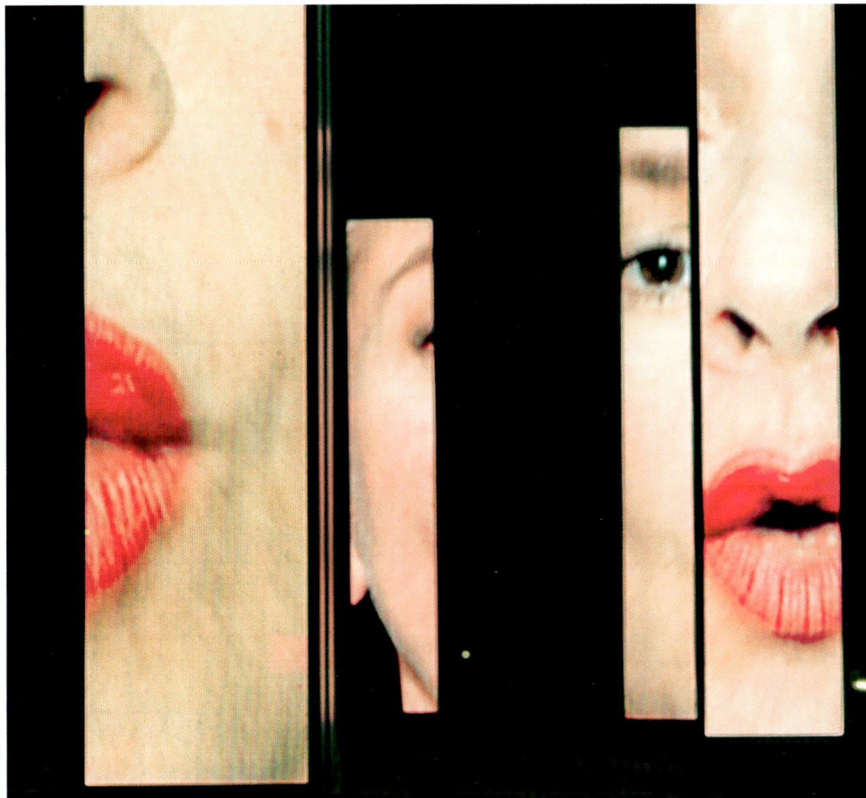

Der Augenblick
Herlinde Koelbl im Gespräch mit Christian Schoen

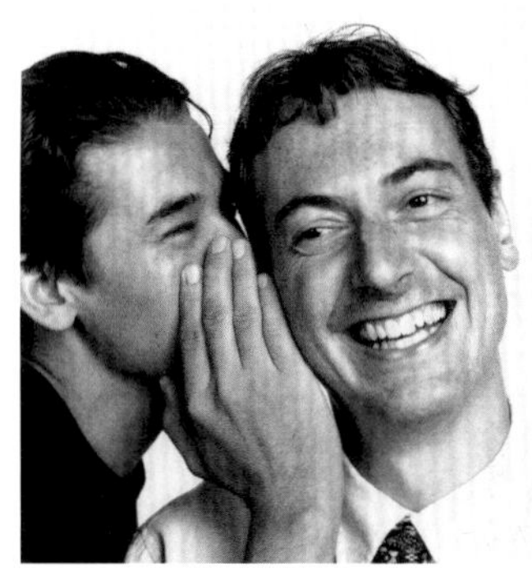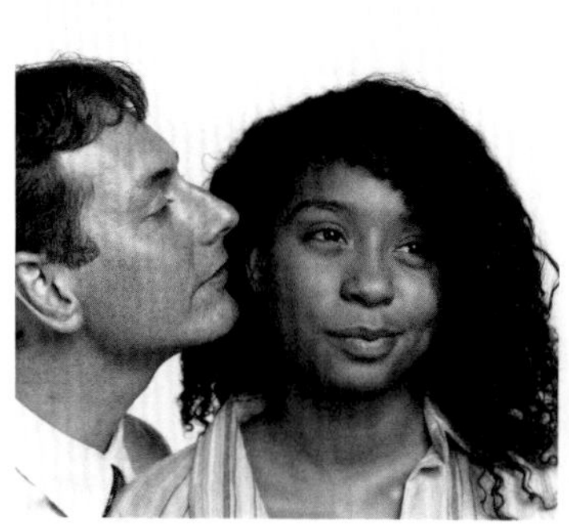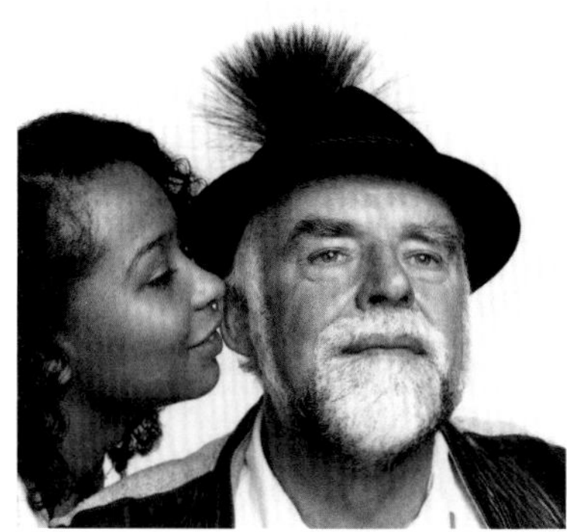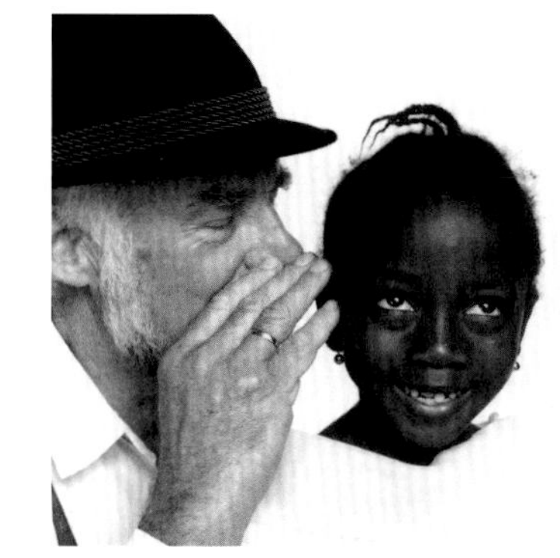

Herlinde Koelbl
Über das Hören und Verstehen
2004

Herlinde Koelbl begegnet vielen Menschen. Ihr Interesse am Gegenüber ist unerschöpflich, und von Berufs wegen registriert sie und hält fest. Die Fotografin ist seit vielen Jahrzehnten bekannt für ihre eindrucksvollen Porträts. Der erste Moment einer Begegnung ist für sie entscheidend, und es steht für sie außer Frage, dass der erste Kontakt über die Augen entsteht. In ihrer Arbeit für die SEVEN SCREENS konfrontiert sie den vorbeifahrenden Betrachter mit den Blicken unbekannter Menschen. Sie verschafft damit dem »Augenblick«, dem kurzen, gleichsam öffentlichen wie intimen Moment, eine Bühne.

Ihre Arbeit für die SEVEN SCREENS befasst sich mit dem menschlichen Antlitz, konkreter: Sie konzentriert sich auf das Schauen der Dargestellten. Was interessiert Sie am Blick der Augen?

Für mich ist der Augenblick etwas sehr Wesentliches und auch sehr Kostbares. Manchmal hat man eine Begegnung nur für einen Augenblick, aber trotzdem ist sie so intensiv, dass sie in Erinnerung bleibt. Der erste Augenblick beschreibt nicht nur den Moment der Begegnung, sondern auch die Art, wie man das Gegenüber anschaut beziehungsweise wie man angeschaut wird. Blickt man sich in die Augen, oder blickt man sich nicht in die Augen? Das ist ganz entscheidend.
Der erste Blickkontakt spielt im ganzen Leben, überall auf der Welt, eine wesentliche Rolle. Es beginnt bei der Geburt mit dem Blick in die Augen des eigenen Kindes, und es endet, wenn die Augen das letzte Mal geschlossen werden. So beinhaltet meine Arbeit auch diesen lebenszyklischen Aspekt. Doch es geht ebenso um die weltumspannende, interkulturelle Kommunikation über Blicke.

Was sind es für Menschen, die Sie zeigen?

Ausgangspunkt für die Auswahl der Porträtierten war die Idee, unterschiedliche Nationalitäten und Altersgruppen zu repräsentieren. Ich habe keine Modelle ausgewählt, da es mir um den gesellschaftlichen Quer-

The Moment Eyes Meet
Herlinde Koelbl in Conversation with Christian Schoen

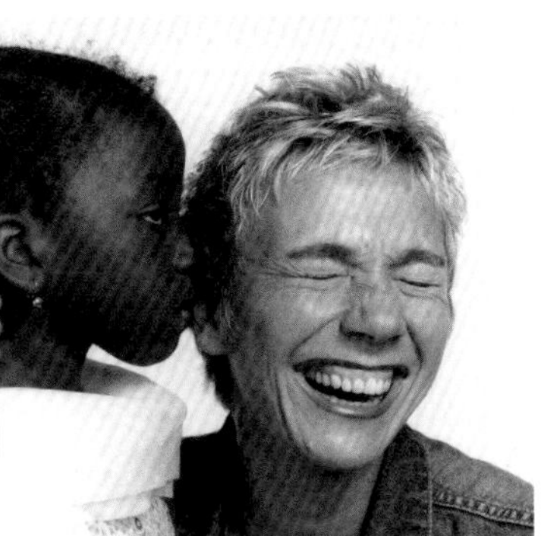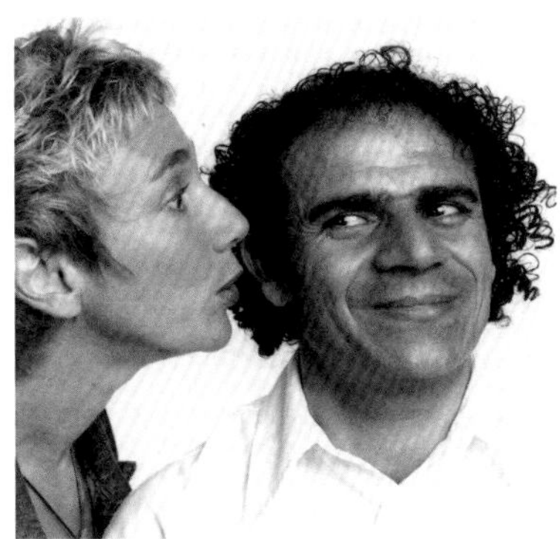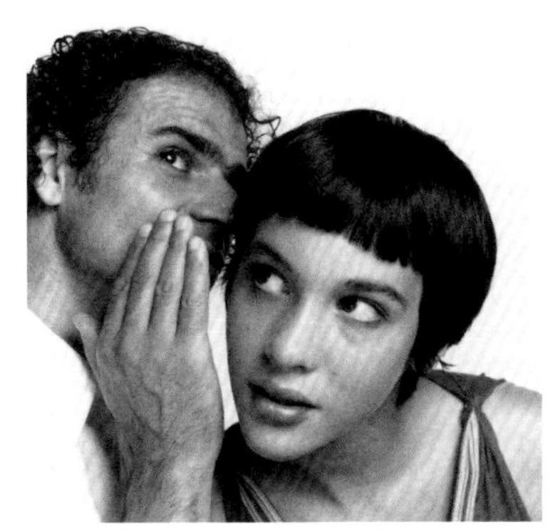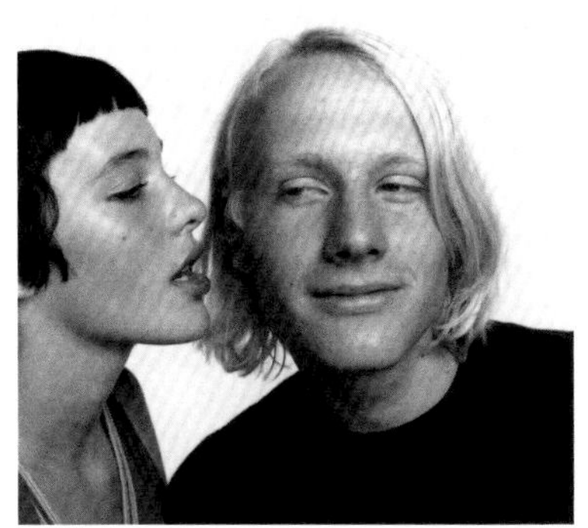

Herlinde Koelbl meets a large number of people. She has a keen interest in the individuals with whom she comes face to face, and her professional curiosity compels her to register what she sees and capture it on film. She is a photographer, and for decades now she has been known for her striking portraits. The first moment in an encounter is decisive for her, and in her mind there is absolutely no doubt that initial contact has to be made via the eyes. In her work for the SEVEN SCREENS, she confronts passing viewers with the gazes of unknown people. In so doing, she creates a stage for the "moment eyes meet," that brief, public yet intimate instant.

Your work for the SEVEN SCREENS concerns the human face, or to be more precise: it focuses on the subject's gaze. What is it that interests you about the look in people's eyes?

For me, the moment eyes meet is something very elemental and very precious. An encounter sometimes lasts no longer than that moment of eye contact, but it's so intense that it sticks in one's mind. The moment eyes meet for the first time not only defines the moment of convergence, but also the way in which we regard our opposite or how they regard us. Do we look into each other's eyes, or don't we? That's the decisive point. Initial eye contact plays an important role throughout the lives of people all over the world. It begins at birth, when you look into the eyes of your own child, and it ends when a person's eyes close for the last time. My work also includes this lifecycle aspect, but it likewise concerns global, intercultural communication with the eyes.

What kind of people have you chosen to show?

The starting point for my choice of subjects was the idea of representing different nationalities and age groups. I didn't choose any models, as I wanted to show a cross-section of society as a reflection of everyday life. My work captures that poetic

Herlinde Koelbl
About Hearing and Understanding
2004

schnitt geht, als Abbild des alltäglichen Lebens. Bei der Arbeit fange ich den poetischen Moment des Augenblicks ein. Des Augenblicks, wenn man unbekannten Menschen auf der Straße begegnet und die Blicke sich für einen kurzen Moment kreuzen. Analog tritt der vorbeifahrende Betrachter in einen kurzen Kontakt mit den Menschen, die auf den Stelen erscheinen, wenn er den Ort passiert.

Der Begriff »Augenblick« ist zuerst eine Zeiteinheit, eine bildliche Beschreibung für einen sehr kurzen Moment. Aber in dem Begriff liegt auch etwas Poetisches, da er sich auf die Augen des Individuums und dessen Blick bezieht. Wie verschiebt sich diese Bedeutung, wenn wir es nicht mit einem direkten Gegenüber, sondern mit dem Bild eines Gegenübers zu tun haben?

Auch in einem Porträt sind die Augen das Entscheidende. Das finden Sie sehr häufig in meinen Bildern, dass die Dargestellten Sie anzublicken scheinen. Einerseits stellt dieser Blick einen direkten Kontakt mit dem Betrachter her. Andererseits erzählen die Augen sehr viel über die Befindlichkeit des Porträtierten, erzählen von seiner Lebendigkeit, von Traurigkeit oder von Humor. Augen erzählen sehr viel wahrhaftiger als die Sprache. In Worten lässt sich viel verstecken.

Der Blick funktioniert auch in die andere Richtung: Der auf uns selbst gerichtete Blick ist entscheidend für unser Verhalten und letztlich bedeutsam für unsere Identitätsbildung. Wie wichtig ist für Sie die Macht des Blicks?

Es gibt ja die Sprichworte »Liebe auf den ersten Blick« oder »Wenn Blicke töten könnten …«. In der Tat, Blicke können verzaubern, verletzen oder betören. Sie können verschwörerisch, aufmunternd, unschuldig oder treuherzig sein. Nicht umsonst kennt die Mythologie ja viele Geschichten, in denen allein durch den Blick Schaden angerichtet wird.

Als Fotografin benutzen Sie ja nicht nur ihre eigenen Augen, sondern quasi in der Verlängerung und als Mittel der Objektivierung die Kamera. Welchen Blickwinkel nehmen Sie beziehungsweise nimmt Ihre

Kamera ein, wenn Sie in die Wohnzimmer der Menschen oder deren Gesichter schauen?

Wenn ich etwas nicht wahrnehme – und ich glaube, das ist das Entscheidende –, dann kann es die Kamera auch nicht wiedergeben. Die Kamera ist für mich nur die Verlängerung meiner Sinne, allen voran der visuellen Wahrnehmung, also der Augen.

Es ist also kein objektiver, sondern ein subjektiver Blick, den Sie auf Ihre Mitmenschen richten?

Ich glaube, es handelt sich sowohl um einen subjektiven als auch um einen objektiven Blick. Mein Gegenüber mag ich sympathisch oder unsympathisch finden, doch schließlich trete ich ein wenig zurück und bemühe mich um Objektivität. Die reine Objektivität jedoch kann es nicht geben, es sei denn, ein Roboter würde die Aufnahmen machen, und das wäre kein lebendiges Bild. Erst die Lebendigkeit meines Blicks löst Emotionen in den Augen meines Gegenübers aus, die dann wiederum auf den Stelen mit den Passanten oder Vorbeifahrenden kommunizieren.

instant of the moment, of the moment someone encounters a stranger on the street and their eyes meet just briefly. In the same way, the passing viewer makes brief contact with the people who appear on the steles when he or she drives by.

The German word "Augenblick" is primarily a unit of time, a metaphorical description of a very brief moment. But the word, literally "eye glance" or "twinkling of an eye," also has a poetic element, as it refers to the individual's gaze. How does this meaning shift when we are not dealing with a person face to face but confronted with an image of person?

It's the eyes that are crucial in a portrait, too. In my photos you'll often notice that the subject seems to be looking at you. While this glance establishes direct contact with the viewer, the eyes also relate a great deal about the state of mind of the person in the portrait: they reveal vitality, sadness, or humor. What eyes relate is much more truthful than what language relates. A lot can be concealed in words.

A look also works in the other direction: a look directed at us can decisively influence our behavior and ultimately play a significant role in the formation of our identity. How important is the power of a look to you?

There are sayings like "love at first sight" or "if looks could kill." Looks really can enchant, hurt, or captivate. They can be conspiratorial, encouraging, innocent, or trusting. It's no coincidence that mythology is full of stories in which a look is enough to inflict harm.

As a photographer, you not only use your eyes but a camera as a virtual extension of your sight and as a means of objectification. What viewing angle do you take—or does your camera take—when you look into somebody's living room or a person's face?

If I fail to notice something—and I believe that that's the crucial point—the camera can't reproduce it. As far as I'm concerned, the camera's merely an enhancement of my senses, above all of my visual perception, that is to say of my eyes.

And so you don't take an objective look at your fellow human beings but a subjective one?

I believe it's both subjective and objective. I may find my opposite likeable or not, but in the end I take a step back and try to take an objective look. However, pure objectivity is impossible—unless robots were to take the photos, and then there would be no life in them. It's the life in my eyes that triggers the emotions in the eyes of my opposite, and their eyes in the steles in turn communicate with pedestrians or passing motorists.

Konzeptkunst mit Gewissen
Anmerkungen zur Fotografie von Herlinde Koelbl

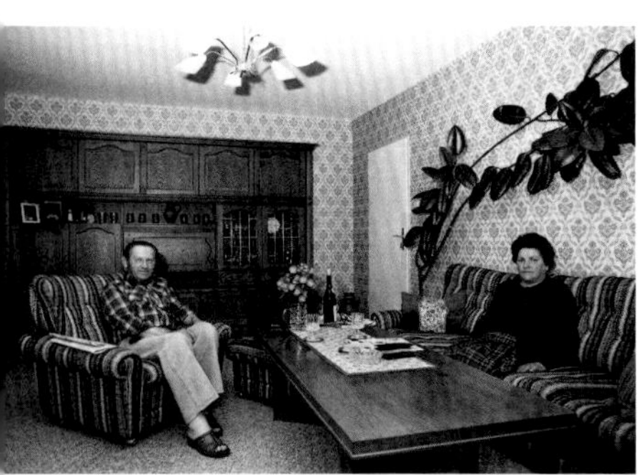

Herlinde Koelbl
Das Deutsche Wohnzimmer
1980

Herlinde Koelbl ist Fotografin, eine der bekanntesten in Deutschland. Zugleich ist sie ein Phänomen, singulär in der Art, wie sie ihre Themen findet und – in geistiger Nähe zu Soziologie, Alltags- und Kulturgeschichte – über Jahre verfolgt. Regelmäßig stellt sie verblüffende Fragen. Dass es am Ende die richtigen waren, beweist die Resonanz auf ihre Ausstellungen, Filme und mittlerweile rund zwei Dutzend Bücher. Mit dem, was sie tut und wie sie es tut, trotzt sie der Banalisierung und Boulevardisierung unserer Unterhaltungsindustrie. Der zunehmenden Oberflächlichkeit setzt sie Tiefe, dem flotten Spruch Nachdenklichkeit entgegen. Was – nicht selten – in Schwarz-Weiß und mitunter etwas spröde auftritt, entpuppt sich bei näherer Betrachtung als komplexes Gebäude, dessen Besichtigung am Ende mehr hinterlässt als nur ein gutes Gefühl. Suchte man nach einer Tradition, könnte man sagen, Koelbl habe ein Stück Aufklärung in die Gegenwart gerettet.

Sie erzählt von deutschen Wohnzimmern und jüdischen Intellektuellen, von Schriftstellern und feinen Leuten, Schlafgemächern, Kindern, Männerakten, starken Frauen. Das klingt erratisch, sprunghaft, disparat. Nichts davon. Koelbls durchaus medienübergreifendes Interesse gilt dem Menschen. Ihr Werk fügt sich am Ende fast schon logisch zu einer staunenswerten Enzyklopädie menschlicher Triebe und Laster, Hoffnungen und Ängste, Abgründe und Freundlichkeiten. Sie bietet uns einen geführten Blick auf das, was Menschsein – auch – bedeuten kann.

Herlinde Koelbl arbeitet allein, ohne großen Apparat, ohne Agentur, von heimlichen Geldgebern ganz zu schweigen. Sie ist die Urheberin ihrer Ideen, die alleinige Herrin ihrer Projekte. Im besten Sinne repräsentiert sie das, was Klaus Honnef einmal – in Anlehnung an das Kino der Nouvelle Vague – als »Autorenfotografie« bezeichnet hat. Es ist eine Fotografie ohne Kompromisse. Eine Fotografie, die in allen Aspekten die Handschrift eines Autors trägt: von der Wahl des Themas über dessen Strukturierung bis hin zur individuellen Sicht beziehungsweise Bildsprache. Was sie sucht und (möglicherweise) findet, ausheckt und durchexerziert, ist zuallererst persönlichem Interesse geschuldet. Herlinde Koelbl ist eine Ausnahmeerscheinung innerhalb der neueren Fotokunst.

Seit Mitte der 1970er-Jahre ist die Kamera ihr Ausdrucksmittel. Sie fotografiert, aber eben nicht nur das. Von Anfang an hat sie ihr Medium weitergedacht, befreit von den Fesseln des gut gesehenen Einzelbildes. Auch sie weiß zu kadrieren, im Bildraum Spannung zu erzeugen. Doch in der Regel geht es ihr um mehr. Koelbl denkt in Zyklen, in Sequenzen, die sie in den Dienst einer zu er-

Conceptual Art with a Conscience
On the Photography of Herlinde Koelbl

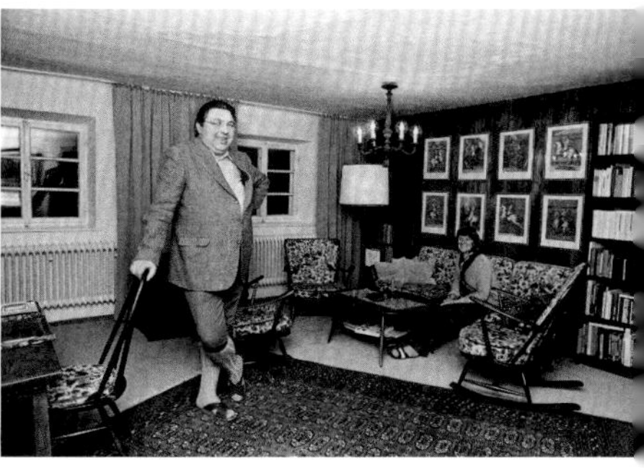

Herlinde Koelbl
The German Living Room
1980

Herlinde Koelbl is one of Germany's best known photographers. She is also a phenomenon, unique in the way she discovers her subjects and—in intellectual proximity to sociology, contemporary history, and cultural history—in the way she pursues her themes over the years. She poses intriguing questions on a regular basis. The response to her exhibitions, films, and the meanwhile some dozen books she has produced proves that her questions were ultimately the right ones. The things she does and the way she does them defy the trivialization and pandering to popular taste which has befallen our entertainment industry. She confronts growing superficiality with depth, and snappy one-liners with thoughtfulness. What is in many cases presented in black and white and on occasion appears rather dry, turns out on closer inspection to be a complex construction that ultimately leaves the viewer with more than just a good feeling. If one were to seek a tradition for her work, one could say that Koelbl has rescued a piece of Enlightenment into the present day.

She tells of German living rooms and Jewish intellectuals, authors and refined society, bedrooms, children, male nudes, and strong women. At first glance, this all sounds rather erratic, mercurial, disparate. In fact, nothing could be further from the truth. Koelbl's focus spans various media and is invariably aimed at people. It is almost logical that her work ultimately presents an astonishing encyclopedia of human desires and vices, hopes and fears, depths of despair and acts of friendship. She enlightens our vision so that we see what it can also mean to be a human being.

Koelbl works alone, without a great deal of equipment, without an agency, and needless to say without any hidden financial backers. She is the creator of her ideas and has exclusive control over her projects. She represents in the best sense what Klaus Honnef, with reference to Nouvelle Vague cinema, once described as "authored photography." It is uncompromising photography that bears the hallmark of the author in every aspect: from the choice of the subject and its structuring through to the individual view or imagery. What she seeks and (possibly) finds, concocts, and executes is primarily owed to her own personal interest. Herlinde Koelbl is an exceptional figure within contemporary artistic photography.

The camera has been her means of expression since the mid-seventies. She takes photographs, but that is not all. From the very beginning, she has expanded the horizons of her medium, freed from the chains of the well-spotted single photo-

zählenden Geschichte stellt. Ihr Ziel ist nicht der »Schuss«, sondern die Saga, nicht das fotografische Fundstück, sondern das über einen längeren Zeitraum erarbeitete Epos. Begleitende Texte waren von Anfang an Teil ihrer fotografischen Recherche. Was mit erweiterten Bildunterschriften oder kurzen Zitaten begann, wurde – etwa bei den *Jüdischen Porträts* – zur groß angelegten Untersuchung mit Tonbandgerät und Mikrofon. Gewiss: Auch Koelbl überdenkt regelmäßig ihre formalen Mittel. Und erst in jüngerer Zeit hat sie ihre Ausdrucksmöglichkeiten in Richtung Film und Videoinstallation erweitert. Aber bei ihr offenbart sich künstlerisches Neuland weniger in einer wie auch immer gearteten »innovativen« Bildsprache als vielmehr im Miteinander von Bild, Konzept und Botschaft. Ihr Tun ist in hohem Maße reflektiert. Kein Raum für den Zufall, das Vage, Ungefähre. Sie ist die Feldforscherin unter den zeitgenössischen deutschen Fotografen. Menschen im Spiegel gesellschaftlicher Prozesse – das ist es, was sie interessiert.

Herlinde Koelbl kam vergleichsweise spät zur Fotografie. Und es spricht für ihren Instinkt, dass sie sich früh, eigentlich von Anfang an, die richtigen Fragen gestellt hat. Fragen, die wenig mit Blende oder Zeit zu tun hatten, dafür umso mehr mit den eigenen Obsessionen und dem Problem, wie diese mit einer ernstzunehmenden Fotografie in Einklang zu bringen seien. Eine Handvoll Schwarz-Weiß-Filme, eine betagte Agfa Silette, die wenigen technischen Tipps eines befreundeten Fotografen waren Anfang der 1970er-Jahre so etwas wie der Ausgangspunkt ihrer Karriere. Mit anderen Worten, sie begann als fotografierende Autodidaktin, was immerhin den Vorteil hatte, dass sie sich vom Credo einer wie auch immer gearteten Schule gar nicht erst emanzipieren musste.

Herlinde Koelbl macht das Private öffentlich, das Intime anschaulich, das Geheime offenkundig. Ihre Bilder erzählen Geschichten. Ihre Geschichten mutieren zu Geschichte. Wer etwa hätte 1980 geglaubt, dass sich mitteleuropäische Wohnzimmer in nur zwei Jahrzehnten so radikal verändern könnten? Seit drei Jahrzehnten ist Herlinde Koelbl fotografierend unterwegs. Sie Fotografin zu nennen, griffe dennoch zu kurz. Was sie schreibe, sei nicht weniger als »die Chronik einer Epoche«, hat Harald Martenstein einmal bemerkt und ihr Tun mit dem früherer Romanciers wie Honoré de Balzac oder Émile Zola verglichen: Das Bild als Medium einer Welterzählung, in der auch der Kommentar, das Zitat, das Interview zugelassen sind. Mit ihren Themen betritt Herlinde Koelbl immer wieder bekannte, unbekannte Ländereien. Irgendwie sind sie kartografiert: die Haare, die Interieurs, die Männer- oder Frauenakte. Und doch wagt keiner, sich ihrer anzunehmen – mit einem frischen Blick und entlang neuer, zeitgemäßer Fragen. Gerade das Naheliegende scheint weit entfernt. Für Herlinde Koelbl liegt es auf der Hand.

Hans-Michael Koetzle

graph. Of course, she also knows how to frame an image, how to create tension in a pictorial space. However, she normally aims for more than that. Koelbl thinks in cycles, in sequences, which she uses to tell a story. Her goal is not a "shot" but a "saga," not a photo opportunity but an epic unfolded over an extended period of time. Accompanying texts have been part of her photographic research right from the beginning. What started with extended captions or short quotes later became a more extensive affair—for example as in Jewish Portraits—*with tape recorders and microphones. Of course, Koelbl regularly reviews her formal tools. And she has just recently expanded her means of expression toward film and video installations. However, in her case, when she enters new artistic territory, this is not so much apparent in some kind of "innovative" visual idiom, but rather as a unification of image, concept, and message. A great deal of thought goes into her work. Nothing is left to chance; there is no room for the vague, the approximate, the coincidental. She is the field researcher among contemporary German photographers. People as a reflection of social processes—that is what interests her.*

Herlinde Koelbl took up photography relatively late in life. And it says much for her instincts that she asked the right questions at an early stage, in fact right from the beginning. Questions which have little to do with aperture or time but all the more with her own obsessions and the problem of reconciling them with serious photography. A handful of monochrome films, an ageing Agfa Silette, and a few technical tips from a photographer friend marked what could be called the start of her career in the early seventies. In other words, she began as an autodidact who took photographs, which meant that she had the advantage of not having to emancipate herself from the creed of any kind of school.

Herlinde Koelbl makes the private sphere public, the intimate vivid, the secret overt. Her pictures tell stories. Her stories mutate into history. For example, who would have believed in 1980 that central European living rooms could change so radically in just two decades? Koelbl has been out and about taking photographs for three decades. However, to call her a photographer would not do her justice. Harald Martenstein once remarked that what she was writing was nothing less that "the chronicle of an age," and he compared her work with earlier novelists such as Balzac or Zola: the image as a medium of a narrative of the world in which comments, quotes, and interviews are also permitted. Herlinde Koelbl constantly enters familiar and unfamiliar territory with her subjects. Somehow they are mapped: hair, interiors, male and female nudes. And yet no one dares to take on these issues—with a fresh view and along new, contemporary lines. That which is so near seems so far away. As far as Herlinde Koelbl is concerned, it is right in front of her.

Hans-Michael Koetzle

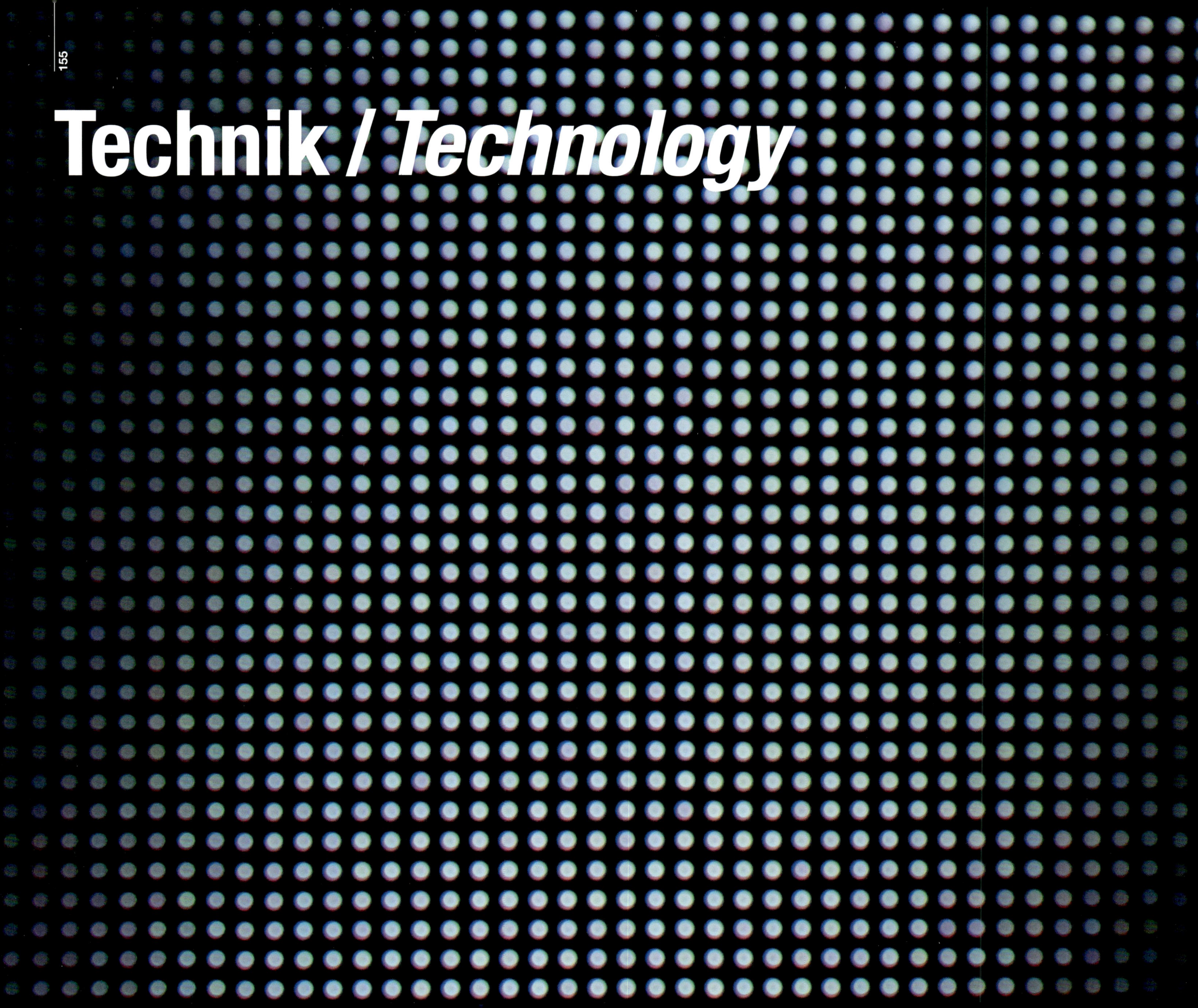
Technik / Technology

Licht – Medium der Kommunikation
Die Grundlagen der SEVEN SCREENS

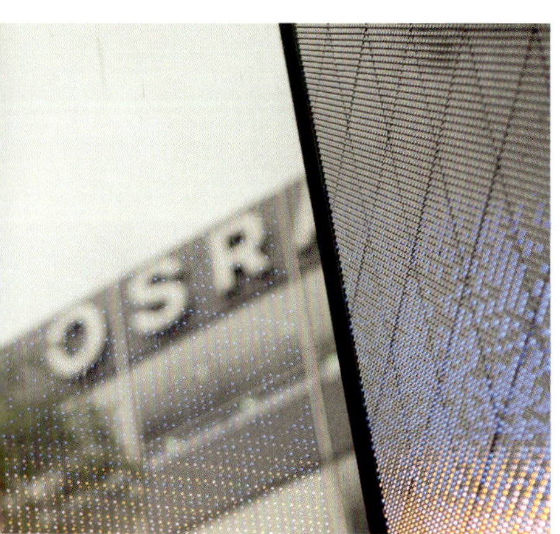

Zum hundertjährigen Markenjubiläum beschloss der Vorsitzende der Geschäftsführung von OSRAM, Martin Goetzeler, eine Landmarke zum Thema Licht in der unmittelbaren Umgebung der Hauptverwaltung in München zu entwickeln. Leitgedanke war von Beginn an, Licht auf einer Art Metaebene unter Einbeziehung künstlerischer Ansätze zu untersuchen. Es sollte keine beliebige Lichtinstallation entstehen, die das Unternehmen oder seine Produkte leuchtend bewirbt, sondern der Geschäftskern des Unternehmens selbst sollte beleuchtet werden – nämlich Licht in seiner Eigenschaft als Medium unserer visuellen Wahrnehmung.

Grundlagen

Um Leuchtmittel, seien es klassische Lampen oder Halbleiterlichtquellen (LEDs) entwickeln und produzieren zu können, ist ein profundes physikalisch-technisches Wissen der Lichterzeugung erforderlich, gepaart mit dem Wissen um die physiologischen und psychologischen Zusammenhänge der visuellen Wahrnehmung. Diese Basiskompetenzen von OSRAM waren Grundlage und Ausgangspunkt für die Idee, die SEVEN SCREENS zu entwickeln.

Als Licht bezeichnen wir den Teil des elektromagnetischen Spektrums, den wir mit unseren Augen wahrnehmen können. Das ist in etwa der Bereich zwischen 380 und 720 Nanometern innerhalb des gesamten elektromagnetischen Spektrums.

Das Licht der Sonne, das alle Farbanteile in sich trägt, wird – solange es nicht auf Flächen oder Objekte fällt, die bestimmte Wellenlängenanteile absorbieren und daher farbig erscheinen – als weiß wahrgenommen, wobei der Weißeindruck durchaus variiert. Je nach Tageszeit und Beschaffenheit der Atmosphäre empfinden wir Sonnenlicht als wärmer oder auch kälter.

Lichtfarben werden entsprechend dem Emissionsspektrum eines schwarzen Strahlers (idealer Temperaturstrahler) bei unterschiedlichen Temperaturen in Kelvin (K) angegeben. Das heißt, ein bestimmtes warm-weißes Licht entspricht hier beispielsweise der Temperatur des schwarzen Strahlers bei 2700 K, ein bestimmtes kalt-weißes Licht beispielsweise der Temperatur von 6000 K. Die Veränderung des Emissionsspektrums des schwarzen Strahlers bei Zunahme seiner Temperatur kann man in einem Diagramm abbilden

OSRAM's Chairman of the Board, Martin Goetzeler, decided to celebrate the company's brand centennial by developing a landmark dedicated to light in the immediate vicinity of its Munich headquarters. The basic idea was to examine light on a kind of meta-level in an artistic context. However, the aim was not to create just any kind of light installation to promote the company or its products, but to illuminate the very core of the company's business—namely light as the medium of our visual perception.

Basic Principles

Developing and producing illuminants, whether traditional lamps or light-emitting diodes (LEDs), requires an in-depth physical and technical knowledge of light generation coupled with an awareness of physiological and psychological aspects of visual perception. This fundamental OSRAM expertise provided the basis and the starting point for the development of the SEVEN SCREENS concept.

Light is that part of the electromagnetic spectrum which we can perceive with our eyes. That is roughly the range from 380 to 720 nanometers within the overall electromagnetic spectrum. Sunlight, which contains all the colors of the spectrum, is perceived as white—as long as it does not fall on surfaces or objects that absorb certain wavelengths and therefore appear colored. However, the impression of whiteness varies. We perceive sunlight as warmer or colder depending on the time of day and the composition of the atmosphere.

Light colors are given at different temperatures in kelvin (K) corresponding to the emission spectrum of a black body radiator (ideal temperature radiator). So one particular warm, white light, for example, corresponds with the temperature of the black body at 2700 K, while a particular cool white light corresponds to the temperature of 6000 K. The change in the emission spectrum of the black body radiator as the temperature increases can be depicted in a diagram (chromaticity diagram) and receives a locus called the Planckian locus, named after Max Planck, the founder of quantum physics.

The positioning of the SEVEN SCREENS in front of the OSRAM headquarters is based on this Planckian locus, with the steles representing the

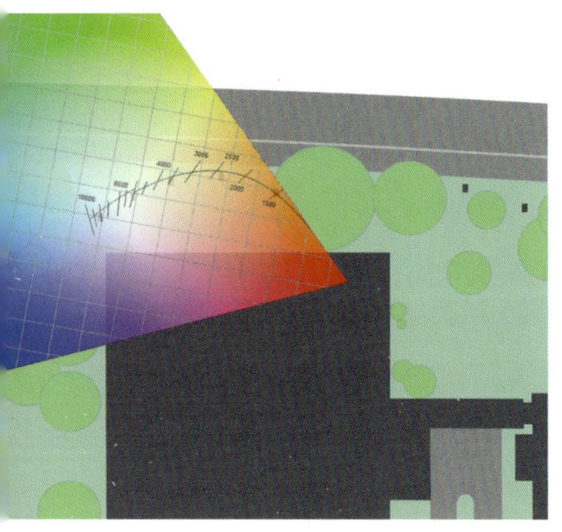

(Normfarbtafel) und erhält so einen Kurvenzug, der als planckscher Kurvenzug nach Max Planck, dem Begründer der Quantenphysik, benannt ist.

Die Positionierung der SEVEN SCREENS vor der OSRAM-Hauptverwaltung geht auf diesen planckschen Kurvenzug zurück, indem die Stelen Orte bestimmter Farbtemperaturen entlang des Kurvenzugs repräsentieren, die entsprechend auf das Gelände der OSRAM-Liegenschaft projiziert wurden.

Eine weitere Analogie zur Lichtphysik und Lichtwahrnehmung stellt die Lichterzeugung innerhalb der SEVEN SCREENS dar. Bewusst wurden LEDs verwendet, die Licht in den Farben Rot, Grün und Blau emittieren. Die verwendeten LEDs beherbergen in einem Gehäuse drei Halbleiterchips, die jeweils eine der drei Lichtfarben erzeugen. Durch die Möglichkeit, die drei Chips unabhängig voneinander ansteuern und dimmen zu können, lassen sich auf dem Prinzip der additiven Farbmischung basierend, mehrere Millionen Farben und auch weißes Licht generieren. Die additive Farbmischung geschieht prinzipiell im Auge des Betrachters. Da das Farbsehen unseres Auges auf drei unterschiedlich empfindlichen Zapfentypen in der Netzhaut beruht, deren Empfindlichkeit im blauen, grünen und roten Bereich liegt, findet sich hier die Entsprechung zur verwendeten LED (OSRAM MULTILED), die eben diese drei Farben erzeugt und durch spezifische Mischungsverhältnisse der einzelnen Farben (Helligkeitswerte der Einzelchips) das entsprechende Farbspektrum abbilden kann. Die unterschiedlichen Helligkeitswerte der drei Lichtfarben reizen dabei die Sehzellen in spezifischer Weise. Im Folgenden werden dann die einzelnen Reize in der Netzhaut, dem Nervengeflecht und dem Sehzentrum im Gehirn miteinander verrechnet, was den Seheindruck, respektive den Farbeindruck ergibt.

Technik

Um rund 775 000 dreifarbige LEDs betreiben und steuern zu können, ist viel Technik notwendig. Da jede LED mit drei einzeln ansteuerbaren Halbleiterchips ausgestattet ist, verdreifacht sich die Komplexität auf 2 325 000 zu steuernde Halbleiterlichtquellen.

Diese riesige Anzahl an LEDs ist auf insgesamt 88,2 Quadratmetern Displayfläche in einem Rasterabstand von 10 Millimetern verbaut, wobei sie in 14 Einzeldisplays von je 6,3 Quadratmetern Fläche aufgeteilt sind. Jede der sieben Stelen verfügt also über zwei Displays, die jeweils auf der Vorder- und Rückseite angebracht sind. Jedes Display ist nochmals in 216 kleinere Einheiten (Pixelkarten) aufgeteilt, auf denen je 256 LEDs angeordnet sind.

Die Displays werden über zwei Steuerrechner vom OSRAM-Hauptgebäude aus mit Daten versorgt. Um einen synchronen Ablauf der Inhalte auf

position of certain color temperatures along the locus that were projected onto the OSRAM site.

The generation of light within the SEVEN SCREENS represents a further analogy to the physics of light and light perception. A willful decision was taken to use LEDs that emit red, green, and blue light. The LEDs accommodate three semiconductor chips in one housing, each generating one of the three light colors. As the three chips can be activated and dimmed independently of each other, several million colors as well as white light can be generated on the basis of the principle of additive color mixing. Additive color mixing always occurs in the eye of the observer. The color vision of our eyes is based on three types of cones in the retina with differing degrees of sensitivity in the blue, green, and red range. This corresponds to the LEDs used (OSRAM MULTILED), which generate these three colors and can display the corresponding color spectrum by specific mixing ratios with respect to the individual colors (brightness attributes of the individual chips). The different brightness attributes of the three light colors stimulate the eye's photoreceptors in a specific manner. The individual stimuli in the retina, the plexus, and the visual center are then processed in the brain, ultimately resulting in the visual or color impression.

Technology

A great deal of technology is required to operate and control around 775,000 three-colored LEDs. As each one is equipped with three semiconductor chips that can be activated individually. The level of complexity is increased threefold to produce a total of 2,325,000 semiconductor light sources that can be controlled.

This huge number of LEDs is installed over a total display surface of 88.2 square meters with a grid spacing of 10 millimeters, with the LEDs being divided up into 14 individual displays, each measuring 6.3 square meters. This means that each of the seven steles has two displays, one on the front and one on the back. In turn, each display is divided up into 216 smaller units (pixel boards), each with 256 LEDs.

The displays are supplied with data from two control computers in the OSRAM main building. Data is exchanged in both directions between the steles and the computers via optical fibers to ensure that the content on the fourteen displays is synchronized. Each display has several digital signal processors that process the image and control information for the respective pixel boards. Temperature sensors have been installed inside the steles to keep thermal stress under control, especially in summer. If

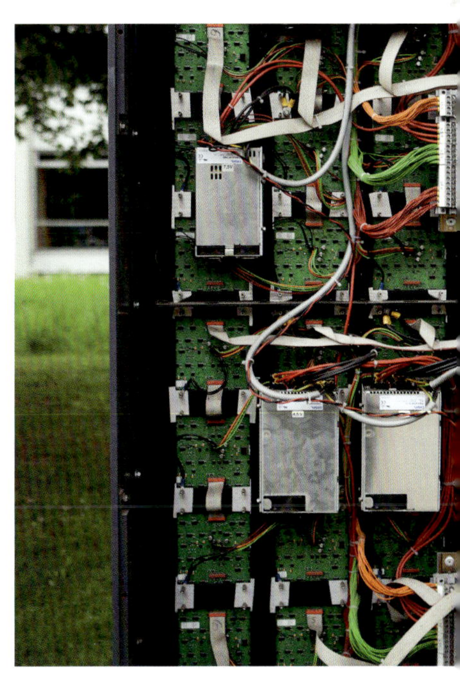

den vierzehn Displays gewährleisten zu können, werden die Daten zwischen den Stelen und den Rechnern über Lichtwellenleiter bidirektional ausgetauscht. Jedes Display verfügt über mehrere digitale Signalprozessoren, die die Bild- und Steuerinformationen für die jeweiligen Pixelkarten aufbereiten. Um die thermische Belastung, vor allem im Sommer, unter Kontrolle zu halten, sind im Inneren der Stelen Thermofühler installiert, die bei Bedarf aktive Lüfter ansteuern und so Wärme nach außen abführen.

Ein Tageslichtsensor misst ständig die Umgebungshelligkeit. Mit diesen Werten wird die Displayhelligkeit abgeglichen. So kann zum einen ein konstant gleicher Helligkeitseindruck der digitalen Kunstwerke gewährleistet werden, zum anderen wird auch der Energieverbrauch der Stelen auf ein absolutes Minimum begrenzt. In den Abend- und Nachtstunden wird dadurch die Leistung auf unter fünfzehn Prozent der Gesamtleistung reduziert. Auch tagsüber arbeiten die Stelendisplays nur mit maximal sechzig Prozent der möglichen elektrischen Leistung.

Das Gesamtgewicht einer Stele beträgt ohne Fundament circa 3,5 Tonnen, wovon circa 2,75 Tonnen alleine auf den Stahlbau entfallen. Die beiden Displays sind mit schwenkbaren Flügeln am Stelengerüst angebracht und so für Revisionszwecke leicht zugänglich. Um die LEDs vor Witterungseinflüssen sicher zu schützen, sind sie komplett mit einer durchgehenden, kontrastverstärkenden VSG-Scheibe abgedeckt, die aufgrund ihrer Abmessung von circa sechs mal einem Meter ein sehr ungewöhnliches Format besitzt. In ganz Europa gab es zum Zeitpunkt der Erstellung der SEVEN SCREENS nur einen Hersteller, der solch ein Format am Stück fertigen konnte.

Umsetzung

Ein Projekt von der Größenordnung der SEVEN SCREENS ist nur in Teamarbeit zu realisieren. Die Idee, »Licht als Medium der Kommunikation« mit digitaler Kunst zu verknüpfen und sich dabei auf die Grundlagen der Physik zu beziehen, entstand in einem intensiven Designprozess im Team der damaligen OSRAM LIGHT CONSULTING GmbH (OLC) in Zusammenarbeit mit dem Kurator. Die OLC ist ein Ingenieurbüro, das kundenspezifische Lichtlösungen in den Bereichen Architektur, Kunst und Ausstellungsdesign, aber auch Industrie und Wissenschaft entwickelt und umsetzt. Die Gruppe von Ingenieuren und Designern, geleitet vom Architekten Michael Reithmeier, ist heute als Geschäftsbereich OSRAM Lighting Services – Lighting Design integrierter Bestandteil der OSRAM AG und projektiert für internationale Kunden Lichtlösungen auf der Basis neuester OSRAM-Technologien, vor allem aus den Bereichen Solidstate Lighting (LED), der organischen Leuchtdiode (OLED)

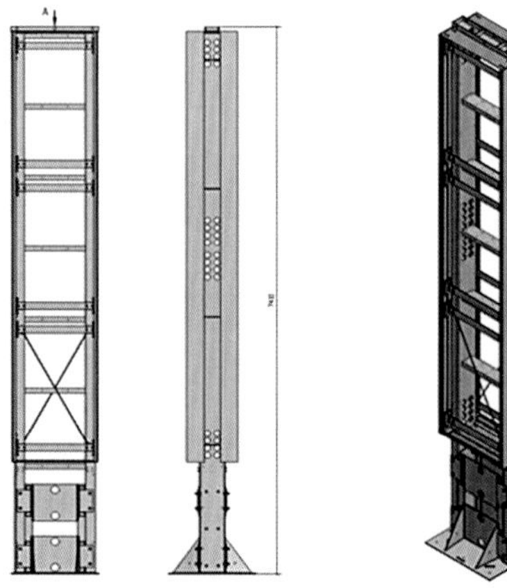

necessary, the sensors can activate ventilators to transfer the heat to the outside.

A daylight sensor constantly measures the ambient brightness. The brightness of the display is compared against these figures. This means that the perceived brightness of the digital artwork can be kept at a constant level and also that the steles' energy consumption can be reduced to an absolute minimum. As a result, power consumption is reduced during the evening and at night to less than fifteen percent of the overall consumption. During the day, the stele displays operate on a maximum of only sixty percent of the possible electrical power input.

The total weight of a stele, excluding the foundation, is some 3.5 metric tons, 2.75 of which are accounted for by the steel construction. The two displays are mounted on the framework of the stele with tiltable wings, making them easily accessible for servicing. The LEDs are completely covered by a single sheet of contrast-enhancing, laminated safety glass to effectively protect them from the influences of the weather. With dimensions of around six by one meter, the glass sheet has a very unusual format. When the SEVEN SCREENS were installed, there was only one manufacturer in the whole of Europe that could produce such a format in one piece.

Implementation

A project on the scale of SEVEN SCREENS can only be realized in a collaborative effort. The idea of combining "light as a medium of communication" with digital art and making reference to the basic principles of physics was developed in an intensive design process within the team at the former OSRAM LIGHT CONSULTING GmbH (OLC) and in collaboration with the curator. OLC is an engineering office that develops and implements customer-specific light solutions in architecture, art, and exhibition design as well as in industry and science. Today, the group of engineers and designers, led by architect Michael Reithmeier, is integrated into OSRAM AG as OSRAM Lighting Services—Lighting Design and plans light solutions for international customers on the basis of OSRAM's latest technologies, with a particular focus on solid-state lighting (LED), the organic light-emitting diode (OLED), and intelligent light control. The engineers at OSRAM Lighting Services specialize in planning and implementing unique, innovative, and tailor-made light solutions. The solutions they design are intended to provide users with the best lighting for their particular requirements and to put OSRAM's most innovative technology into practice.

und intelligenter Lichtsteuerung. Die Ingenieure von OSRAM Lighting Services sind darauf spezialisiert, einzigartige, innovative und maßgeschneiderte Lichtlösungen zu projektieren und umzusetzen. Die Lösungen von OSRAM Lighting Services sollen dem Nutzer das für seine Anforderungen beste Licht zur Verfügung stellen und dabei die innovativste OSRAM-Technologie praktisch zur Anwendung bringen.

Die SEVEN SCREENS, die als ästhetische Landmarke für den urbanen Raum im Umfeld der OSRAM-Hauptverwaltung konzipiert wurden, wirken weit über den Ort hinaus. Als technisches High-End-Produkt und vor allem als weltweit in dieser Form einzigartige Plattform und zugleich Herausforderung für internationale Medienkünstler, sind sie für OSRAM zu einem Leuchtturmprojekt geworden, das subtil auch für die Technologien, Produkte und Kompetenzen von OSRAM wirbt.

Alexander Faller

Conceived as an aesthetic landmark for the urban landscape in the vicinity of the OSRAM headquarters, the SEVEN SCREENS have made their mark way beyond the actual location itself. As a technical high-end product and, in particular, as a unique platform—the likes of which cannot be found anywhere else in the world—and, of course, at the same time as a challenge to international media artists, the SEVEN SCREENS have become a beacon project for OSRAM, subtly promoting the company's technologies, products, and expertise.

Alexander Faller

Künstlerbiografien / Autoren
Artists' Biographies / Authors

ART+COM

1988 gründete eine Gruppe von Künstlern, Gestaltern und Entwicklern in Berlin ART+COM. Einer von ihnen war Professor Joachim Sauter, der heute noch als Künstlerischer Direktor tätig ist. Weil sie glaubten, dass der Computer nicht nur Werkzeug ist, sondern das Potenzial zum universellen Kommunikationsmedium besitzt, begannen sie seine künstlerischen, wissenschaftlichen und technologischen Aspekte praktisch zu erforschen und in Anwendungen umzusetzen. Das Spektrum reicht von künstlerischen über gestalterische Arbeiten bis hin zu technischen Entwicklungen. Das Ziel dabei ist bis heute dasselbe geblieben: die Zukunft der medialen Kommunikation vorauszudenken.

Die Arbeiten von ART+COM wurden unter anderem im Centre Pompidou, Paris, im Martin-Gropius-Bau, Berlin, im Deutschen Pavillon auf der Architekturbiennale in Venedig und der Architekturbiennale São Paulo, auf der Shanghai Biennale, in der Kunsthalle Wien, im Stedelijk Museum, Amsterdam, und auf der Kunstbiennale in Venedig gezeigt.
www.artcom.de

Anouk De Clercq

geboren 1971 in Gent, studierte Klavier und Komposition am Konservatorium in Gent und Film an der Sint-Lukas Hochschule Brüssel. Ihre internationalen Ausstellungen und Ausstellungsbeteiligungen brachten der Künstlerin bereits vielfache Ehrungen ein, darunter die Auszeichnung des Future Imprint International Animation-Wettbewerbs, Taipeh (2003), den backup.award Neue Medien im Film, Weimar (2004), und den Illy Prize für die beste Einzelausstellung auf der Art Brussels (2005).

Ihre Arbeiten waren unter anderem in der Tate Modern und der Whitechapel Art Gallery in London, im Centre Pompidou, Paris, im Museo Nacional Centro de Arte Reina Sofía, Madrid, auf dem New York International Independent Film and Video Festival, dem International Film Festival Rotterdam, der transmediale, Berlin, und der Biennale de l'Image en Mouvement, Genf, zu sehen. Anouk De Clercq lebt und arbeitet in Brüssel.
www.portapak.be
www.augusteorts.be

Harun Farocki

geboren 1944 in Nový Jičin (Neutitschein), studierte an der Deutschen Film- und Fernsehakademie Berlin (West). Von 1974 bis 1984 war er Autor und Redakteur der Zeitschrift *Filmkritik,* München, und publizierte 1999 mit Kaja Silverman *Von Godard sprechen.* Seit 1966 hat er über hundert Produktionen für das Fernsehen oder Kino realisiert: Kinderfernsehen sowie Dokumentar-, Essay- und Storyfilme. Seit 1995 präsentiert Farocki Filme und Installationen im Rahmen von zahlreichen Gruppen- und Einzelausstellungen in Museen und Galerien, zuletzt im Kunsthaus Bregenz, im Museum of Modern Art, New York, und bei The Model, Sligo/Irland. 2007 war Farocki Teilnehmer der documenta 12. Von 1993 bis 1999 hatte er eine Gastprofessur an der University of California, Berkeley, inne, ab 2004 war er Gastprofessor und seit 2006 ist er ordentlicher Professor an der Akademie der bildenden Künste Wien.
www.farocki-film.de

Haubitz+Zoche

Sabine Haubitz und Stefanie Zoche arbeiten seit 1998 als Künstlerduo in den Medien Fotografie, Videoskulptur und Rauminstallation. Sabine Haubitz (geb. 1959) studierte an der Universität der Künste Berlin und an der Akademie der Bildenden Künste München. Stefanie Zoche (geb. 1965) studierte an der École des Beaux-Arts, Perpignan, und an der Middlesex University in London.

Die Auseinandersetzung mit dem Stadtraum und die Sensibilisierung für darin wirkende Mechanismen sind ein zentrales Anliegen von Haubitz+Zoche. In den letzten Jahren rückten zudem Themenkomplexe wie Klimawandel und der Umgang mit Ressourcen in den Fokus ihrer Arbeit. Haubitz+Zoche haben an zahlreichen nationalen und internationalen Ausstellungen teilgenommen, unter anderem im Centre Pompidou, Paris, in der Kunsthalle Nikolaj, Kopenhagen, im Architekturzentrum Wien, im Münchner Stadtmuseum und im Museo de Arte Carrillo Gil, Mexiko-Stadt.

Für ihre Arbeit wurden sie mit dem Deutschen Fotobuchpreis und dem Kodak Förderpreis ausgezeichnet und 2010 für den Prix Pictet nominiert. Sie erhielten Stipendien unter anderem vom Kulturwerk der VG Bild-Kunst, von der Erwin und Gisela von Steiner-Stiftung und vom Bayerischen Staatsministerium für Unterricht und Kultus.
www.haubitz-zoche.de

Herlinde Koelbl

geboren 1939 in Lindau, ist eine der renommiertesten deutschen Fotografinnen und Dokumentarfilmerinnen. Sie kam erst mit 37 Jahren zur Fotografie und arbeitete für zahlreiche Zeitungen und Zeitschriften, darunter *Stern, Die Zeit* und *New York Times.* Koelbl präsentierte ihre Arbeiten in zahlreichen Ausstellungen im In- und Ausland, unter anderem in den USA, in Südkorea, Japan, Australien und China. Zuletzt hatte sie umfassende Einzelausstellungen in der Villa Stuck, München (2008), der Kunsthal Rotterdam und dem Martin-Gropius-Bau, Berlin (2009), dem Stadtmuseum Graz (2010) und

ART+COM

In 1988 a group of artists, designers, and developers in Berlin founded ART+COM. One of them was Professor Joachim Sauter, who is still active as artistic director today. Sparked by the belief that the computer is not only a tool but also possesses the potential to become a universal communication medium, they set out to practically explore its artistic, scientific, and technological aspects and to put these to use. The spectrum ranges from artistic and design work to technical developments. The goal has remained the same up to the present day: to think ahead in terms of what the future of media-based communication might bring.
The works of ART+COM have been presented at the Centre Pompidou, Paris; the Martin-Gropius-Bau, Berlin; in the German Pavilion at the Venice Architecture Biennale; the São Paulo Architecture Biennale; the Shanghai Biennale; Kunsthalle Wien in Vienna; the Stedelijk Museum, Amsterdam; and at the Venice Biennale.
www.artcom.de

Anouk De Clercq

*(*1971 in Ghent) studied piano and composition at the Academy of Music in Ghent and film at Sint-Lukas Brussels University College of Art and Design. She has received several awards, including one within the scope of the Future Imprint International Animation Competition, Taipei (2003), the backup. award New Media in Film, Weimar (2004), and the Illy Prize for the best solo exhibition at Art Brussels (2005).*
Her works have been shown at the Tate Modern and the Whitechapel Art Gallery in London, the Centre Pompidou in Paris, the Museo Nacional Centro de Arte Reina Sofia in Madrid, the New York International Independent Film and Video Festival, the International Film Festival Rotterdam, the transmediale in Berlin, the Biennale de l'Image en Mouvement in Geneva, et al. She lives and works in Brussels.
www.portapak.be
www.augusteorts.be

Harun Farocki

*(*1944 in Nový Jičin, Czech Republic) studied at the Deutsche Film- und Fernsehakademie Berlin (West). From 1974 to 1984 he was an author and editor for the magazine* Filmkritik *in Munich, and in 1999 he published* Speaking about Godard *in collaboration with Kaja Silverman. Since 1966 Farocki has realized more than one hundred productions for television and cinema, including children's television programs, documentaries, essay films, and narrative films. Farocki has been presenting films and installations*

since 1995 within the scope of numerous group and solo exhibitions at museums and galleries, most recently at the Kunsthaus Bregenz, the Museum of Modern Art, New York, and The Model, Sligo, Ireland. He participated at documenta 12 in 2007. From 1993 to 1999 he was visiting professor at the University of California at Berkeley. Beginning in 2004 he was visiting professor at the Akademie der bildenden Künste, Vienna, and has been a full professor there since 2006.
www.farocki-film.de

Haubitz+Zoche

*Artist duo Sabine Haubitz and Stefanie Zoche have been working together since 1998 in the media of photography, video sculpture, and installation. Sabine Haubitz (*1959) studied at the Akademie der Künste in Berlin as well as the Akademie der bildenden Künste in Munich. Stefanie Zoche (*1965) studied at the École des Beaux Arts, Perpignan, as well as at Middlesex University in London. The confrontation with urban space and the awareness of its inherent mechanisms is a central concern of Haubitz+Zoche. In recent years they put issues such as climate change and the use of resources in the focus of their work. Haubitz+Zoche have participated in numerous national and international exhibitions, including at the Centre Pompidou in Paris, the Nikolaj Copenhagen Contemporary Art Center, the Architekturzentrum Wien in Vienna, the Munich Stadtmuseum, and the Museo de Arte Carillo Gil in Mexico City. Their work has received the Deutscher Fotobuchpreis and the Kodak Sponsorship Award, and they were nominated for the Prix Pictet in 2010. They have received several grants, including from the Kulturwerk der VG Bild-Kunst, the Erwin und Gisela von Steiner-Stiftung, and the Bavarian Ministry of Education and Culture.*
www.haubitz-zoche.de

Herlinde Koelbl

*(*1939 in Lindau) is one of Germany's most prominent photographers and documentary filmmakers. She did not begin her career in photo-graphy until she was thirty-seven, and has worked for numerous newspapers and magazines, including* Stern, Die Zeit, *and the* New York Times. *Koelbl has presented her work in numerous exhibitions at home and abroad, for example in the United States, South Korea, Japan, Australia, and China. Most recently, she had extensive solo exhibitions at the Villa Stuck in Munich (2008), the Kunsthal Rotterdam, the Martin-Gropius Bau in Berlin (2009), the Stadtmuseum Graz (2010), and the Stadtmuseum in Munich (2011). She has received numerous*

dem Münchner Stadtmuseum (2011). Sie erhielt zahlreiche Auszeichnungen, darunter die Leica Medal of Excellence (1987), den Epica Award und Kodak Pro Preis (1992), die Goldene Kamera (2000), den Dr.-Erich-Salomon-Preis (2001), das Bundesverdienstkreuz am Bande (2009) und den Lindauer Kulturpreis (2010).
www.herlindekoelbl.de

Mader | Stublić | Wiermann

Holger Mader (geb. 1970 in Basel) studierte Medienkunst und Alexander Stublić (geb. 1967 in Saarbrücken) Medienkunst, Medientheorie und Philosophie an der Staatlichen Hochschule für Gestaltung Karlsruhe. Heike Wiermann (geb. 1971 in Leipzig) studierte Architektur an der Universität Karlsruhe (TH). Nach Ausstellungen im ZKM Karlsruhe, in der Staatlichen Kunsthalle Baden-Baden, der Kunsthalle Mannheim und der Kunsthalle lothringer13, München, folgten internationale Festivalteilnahmen, unter anderem an der Mostra Sesc de Artes Circulações, São Paulo, an Glow – International Forum of Light in Art and Architecture, Eindhoven, am Steirischen Herbst, Graz, dem Filmfestival Seoul und der transmediale, Berlin. Mader | Stublić | Wiermann realisierten zahlreiche Arbeiten im öffentlichen Raum, wie die Bespielung des Uniqa-Towers in Wien (seit 2 006) oder Projekte anlässlich des Klimagipfels in Kopenhagen (2009) und bei *Ruhrlights: Twilight Zone* im Rahmen des Kulturhauptstadtjahres RUHR.2010. Mader | Stublić | Wiermann leben und arbeiten in Berlin.
www.webblick.de

Bjørn Melhus

wurde 1966 in Kirchheim/Teck geboren. Da er sich als Kind einer vom Fernsehen maßgeblich geprägten Generation betrachtet, kreisen seine Arbeiten um die Mechanismen und Formate dieses Massenmediums. Bjørn Melhus studierte von 1988 bis 1997 Freie Kunst an der Hochschule für Bildende Künste Braunschweig. Er war unter anderem Stipendiat des DAAD am California Institute of the Arts in Los Angeles und des Landes Niedersachsen im International Studio & Curatorial Program (ISCP) in New York. Seine Arbeiten wurden vielfach ausgezeichnet, unter anderem mit dem Marler Video-Kunst-Preis, dem Sprengel-Preis für Bildende Kunst der Niedersächsischen Sparkassenstiftung und dem HAP-Grieshaber-Preis der VG Bild-Kunst. Seine Einzel- und Gruppenausstellungen waren unter anderem in New York, Denver, Los Angeles, Paris, Tokio, Kyoto, Moskau, Mailand, Madrid, Zürich, Amsterdam, Stockholm, Berlin, Hamburg, Frankfurt am Main, München und zuletzt auf der 54. Biennale in Venedig zu sehen. Bjørn Melhus hat seit 2003 eine Professur für Bildende Kunst / Virtuelle Realitäten an der Kunsthochschule Kassel inne. Er lebt und arbeitet in Berlin.
www.melhus.de

Saskia Olde Wolbers

geboren 1971 im niederländischen Breda, studierte am Central Saint Martins College of Art and Design in London, an der Gerrit Rietveld Academie in Amsterdam und am Chelsea College of Art and Design in London. Unter ihren Auszeichnungen finden sich der Prix de Rome für Film & Video (2002), der Baloise Art Prize, Art Basel (2003), und Beck's Futures (2004). Ihr Werk war in zahlreichen Einzelausstellungen bedeutender Institutionen zu sehen, darunter in der Wiener Secession (2011), dem Mori Art Museum, Tokio (2008), bei Maureen Paley, London (2007), im Stedelijk Museum in Amsterdam (2006), in der South London Gallery (2005), der Kunst Halle Sankt Gallen und dem S.M.A.K. in Gent (beide 2004) sowie in der Tate Britain, London (2003). In Deutschland war Olde Wolbers zuletzt in der Sammlung Goetz, München, und im Rahmen einer Gruppenausstellung in der Kunsthalle Wilhelmshaven (beide 2010) zu sehen. Saskia Olde Wolbers lebt in London.

Rúrí

geboren 1951 in Reykjavík, studierte an der Isländischen Hochschule für Kunst und Kunsthandwerk, Reykjavík, und an der Freien Akademie in Den Haag. Internationale Beachtung erlangte sie als Leiterin des Künstlerprojekts »Experimental Environment«, das erstmals 1980 stattfand und an dem im Laufe der Zeit mehr als hundert nordeuropäische Künstler teilnahmen. Große internationale Aufmerksamkeit erregte ihre Arbeit auf der Biennale in Venedig 2003, wo sie ihr Heimatland vertrat. Zahlreiche Werke von ihr finden sich in privaten und öffentlichen Sammlungen wie der National Gallery of Iceland, Reykjavík, dem Henie-Onstad Kunstzentrum in Norwegen, dem Museum of Modern Art, New York, sowie an vielen öffentlichen Orten in ganz Europa. Rúrí erhielt diverse Auszeichnungen, etwa die schwedische Prinz Eugen-Medaille (1989) oder das Ritterkreuz des Falkenordens (2008). Im Jahr 2012 wurde Rúrí von der National Gallery of Iceland mit einer umfassenden Retrospektive gewürdigt.
www.ruri.is

Diana Thater

geboren 1962 in San Francisco, lebt und arbeitet in Los Angeles. Sie studierte Kunst am Art Center College of Design, Pasadena, und an der New York University. Sie erhielt zahlreiche Stipendien und Ehrungen, darunter das Stipendium der John Simon Guggenheim Memorial Foundation, New York (2005), und den James D. Phelan Art Award in Film and Video von der San Francisco Foundation, San Francisco (2006). Die letzten Einzelausstellungen hatte sie in der Wiener Secession (2000), im Dia Center for the Arts, New York (2001), in der Kunsthalle Bremen (2004), im Los Angeles County Museum of Art (2005) und im Kunsthaus Graz (2009). Sie nahm an zahlreichen Gruppenausstellungen teil, darunter zuletzt im Columbus Museum, Columbus, Ohio (2009), im Whitney Museum of American Art, New York, und im Museum of Contemporary Art, Los Angeles, (beide 2008), und im Hamburger Bahnhof, Berlin (2006).
www.thaterstudio.com

awards, including the Leica Medal of Excellence (1987), the Epica Award and Kodak Pro Prize (1992), the Golden Camera (2000), Dr. Erich Salomon Prize 2001, the Federal Cross of Merit (2009), and the Lindau Cultural Award (2010).
www.herlindekoelbl.de

Mader | Stublić | Wiermann

*Holger Mader (*1970 in Basel) studied media art, and Alexander Stublić (*1967 in Saarbrücken) studied media art, media theory, and philosophy at the Staatliche Hochschule für Gestaltung Karlsruhe. Heike Wiermann (*1971 in Leipzig) studied architecture at the University of Karlsruhe. Besides exhibiting at the ZKM Center for Art and Media Karlsruhe, the Staatliche Kunsthalle Baden-Baden, the Kunsthalle Mannheim, and the Kunsthalle lothringer13 Munich, they have also taken part in international events such as the Mostra Sesc de Artes Circulações in São Paulo, the Glow Festival in Eindhoven, the Steirischer Herbst in Graz, the Seoul Film Festival, and the transmediale in Berlin. Mader | Stublić | Wiermann have realized numerous works in public spaces, such as the* twists and turns *light installation on the Uniqa Towers in Vienna (since 2006) or projects on the occasion of the Copenhagen Climate Summit (2009) and* Ruhrlights: Twilight Zone *within the scope of the RUHR.2010. They live and work in Berlin.*
www.webblick.de

Bjørn Melhus

was born in 1966 in Kirchheim/Teck. As a child of a generation that was strongly influenced by television, his works revolve around the mechanisms and formats of this mass medium. Melhus studied creative art from 1988 to1997 at the Braunschweig University of Art. He has received a number of scholarships, including from the DAAD to attend the California Institute of the Arts in Los Angeles, and from the state of Lower Saxony to participate in the International Studio & Curatorial Program (ISCP) in New York. His works have received numerous awards, including the Marler Video-Kunst-Preis, the Sprengel-Preis für Bildende Kunst from the Niedersächsische Sparkassen-stiftung, and the HAP-Grieshaber Prize from VG Bild-Kunst. He has had solo and group exhibitions in New York, Denver, Los Angeles, Paris, Tokyo, Kyoto, Moscow, Milan, Madrid, Zurich, Amsterdam, Stockholm ,Berlin, Hamburg, Frankfurt, Munich and at the 54th Venice Biennale. Bjørn Melhus has been professor of fine arts and virtual realities since 2003 at the Kunsthochschule Kassel. He lives and works in Berlin.
www.melhus.de

Saskia Olde Wolbers

*(*1971 in Breda, The Netherlands), studied at the Central Saint Martins College of Art and Design in London, the Gerrit Rietveld Academie in Amsterdam, and at the Chelsea College of Art and Design in London. The awards she has received include the Prix de Rome Film & Video (2002), the Baloise Art Prize, Art Basel (2003), and Beck's Futures (2004). Her work has been shown at prominent international institutions, such as the Vienna Secession (2011),* the Mori Art Museum in Tokyo (2008), the Maureen Paley gallery in London (2007), the Stedelijk Museum in Amsterdam (2006), the South London Gallery (2005), the Kunst Halle Sankt Gallen and the S.M.A.K. in Ghent (both 2004), as well as at the Tate Britain in London (2003). Her work was most recently presented in Germany at the Sammlung Goetz, Munich, and in a group exhibition at the Kunsthalle Wilhelmshaven (both 2010). Saskia Olde Wolbers lives in London.*

Rúrí

*(*1951 in Reykjavík) studied at the Icelandic College of Art and Crafts in Reykjavík and the De Vrije Academie in The Hague. She gained international recognition as director of the artists' project Experimental Environment, which first took place in 1980 and in which more than one hundred northern European artists participated.*
Further recognition came when she represented Iceland at the Venice Biennale in 2003. Many of her works can be found in private and public collections, including those of the National Gallery of Iceland, the Henie-Onstad Art Center in Norway, the Museum of Modern Art in New York, as well as in numerous public places all over Europe. Rúrí has received various awards, such as the Swedish Prinz Eugen Medal (1989) or the Icelandic Knight's Cross of the Order of the Falcon (2008). The National Gallery of Iceland will honor Rúrí with a comprehensive retrospective in 2012.
www.ruri.is

Diana Thater

*(*1962 in San Francisco) lives and works in Los Angeles. She studied art at the Art Center College of Design in Pasadena and New York University in New York City. She has received numerous scholarships and honors, including a fellowship from the John Simon Guggenheim Memorial Foundation, New York (2005), and the James D. Phelan Art Award in Film and Video from the San Francisco Foundation (2006). She has had numerous solo exhibitions all over the world, most recently at the Vienna Secession (2000), the Dia Center for the Arts, New York (2001), the Kunsthalle Bremen (2004), the Los Angeles County Museum of Art (2005), and the Kunsthaus Graz (2009). She has also participated in many group exhibitions, including at the Columbus Museum (2009), the Whitney Museum of American Art in New York, and the Museum of Contemporary Art, Los Angeles (both 2008), or the Hamburger Bahnhof, Berlin (2006).*
www.thaterstudio.com

Autorenbiografien

Adam Budak
geboren 1966, studierte Theaterwissenschaft an der Jagiellonian University in Krakau und Geschichte und Philosophie der Kunst und Architektur an der Central European University in Prag. Adam Budak ist derzeit Kurator für zeitgenössische Kunst am Kunsthaus Graz – Universalmuseum Joanneum in Graz. Er hat eine große Anzahl von internationalen Ausstellungen kuratiert und arbeitete mit renommierten Künstlern wie Louise Bourgeois, John Baldessari, Pedro Cabrita Reis, Diana Thater, Maria Lassnig, Cerith Wyn Evans und Monika Sosnowska. Er war einer der Kuratoren der Ausstellung *Prinzip Hoffnung* in Rovereto im Rahmen der Manifesta7 (2008).

Söke Dinkla
geboren 1962, studierte Kunstgeschichte, Literaturwissenschaft, Volkskunde und Biologie an den Universitäten Kiel, Hamburg und Bielefeld. Sie promovierte mit einer Dissertation zur Geschichte und Ästhetik interaktiver Medienkunst und arbeitet als Kuratorin für zeitgenössische Kunst, Kunst im öffentlichen Raum und Elektronische Medien mit Künstlern wie Jenny Holzer, Jochen Gerz, Yves Netzhammer, Peter Kogler, Les Levine, raumlaborberlin und anderen. Sie hält international Vorträge und wirkt an Jurys, unter anderem bei der Ars Electronica, Linz, der transmediale, Berlin, und dem International Symposium on Electronic Art (ISEA), mit. Von 2005 bis 2011 war sie Künstlerische Leiterin des Kulturhauptstadtbüros RUHR.2010 der Stadt Duisburg. Seit Juni 2011 ist sie Künstlerische Leiterin der Kunst im öffentlichen Raum der Stadt Duisburg.

Alexander Faller
geboren 1963, ist Projektleiter bei OSRAM Lighting Solutions. Nach einer elektrotechnischen Ausbildung studierte er Industrial Design an der Hochschule für Gestaltung in Schwäbisch Gmünd. Von 1994 bis 2001 arbeitete er für das Lichtunternehmen Spectral in Freiburg als Produktdesigner, ab 1997 als Leiter der Abteilung Entwicklung und Gestaltung. Seit 2001 ist er als Lichtplaner und Projektleiter Lighting Design für OSRAM tätig und war unter anderem für die Entwicklung und Umsetzung der SEVEN SCREENS verantwortlich. Seine Produkte und Arbeiten wurden mit zahlreichen Designpreisen ausgezeichnet, so unter anderem 1994 mit dem Mia Seeger Stipendium für Nachwuchsdesigner; 1998, 1999, 2000 und 2001 mit dem red dot award; 1999, 2000 mit dem iF design award und 2000 mit Good Design Award des Chicago Athenaeum.

Hans-Michael Koetzle
geboren 1953, ist Schriftsteller und Journalist mit dem Schwerpunkt Geschichte und Ästhetik der Fotografie. Er studierte Germanistik und Geschichte in München und war von 1995 bis 2007 Chefredakteur der Zeitschrift *Leica World.* Als Kurator betreute er unter anderem die Ausstellungen *twen – Revision einer Legende* (1995) und *René Burri – Die Retrospektive* (2004). Zu seinen Buchpublikationen zählen Titel über Willy Fleckhaus, F. C. Gundlach und Theodor Hilsdorf sowie *Das Lexikon der Fotografen 1900 bis heute* (2002), *Fotografen A – Z* und *Eyes of Paris – Paris im Fotobuch 1890 bis 2010* (beide 2011).

Matthias Mühling
geboren 1968, ist Kunsthistoriker und Leiter der Abteilung Sammlungen/Ausstellungen/Forschung und Sammlungsleiter für Kunst nach 1945 an der Städtischen Galerie im Lenbachhaus und Kunstbau in München. Er studierte Kunstgeschichte, Theater-, Film- und Fernsehwissenschaft und Politikwissenschaften in Bochum und Münster. Von 2003 bis 2005 war er wissenschaftlicher Assistent an der Hamburger Kunsthalle. Als Autor und Kurator hat er zahlreiche Publikationen und Ausstellungen zur Kunst des 20. und 21. Jahrhunderts realisiert.

Lupe Núñez-Fernández
geboren 1975, ist Schriftstellerin und Übersetzerin in London und Madrid. Sie war stellvertretende Chefredakteurin der *ArtReview,* Redakteurin für zeitgenössische Kunstbücher bei Phaidon sowie in der Redaktion des Kunstmagazins *Modern Painters* und bei LUX tätig, einer in London ansässigen Kunstagentur, die Ideen rund um die künstlerische Praxis des bewegten Bildes erkundet. Zuletzt wirkte sie an Publikationen für Afterall Books und die Saatchi Gallery mit.

Christian Schoen
geboren 1970, ist promovierter Kunstwissenschaftler, Autor und Kurator. Er studierte an den Universitäten Kiel und München. Von 2000 bis 2003 leitete er die Städtische Kunsthalle lothringer13 in München, von 2005 bis 2010 das Center for Icelandic Art in Reykjavík. Er war Kommissar des Isländischen Pavillons auf der Biennale von Venedig 2007 und 2009. Schoen unterrichtet an der Universität St.Gallen und ist Leiter der OSRAM ART PROJECTS und Kurator der SEVEN SCREENS. Als Autor und Kurator hat er zahlreiche Publikationen und Ausstellungen zur klassischen Kunst und zur Kunst des 20. und 21. Jahrhunderts realisiert.

Authors' Biographies

Adam Budak
(*1966) studied theater arts at Jagiellonian University in Krakow and the history and philosophy of art and architecture at the Central European University in Prague. He is currently curator for contemporary art at the Kunsthaus Graz Universalmuseum Joanneum. He has curated a large number of international exhibitions and worked with prominent artists such as Louise Bourgeois, John Baldessari, Pedro Cabrita Reis, Diana Thater, Maria Lassnig, Cerith Wyn Evans, and Monika Sosnowska. He was one of the curators of the exhibition Principle Hope in Roverto within the scope of Manifesta7 (2008).

Söke Dinkla
(*1962) studied art history, literature, folklore, and biology at the universities of Kiel, Hamburg, and Bielefeld. She earned her PhD with a dissertation on the history and aesthetics of interactive media art. She works as a curator for contemporary art, art in public space, and electronic media with artists such as Jenny Holzer, Jochen Gerz, Yves Netzhammer, Peter Kogler, Les Levine, raumlaborberlin, and others. She holds lectures internationally and sits on juries at Ars Electronica, Linz; transmediale, Berlin; and the International Symposium on Electronic Art (ISEA). From 2005 to 2011 she was artistic director of the Capital of Culture offices RUHR.2010 of the City of Duisburg. She has been artistic director of art in public space for the City of Duisburg since June 2011

Alexander Faller
(*1963) is project manager at OSRAM Lighting Solutions. After training in electrical engineering, he studied industrial design at the College of Design in Schwäbisch Gmünd. From 1994 to 2001 he worked for the lighting company Spectral in Freiburg as a product designer, and beginning in 1997 as head of development and design. He has worked as a lighting designer and project manager of lighting design for OSRAM since 2001, where he was also responsible for the development and implementation of the SEVEN SCREENS. His products and work have won numerous design awards, such as the Mia Seeger Fellowship for young designers in 1994; the red dot award in 1998, 1999, 2000, and 2001; the iF design award; and the Good Design Award of the Chicago Athenaeum in 2000.

Hans-Michael Koetzle
(*1953) is a writer and journalist with a focus on history and the aesthetics of photography. From 1995 to 2007 he studied German language and literature and history in Munich and was editor in chief of Leica World. The exhibitions he has curated include twen—Revision einer Legende (1995) and René Burri—Die Retrospektive (2004), and he has published books on Willy Fleckhaus, F. C. Gundlach, and Theodor Hilsdorf, as well as titles such as Das Lexikon der Fotografen 1900 bis heute (2002), and Fotografen A–Z and Eyes of Paris—Paris im Fotobuch 1890 bis 2010 (both 2011).

Matthias Mühling
(*1968) is an art historian and director of the department of collections/exhibitions/research and collection director of art after 1945 at the Städtische Galerie im Lenbachhaus und Kunstbau in Munich. He studied art history; theater, film, and television arts; and political science at the universities of Bochum and Münster. From 2003 to 2005 he worked as an assistant curator at the Hamburger Kunsthalle. As an author and curator he has realized numerous publications and exhibitions on the art of the twentieth and twenty-first centuries.

Lupe Núñez-Fernández
(*1975) is a writer and translator in London and Madrid. She was deputy editor in chief of ArtReview, editor of contemporary art books at Phaidon Books, and a member of the editorial staff at the art magazine Modern Painters and at LUX, a London-based art agency exploring ideas around the artistic practice of the moving image. She has recently collaborated on publications for Afterall Books and the Saatchi Gallery.

Christian Schoen
(*1970) is an art historian, writer, and curator. He studied at the universities of Kiel and Munich and earned a PhD in art history. From 2000 to 2003 he was director of the Städtische Kunsthalle lothringer13 in Munich, and from 2005 to 2010 director of the Center for Icelandic Art in Reykjavík. He was commissioner of the Icelandic Pavilion at the Venice Biennale in 2007 and 2009. He currently teaches at the University of St.Gallen and is the director of OSRAM ART PROJECTS and curator of the SEVEN SCEENS. His work as an author and curator includes numerous publications and exhibitions on classical art and art of the twentieth and twenty-first centuries.

Abbildungsverzeichnis / *List of Illustrations*

ART+COM
Reactive Sparks, 2007
Reaktive Installation auf LED-Screens / Reactive installation
on LED screens
Hauptverwaltung OSRAM AG, München / OSRAM AG
headquarters, Munich
Abb. S. / Ills. pp. 24, 68–71

Der Zerseher / The De-Viewer, 1991/92
Interaktive Installation / Interactive installation
Abb. S. / Ill. p. 72

Duality, 2007
Interaktive Installation / Interactive installation
Tokio / Tokyo
Abb. S. / Ill. p. 74

Inspiration, 2008
Kinetische Skulptur / Kinetic sculpture
BMW Museum, München / Munich
Abb. S. / Ill. p. 75

Danica Dakić
Passing by, Duisburg, 2006
Im Rahmen von / In the context of *PubliCity,* Duisburg, 2006
Abb. S. / Ill. p. 13

Anouk De Clercq
Motion for Newton, 2008
Videoinstallation auf LED-Screens / Video installation
on LED screens
Hauptverwaltung OSRAM AG, München / OSRAM AG
headquarters, Munich
Abb. S. / Ills. pp. 26, 78–81

Echo, 2008
Verschiedene Materialien / Mixed media
Abb. S. / Ills. pp. 82, 83

Building, 2003
Video, schwarz-weiß (Still) / Black-and-white video (still)
Abb. S. / Ills. pp. 84, 85

Harun Farocki
*Umgießen. Variation zu Opus 1 von Tomas Schmit /
Re-pouring. Variations on Opus 1 by Tomas Schmit,* 2010
Videoinstallation auf LED-Screens / Video installation
on LED screens
Hauptverwaltung OSRAM AG, München / OSRAM AG
headquarters, Munich
Abb. S. / Ills. pp. 26, 114–117

Gefängnisbilder / Prison Images, 2000
Video Still / Video still
Abb. S. / Ill. p. 122

Auge/Maschine / Eye/Machine, 2002
Video Still / Video still
Abb. S. / Ill. p. 124

Serious Games 1, Watson Is Down, 2010
Video Still / Video still
Abb. S. / Ill. p. 125

Haubitz+Zoche
2027, 2007
Videoinstallation auf LED-Screens / Video installation
on LED screens
Hauptverwaltung OSRAM AG, München / OSRAM AG
headquarters, Munich
Abb. S. / Ills. pp. 24, 42–45

The Yamuna Blues, 2008
Bambuskonstruktion, Videoprojektion / Bamboo construction,
video projection
Kashmiri Gate, Delhi
Abb. S. / Ill. p. 46

Blind Date, 2006
BMW 302i, wasserdicht präpariert, 1600 l Wasser / BMW 302i,
water-proofed, 1,600 l water
Max-Joseph-Platz, München / Munich
Abb. S. / Ills. pp. 47, 48

Walter Henn (Architekt / achitect)
Historische Ansicht des Verwaltungsgebäudes der
OSRAM GmbH, München, 1965
Historical view of OSRAM GmbH's administrative building,
Munich, 1965
Abb. S. / Ills. pp. 22, 23

Herlinde Koelbl
*Du hast mich verzaubert mit einem Blick deiner Augen / You
have taken away my heart, with one look you have taken it,*
2011
Videoinstallation auf LED-Screens / Video installation
on LED screens
Hauptverwaltung OSRAM AG, München / OSRAM AG
headquarters, Munich
Abb. S. / Ills. pp. 26, 142–145

*Über das Hören und Verstehen / About Hearing and
Understanding,* 2004
6 von 28 Silbergelatineabzügen / Six of twenty-eight silver
gelatin prints
Abb. S. / Ills. pp. 146, 147

Das Deutsche Wohnzimmer / The German Living Room, 1980
Silbergelatineabzug / Silver gelatin print
Abb. S. / Ills. pp. 150, 151

Mischa Kuball
Ghostlight, 2008
Im Rahmen von / In the context of *Ruhrlights,*
Mülheim an der Ruhr, 2008
Abb. S. / Ill. p. 16

Mader | Stublić | Wiermann
reprojected, 2006
Videoinstallation auf LED-Screens / Video installation
on LED screens
Hauptverwaltung OSRAM AG, München / OSRAM AG
headquarters, Munich
Abb. S. / Ills. pp. 25, 32–35

twists and turns, 2007
LED-Installation / LED installation, Uniqa Tower, Wien / Vienna
Abb. S. / Ill. p. 38

4D-house, 2010
Videoprojektion / Video projection
Im Rahmen von / In the context of *Ruhrlights: Twilight Zone,*
Bochum, 2010
Jüdisches Gemeindezentrum / Jewish Community Center,
Duisburg
Abb. S. / Ill. p. 39

Bjørn Melhus
Screensavers, 2008
Reaktive Multimedia-Installation auf LED-Screens /
Reactive multimedia installation on LED screens
Hauptverwaltung OSRAM AG, München / OSRAM AG
headquarters, Munich
Abb. S. / Ills. pp. 25, 92–95

Das Zauberglas / The Magic Glass, 1991
Video, 3 Min. (Still) / Video, 3:00 (still)
Abb. S. / Ill. p. 96

Deadly Storms 333, 2008
9-Kanal-Videoinstallation / Nine-channel video installation
Abb. S. / Ills. pp. 98, 99

Heike Mutter & Ulrich Genth
Tiger & Turtle – Magic Mountain, 2010
Landmarke Angerpark, Stadt Duisburg –
ein Projekt der Kulturhauptstadt Europas RUHR.2010
in Zusammenarbeit mit Sonja Becker + Rüdiger Karzel,
bk2a architektur / Köln; Arnold Walz, parametrische
3-D-Planung, designtoproduction / Stuttgart; ifb frohloff
staffa kühl ecker / Berlin
Landmarke Angerpark, City of Duisburg, a project within
the scope of RUHR.2010—European Capital of Culture
in collaboration with Sonja Becker + Rüdiger Karzel,
bk2a architektur, Cologne; Arnold Walz, parametric
3-D planning, design-to-production, Stuttgart; ifb frohloff
staffa kühl ecker, Berlin
Abb. S. / Ill. p. 19

Yves Netzhammer (Bernd Schurer)
Raumscherben, 2010
Im Rahmen von / In the context of *Ruhrlights: Twilight Zone,*
Bochum, 2010
Abb. S. / Ill. p. 15

Saskia Olde Wolbers
Cellule, 2011
Videoinstallation auf LED-Screens /
Video installation on LED screens
Hauptverwaltung OSRAM AG, München / OSRAM AG
headquarters, Munich
Abb. S. / Ills. pp. 27, 128–131

Placebo, 2002
DV, 6 Min. (Still) / DV, 6:00 (still)
Abb. S. / Ill. p. 137

Pareidolia, 2011
HDV, 12 Min. (Still) / HDV, 12:00 (still)
Abb. S. / Ill. p. 138

raumlaborberlin
Küchenmonument, 2006
Im Rahmen von / In the context of *PubliCity,* Duisburg, 2006
Abb. S. / Ill. p. 14

Rúrí
Aqua – Silence, 2009
Videoinstallation auf LED-Screens / Video installation on LED screens
Hauptverwaltung OSRAM AG, München / OSRAM AG
headquarters, Munich
Abb. S. / Ills. pp. 27, 102–105

Glassrain, 1984
Installation
Ausstellungsansicht / Exhibition view, National Gallery
of Iceland, Reykjavík, 2001
Abb. S. / Ill. p. 106

Archive – Endangered Waters, 2003
Multimedia-Installation / Multimedia installation
Ausstellungsansicht, Isländischer Pavilion, 50. Internationale
Kunstausstellung / Exhibition view, Icelandic Pavilion,
50th International Art Exhibition—La Biennale di Venezia
Abb. S. / Ill. p. 109

Diana Thater
OFF WITH THEIR HEADS, 2007
Videoinstallation auf LED-Screens / Video installation on LED screens
Hauptverwaltung OSRAM AG, München / OSRAM AG head-
quarters, Munich
Abb. S. / Ills. pp. 25, 52–55

Abyss of Light, 1993
3 Videoprojektoren, 3 DVD-Player, 3 DVDs, 1 Synchronizer,
LEE-Filter / Three video projectors, three DVD players, three
DVDs, one synchronizer, LEE filters. Ausstellungsansicht /
Exhibition view, Museum für Gegenwartskunst, Siegen, 2004
Abb. S. / Ill. p. 61

Delphine, 1999
4 Videoprojektoren, 5 DVD-Player, 5 DVDs, 9 Videomonitore,
1 Synchronizer, LEE-Filter und vorhandene Architektur / Four
video projectors, five DVD players, five DVDs, nine video
monitors, one synchronizer, LEE filters, and existing architecture
Ausstellungsansicht, Wiener Secession / Exhibition view,
Vienna Secession, 2000
Abb. S. / Ill. p. 62

gorillagorillagorilla, 2009
10 Videoprojektoren, 18 Videomonitore, 12 DVDs, LEE-Filter /
Ten video projectors, eighteen video monitors, twelve DVDs,
LEE filters
Ausstellungsansicht / Exhibition view, Kunsthaus Graz, 2009
Abb. S. / Ill. p. 65

Bildnachweis / *Image Credits*

5, 29, 155, 165: LED-Strukturen / LED structures: Silvio Knezevic

13: Foto / Photo: Egbert Trogemann, © Danica Dakić / VG Bild-Kunst, Bonn

14: Foto / Photo: Rainer Schlautmann, © raumlabor-berlin

15: Foto / Photo: RUHR.2010 Werner Hannappel, © Yves Netzhammer

16: Foto / Photo: Rainer Schlautmann, © Mischa Kuball / VG Bild-Kunst, Bonn

19: Foto / Photo: © Heike Mutter & Ulrich Genth / VG Bild-Kunst, Bonn

22, 23: Fotos / Photos: © Heinrich Heidersberger

24 (oben / top): Foto / Photo: Haubitz+Zoche, © OSRAM ART PROJECTS / Haubitz+Zoche / VG Bild-Kunst, Bonn

24 (unten / bottom), 68–71: Fotos / Photos: Stephan Kausch, © OSRAM ART PROJECTS / ART+COM

25 (oben / top): Foto / Photo: Mader | Stublić | Wiermann, © OSRAM ART PROJECTS / Mader | Stublić | Wiermann

25 (Mitte / center), 54–55: Fotos / Photos: Silvio Knezevic, © OSRAM ART PROJECTS / Diana Thater

25 (unten / bottom), 94–95: Fotos / Photos: Silvio Knezevic, © OSRAM ART PROJECTS / Bjørn Melhus / VG Bild-Kunst, Bonn

26 (oben / top): Foto / Photo: Silvio Knezevic, © OSRAM ART PROJECTS / Anouk De Clercq

26 (Mitte / center), 114–117: Fotos / Photos: Silvio Knezevic, © OSRAM ART PROJECTS / Harun Farocki

26 (unten / bottom), 142–145: Fotos / Photos: Herlinde Koelbl, © OSRAM ART PROJECTS / Herlinde Koelbl

27 (oben / top), 102–105: Fotos / Photos: Silvio Knezevic, © OSRAM ART PROJECTS / Rúrí

27 (unten / bottom), 128–131: Fotos / Photos: Silvio Knezevic, © OSRAM ART PROJECTS / Saskia Olde Wolbers

32–33: Foto / Photo: Silvio Knezevic, © OSRAM ART PROJECTS / Mader | Stublić | Wiermann

34–35: Fotos / Photos: Mader | Stublić | Wiermann, © OSRAM ART PROJECTS / Mader | Stublić | Wiermann

38: Foto / Photo: Hervé Massard, © Mader | Stublić | Wiermann

39: Foto / Photo: RUHR.2010 Werner Hannappel, © Mader | Stublić | Wiermann

42–45: Fotos / Photos: Haubitz+Zoche, © OSRAM ART PROJECTS / Haubitz+Zoche / VG Bild-Kunst, Bonn

46–48: Fotos / Photos: Haubitz+Zoche, © Haubitz+Zoche / VG Bild-Kunst, Bonn

52–53: Foto / Photo: Stephan Kausch, © OSRAM ART PROJECTS / Diana Thater

61, 62, 65: © Diana Thater

72, 74, 75: © ART+COM

78–79: Fotos / Photos: Stephan Kausch, © OSRAM ART PROJECTS / Anouk De Clercq

80–81: Fotos / Photos: Silvio Knezevic, © OSRAM ART PROJECTS / Anouk De Clercq

82–83: Fotos / Photos: Kristien Daem, © Anouk De Clercq

84–85: Fotos / Photos: © Anouk De Clercq

92–93: Foto / Photo: Stephan Kausch, © OSRAM ART PROJECTS / Bjørn Melhus / VG Bild-Kunst, Bonn

96, 98, 99: © Bjørn Melhus / VG Bild-Kunst, Bonn

106, 109: Fotos / Photos: © Rúrí

122–125: Fotos / Photos: © Harun Farocki 2010

137, 138: Fotos / Photos: © Saskia Olde Wolbers

158: Grafiken / Graphics: © OSRAM AG

156, 159: Fotos / Photos: Silvio Knezevic, © OSRAM ART PROJECTS

Herausgeber / Editor:
Christian Schoen, OSRAM ART PROJECTS

Verlagslektorat / Copyediting:
Anja Breloh (Deutsch / German),
Rebecca van Dyck (Englisch / English)

Übersetzungen / Translations:
Marie Frohling, Christine-Mary Groepel

Grafische Gestaltung und Satz /
Graphic design and typesetting:
Klaus Oberer, Worpswede

Schrift / Typeface:
Helvetica Neue

Verlagsherstellung / Production:
Christine Emter, Hatje Cantz

Reproduktionen / Reproductions:
Repromayer GmbH, Reutlingen

Druck / Printing:
sellier druck GmbH, Freising

Papier / Paper:
Profisilk, 170 g / m^2

Buchbinderei / Binding:
Conzella Verlagsbuchbinderei, Urban Meister
GmbH, Aschheim-Dornach

© 2011 Hatje Cantz Verlag, Ostfildern,
und Autoren / and authors

© 2011 für die abgebildeten Werke /
for the reproduced works: die Künstler,
Fotografen und ihre Rechtsnachfolger /
the artists, photographers, and their heirs

Erschienen im / Published by
Hatje Cantz Verlag
Zeppelinstrasse 32
73760 Ostfildern
Deutschland / Germany
Tel. +49 711 4405-200
Fax +49 711 4405-220
www.hatjecantz.com

Hatje Cantz books are available internationally
at selected bookstores. For more information
about our distribution partners, please visit
our website at www.hatjecantz.com.

ISBN 978-3-7757-2804-1

Printed in Germany

Umschlagabbildung / Cover illustration:
Mader | Stublić | Wiermann
reprojected, 2006
Foto / Photo: Silvio Knezevic

DVD-Produktion: Kamera, Schnitt, Musik /
DVD Production: Camera, editing, music:
Frank Sauer
© 2011 OSRAM ART PROJECTS / Künstler / artists /
Frank Sauer

Danksagung / Acknowledgments:
Dank an die Künstler und Autoren und an / Thanks
go out to the artists and authors and to Juliane Braun,
Birgit Felske, Andrea Hillinger, Bernd Kermer,
Silvio Knezevic, Klaus & Sabine Oberer, Matthias
Rajmann, Michael Reithmeier, Frank Sauer, Susanna
Schumann, Monika Tress, Elke Wienhausen